# 大理白族传统婚俗文化变迁研究

杨庆毓 著

中国社会科学出版社

图书在版编目(CIP)数据

大理白族传统婚俗文化变迁研究 / 杨庆毓著. —北京：中国社会科学出版社, 2015.3

(云南民族大学民族社会学丛书 / 杨庆毓主编)

ISBN 978 – 7 – 5161 – 4463 – 3

Ⅰ.①大… Ⅱ.①杨… Ⅲ.①白族 – 婚姻 – 风俗习惯 – 研究 – 大理白族自治州 Ⅳ.①K892.22

中国版本图书馆 CIP 数据核字(2014)第 143637 号

出 版 人	赵剑英
责任编辑	任　明
特约编辑	乔继堂
责任校对	王　斐
责任印制	何　艳

出　　版	中国社会科学出版社
社　　址	北京鼓楼西大街甲 158 号
邮　　编	100720
网　　址	http://www.csspw.cn
发 行 部	010 – 84083685
门 市 部	010 – 84029450
经　　销	新华书店及其他书店
印刷装订	北京市兴怀印刷厂
版　　次	2015 年 3 月第 1 版
印　　次	2015 年 3 月第 1 次印刷
开　　本	710×1000　1/16
印　　张	15.25
插　　页	2
字　　数	258 千字
定　　价	48.00 元

凡购买中国社会科学出版社图书，如有质量问题请与本社营销中心联系调换
电话：010 – 84083683
版权所有　侵权必究

目 录

导论 …………………………………………………………… (1)
  一 选题缘由和意义 ………………………………………… (1)
  二 研究现状及评述 ………………………………………… (3)
  三 研究的主要内容、方法 ………………………………… (4)
  四 样本简介 ………………………………………………… (6)
  五 基本概念简析 …………………………………………… (10)

第一章 大理白族传统婚俗及其文化价值 ………………… (17)
  第一节 大理白族传统婚俗的内容及特点 ………………… (17)
    一 大理白族传统婚嫁的基本内容 ……………………… (17)
    二 大理白族传统婚嫁的形式和禁忌 …………………… (33)
    三 大理白族传统婚俗文化的特点 ……………………… (37)

  第二节 大理白族传统婚俗文化的形成 …………………… (42)
    一 古代社会的白族婚俗 ………………………………… (43)
    二 南诏大理国的白族婚俗 ……………………………… (47)
    三 元明清时期白族的婚俗 ……………………………… (49)
    四 近代白族的婚俗 ……………………………………… (54)

  第三节 大理白族传统婚俗文化的当代价值 ……………… (58)
    一 以勤俭进取为荣 ……………………………………… (58)
    二 以感恩孝敬为德 ……………………………………… (59)
    三 以诚信互助为本 ……………………………………… (60)
    四 以和谐礼治为道 ……………………………………… (61)

第二章 大理白族传统婚俗文化的功能 …………………… (63)
  第一节 大理白族传统婚俗文化的政治功能 ……………… (63)
    一 建立婚盟稳定民族关系 ……………………………… (63)

二　建立通婚圈巩固统治 …… (67)
　第二节　大理白族传统婚俗文化的经济作用 …… (68)
　　一　婚姻交换与财产延续 …… (68)
　　二　扩大家族和财团势力 …… (70)
　第三节　大理白族传统婚俗文化的价值导向 …… (71)
　　一　民族品格的培养 …… (71)
　　二　社会道德的彰显 …… (74)
　第四节　大理白族传统婚俗文化的社会作用 …… (80)
　　一　礼仪陶冶情操 …… (81)
　　二　家长制社会秩序的延续 …… (85)
　第五节　大理白族传统婚俗文化的生态观念 …… (89)
　　一　人与自然和谐相处的生态观 …… (89)
　　二　礼仪规范与社会秩序的互动 …… (95)

第三章　大理白族传统婚俗文化的现代变迁 …… (98)
　第一节　大理白族传统婚俗观念文化的转化 …… (99)
　　一　传统婚姻价值观的影响 …… (99)
　　二　传统价值观的弱化 …… (103)
　　三　新价值观的确立 …… (108)
　第二节　大理白族传统婚俗程序文化的变化 …… (112)
　　一　传统延续中的嬗变 …… (112)
　　二　新旧婚仪的冲突 …… (113)
　　三　新增程序的认可 …… (115)
　第三节　大理白族传统婚俗礼仪文化的更新 …… (116)
　　一　物质场景的现代表现 …… (116)
　　二　精神礼仪的影响弱化 …… (121)
　第四节　大理白族传统婚俗文化的功能变化 …… (124)
　　一　传统婚俗功能退化 …… (124)
　　二　传统婚俗功能的渐变 …… (126)
　　三　传统婚俗功能的变更 …… (130)

第四章　大理白族传统婚俗文化现代变迁的因素 …… (134)
　第一节　政治发展是白族婚俗文化转变的客观条件 …… (134)
　　一　政治秩序的建构和民族关系的变化 …… (134)

二　政策宣传贯彻的影响 …………………………………… (138)
　第二节　经济发展是白族婚俗文化变化的决定性因素 ………… (143)
　　一　生产方式转变促进婚俗文化的演变 …………………… (143)
　　二　城市化进程加速婚俗的变更 …………………………… (147)
　第三节　文化发展是白族婚俗文化变化的推动因素 …………… (151)
　　一　学校教育的发展与局限 ………………………………… (151)
　　二　家庭伦理教育的位移 …………………………………… (154)
　　三　文化多样与价值引领的差异 …………………………… (155)
　第四节　社会变迁是白族婚俗文化变化的基础因素 …………… (162)
　　一　社会结构的转变 ………………………………………… (162)
　　二　开放环境与民族文化的共生 …………………………… (165)

第五章　大理白族传统婚俗文化变迁的影响 ……………………… (170)
　第一节　婚俗文化变迁对民族经济发展的影响 ………………… (170)
　　一　婚俗为民族旅游添彩 …………………………………… (170)
　　二　婚俗刺激消费与生产 …………………………………… (171)
　　三　盲目"人情"开支的误区 ……………………………… (173)
　第二节　婚俗文化变迁对民族文化发展的制约 ………………… (174)
　　一　婚俗现代生活的适应 …………………………………… (174)
　　二　婚俗礼治的松弛 ………………………………………… (176)
　　三　民族文化传承的断代 …………………………………… (177)
　第三节　婚俗文化变迁与社会和谐 ……………………………… (179)
　　一　人口的和谐 ……………………………………………… (179)
　　二　婚姻家庭的稳定性 ……………………………………… (180)
　第四节　婚俗文化变迁与生态文明建设 ………………………… (183)
　　一　人与自然和谐发展 ……………………………………… (183)
　　二　生态与经济增长的张力 ………………………………… (184)

第六章　大理白族婚俗文化的社会建构 …………………………… (186)
　第一节　白族特色的婚俗经济建构 ……………………………… (186)
　　一　民族婚俗与生态旅游结合 ……………………………… (187)
　　二　打造酒店婚庆民族特色 ………………………………… (188)
　　三　引导理性适度消费 ……………………………………… (189)
　第二节　白族现代婚俗文化意蕴的建构 ………………………… (190)

一　传统精髓与时代引领相结合 …………………………（190）
　　二　尊重和引导相结合 ……………………………………（193）
第三节　白族文明健康婚俗文化环境的建构 …………………（195）
　　一　以传播促传承 …………………………………………（195）
　　二　主渠道与多样式相结合 ………………………………（197）
第四节　白族婚俗文化和谐成长机制的建构 …………………（202）
　　一　基层组织践行新风尚 …………………………………（202）
　　二　政府主导各方力量参与 ………………………………（203）
　　三　法规制度政策保障 ……………………………………（204）

结语 ……………………………………………………………（206）
　　一　本书的基本结论 ………………………………………（206）
　　二　本书的不足 ……………………………………………（206）
　　三　未来研究的预期 ………………………………………（207）

附录 ……………………………………………………………（209）

参考文献 ………………………………………………………（233）

后记 ……………………………………………………………（238）

导 论

一 选题缘由和意义

（一）选题缘由

作为白族后代，笔者自幼生活在大理，上大学后离开家乡多年。但耳濡目染的白族习俗却始终渗透在我的生活中，成为我为人处世的重要依据，也是我对本民族认知情感日渐深厚的依托。在多年的教学科研中，我选择主要进行文化研究，曾经涉足政治文化、民族文化的思考。随着时间的推移和研究的进行，我日益感受到政治意识形态和主流价值观念要成为共识，往往需要民众的心理认同方能变成现实，否则难以深入和持久。为此需要研究民间文化的发展趋势和民众的需要，才能真正实现二者的融合。而且"学术和文化只有在民间才能永远不失其自由活泼的生机；并且也唯有如此，学术和文化才确能显出其独立自主的精神，而不再是政治的附庸"。[①] 正是基于这种认识，促使我从最基础的民俗文化入手，通过了解大理白族婚俗文化的变迁，分析影响白族婚俗变迁的因素，以此探索白族传统文化变迁与民族发展的关系。

（二）研究意义

1. 理论意义

拓展了民族婚俗的研究方向。本书通过对大理白族婚俗的变迁做实证性研究，重点从民族发展视角，关注现代大理白族的价值需求、心理需要、思想观念、行为模式的变化及约束条件等问题，考察大理白族社会变迁状况。这是从研究婚俗事项向研究具体、现实的人的方向拓展，是民族婚俗研究的新方向。

丰富了民族理论和政策的具体内容。婚俗是民俗的重要内容，而民俗

---

① 余英时：《中国思想传统的现代诠释》，江苏人民出版社1989年版，第54页。

研究也是民族理论和政策学科的重要部分。到目前为止，如金炳镐著《民族理论通论》、江平主编《中国民族问题的理论与实践》、熊锡元著《民族理论基础》、吴仕民主编《民族问题概论》以及《民族理论和民族政策》等教材和专著，对民俗、婚俗都有涉及，但都是点到为止，没有哪本教材和专著对某一个少数民族婚俗进行过具体研究。在大理白族婚俗方面尽管有许多文章发表，但大多处于表象描述、事项搜集、简单比较的层次，上升到理论层面进行系统分析的较少。本书针对这些不足，打算在借鉴前人资料的基础上，通过笔者的调研和思考，对白族婚俗文化的变迁动因及社会影响进行研究和探索，通过研究社会变迁背景下婚姻习俗的兴衰状况和生活其中的白族人民物质文化生活、精神风貌的变化，解析大理白族婚俗文化变迁和社会变迁的复杂互动，力求进行可能的创新，以丰富民族理论和政策的具体内容，对党和国家的民族婚姻政策起到参考和借鉴。

2. 实践意义

本书将史料收集、整理和田野调查分析相结合，比较在现代化背景下大理白族传统婚俗文化发生了哪些变化，探究变化的原因，分析白族地区的社会经济状况、文化生活、伦理道德观念以至审美情趣。以便在充分尊重少数民族意愿的同时，把握引导民俗改革和发展的规律。这既对白族婚姻家庭的健康发展有直接意义，也有助于增强民族工作的主动性和创造性，有助于积极引导科学发展，对相关机构在制定婚姻管理、计划生育、移风易俗等政策时提供参考和建议，对于推动大理白族的文化教育和现代化有一定的实践意义。

从马克思主义关于人的全面发展理论的宏大视野，对现代大理白族婚俗文化的研究，有助于发挥文化引领风尚、教育人民、服务社会、推动发展的作用。国家改革开放政策带来的观念变化同样体现在白族婚俗文化的变迁中。本书通过分析白族婚俗文化变化的趋势，认识和把握白族婚俗文化及其变化对白族经济、社会发展、婚姻家庭、生态建设的影响。不仅关注婚俗事项，而且关注婚俗的主体——人。通过婚俗事项的变化了解人——民众的现代生活内在需要，既有利于在新农村建设中积极开展活动，倡导文明新风，让人民享有健康丰富的精神文化生活，直接关系民生幸福，也有利于家庭、社区、社会、生态的和谐。

从民族发展的视角，对当代大理白族婚俗的研究，有助于抢救非物质文化遗产，保护传统文化。非物质文化遗产的保护、传承，是一个世界性的课题。白族传统婚俗文化的一些构成要素，如大本曲、民居、木雕等都是国家级非物质文化遗产，是白族文化遗产的重要组成部分，是白族的根之所在、魂之所系，是白族文化发展的基础，其保护和传承关系到白族文化的血脉延承。随着社会的发展，人们生活方式的嬗变，非物质文化遗产赖以生存和发展的土壤——农耕文明渐趋削弱，特别是在市场经济的冲击下，主要靠口传心授方式传承延续的非物质文化，遇到了前所未有的挑战，处境日窘，有的甚至面临因传承人的逝去而消亡的危险。经历20世纪40年代白族传统婚俗的老人自然消亡，这将是一个无法弥补的永久缺憾。笔者想借此机会减小这种损失与缺憾，让更多的人了解这些文化与白族婚俗的紧密联系及其文化功能，为抢救即将消失的白族民间非物质文化遗产，尽一个白族后人的微薄之力。

对现代白族婚俗的研究，有助于探索在吸取、借鉴现代文化的同时，保留民族自身的特色。在电视传媒影响下，西方文化对中国社会和广大民族地区的农村青年产生的冲击力相当大，直接影响着中国社会的流行趋势和时尚元素，改变了人们原有的审美情趣和观念。如何将民族传统文化与外来文化中的优秀内容有机结合，既保持民族特色又适应现代化发展的大趋势，这是所有民族面临的重大问题。因而对现代白族婚俗文化的变迁进行研究，有利于解决二者的有机融合，既保持白族民族特色，又能借鉴外来文化的积极成果，促进白族自身现代化发展。

二　研究现状及评述

国内外对白族传统婚俗及其变迁的研究成果丰硕，主要分三类：

一是民俗文化研究。主要是对白族婚俗的具体内容、特色进行介绍性、实证性研究，这方面的论著比较丰富。

二是史学类研究。主要是在研究白族发展史中概括和涉及白族婚俗的内容。因这类论著不是专题研究白族婚俗，所以对白族婚俗的阐述比较概括、零散，但为后人研究婚俗提供了重要的历史资料。

三是白族婚俗的变迁和改革研究。如段水邺《从社会价值取向的变迁看大理近代社会的发展》、王积超《人口流动与白族婚恋观之变迁》，这些关于白族婚俗的研究成果，为本书写作提供了重要的资料和素材。

同时，白族婚俗研究目前仍有不足，值得进一步探究：

一是国内外论著主要是将白族婚俗与其他民族婚俗集中在一起，大多处于表象描述、事项搜集、简单比较的层次，如毕坚的《云南少数民族婚俗》；或将白族婚俗与其他文化事项研究集中在一起，分析大理白族传统婚俗内容与变迁，比较零散，缺乏系统性的专著。如郝翔、朱炳祥主编《周城文化——中国白族名村的田野调查》，主要偏重于一个调查点的综合民俗研究，对大理白族婚俗变迁的总体把握、专项研究不足，缺乏单独研究白族婚俗的专著。本书着力于大理白族传统婚俗文化的变迁研究，以弥补这一不足。

二是国内外论著对大理白族婚俗文化的研究，上升到理论层面进行系统分析的，主要是将白族婚俗纳入民俗学、人类学的分析框架。如李文笔、黄金鼎编著《千年白族村——诺邓》，郝翔、朱炳祥主编的《周城文化——中国白族名村的田野调查》，董秀团主编《石龙新语——剑川县沙溪镇石龙村白族村民日记》等。本书在前辈先贤研究的基础上，从民族发展视角研究大理白族婚俗文化的现代变迁，综合运用民族发展理论、民俗学、民族学、社会性别理论，丰富和拓展了研究的领域和范围。考察大理白族传统婚俗文化变迁、功能及其影响，解析大理白族传统婚俗文化的形成、发展、变迁与社会历史变迁的复杂互动关系，以揭示全球化、城市化背景下白族婚俗文化的变迁。在尊重民族意愿的同时，需进一步加大引导力度，使社会主义核心价值观不断融入民众的民俗生活，实现民族科学、和谐发展。

三　研究的主要内容、方法

（一）分析的理论框架

以马克思主义关于人的全面发展理论为指导，以白族婚俗文化变迁为载体，通过纵向比较，立足现实，从以下三个维度进行考察：

从马克思主义民族发展视角，解读白族传统婚俗文化的民族特点，分析民族文化传承面临的现实挑战及影响，探寻如何将民族文化与现代传媒结合，实现民族文化的繁荣和发展。

从马克思主义人学视角——社会性别视角，考察传统婚俗文化事项对社会性别的规制及当代变迁，分析变迁的原因及影响，提出在社会转型中应注意建构尊重性别差异的和谐婚姻文化。

从社会主导价值观、思想道德教育视角，考察传统社会白族婚俗的文化功能的发挥，探究这些功能在当代式弱的主要原因及影响，力求有针对性地提出如何借鉴、遵循其规律，实现社会核心价值观的大众化、思想道德教育的人文化与现代化的结合。

（二）研究的主要内容

第一章总体概括了大理白族传统婚俗的基本内容、形式和特点。联系白族总体发展状况，按照古代社会、南诏大理国、元明清时期、近代白族的发展线索，概要梳理、分析白族传统婚俗文化的形成。提出研究大理白族传统婚俗文化的当代价值，在于为白族地区社会主义核心价值观建设提供重要的资源性支撑和培育路径。

第二章从政治、经济、文化、社会、生态五个层面，分析大理白族传统婚俗文化对白族生存发展的价值和意义。大理白族传统婚俗在历史上对民族关系稳定、家族势力扩大、民族价值取向引导、伦理道德强化、审美精神塑造、生态伦理建设、父性家长制社会秩序的延续都有重要的影响。

第三章从观念、程序、礼仪、功能四个维度，将问卷调查与个别访谈相结合，考察大理白族传统婚俗文化的现代变迁状况，反映大理白族的价值需求、思想观念、行为模式的变化。

第四章联系新中国成立以来大理白族自治州政治、经济、文化、社会变迁的实际，分析影响大理白族传统婚俗文化现代变迁的多重因素。凸显了大理州在城市化进程中白族政治、经济、文化、社会发展状况与白族民众价值渴望的发展变化。

第五章从民族经济、民族文化、社会和谐、生态文明建设四个方面，分析大理白族传统婚俗文化的现代变迁，对大理白族现实发展产生的影响，以显示关注其变迁的现实意义，力求解析大理白族传统婚俗文化变迁和社会变迁的复杂互动关系。

第六章结合社会主义核心价值观要求，揭示在全球化、城市化背景下，民俗的变迁在尊重民族意愿的同时，需进一步加大引导力度。建议从民族经济发展、创新婚俗礼仪、文明婚俗文化氛围和成长机制方面积极引导，以使社会主义核心价值观不断融入民众的民俗生活，实现民族科学、和谐发展。

（三）研究方法

主要理论工具为马克思主义理论。具体运用马克思主义民族理论和政策、性别学、民俗学、民族学、文化心理学等学科知识，通过田野调查，理论联系实际进行综合分析研究。

比较分析法。对大理白族传统婚俗文化与现代变迁进行比较分析。对20世纪50年代以前的大理白族传统婚俗采用档案研究法，通过查阅前期学者的资料，研究、分析白族传统婚俗文化。对20世纪50年代至2010年结婚的当事人进行问卷调查，在大理市经济开发区满江办事处满江村民委员会下庄村进行入户调查。调查以十年为一个时间段，进行对比分析。

（四）创新之处

内容上的民族特色。本书专门针对大理白族传统婚俗文化的变迁展开研究，既不同于民俗学研究，也不同于其他民族的婚俗特点。

本书在历史与现实、理论与实践相结合的基础上，把大理白族传统婚俗文化的现代变迁研究与民族发展、现代化进程相联系进行思考和研究。

本书把少数民族婚俗文化与社会主义核心价值观联系起来思考，前人尚无此类研究。

四　样本简介

笔者在研究地点选择上有所考虑。不同于以往的研究大都以"纯农村"为研究对象，满江村民委员会下庄村地处城乡结合处，与大理的其他众多白族乡村一样，没有更多的旅游资源可以利用。随着近些年大理市的城区不断向东扩展，下庄村村民的生产生活方式也在变化。当地白族婚俗一方面保留有白族村落习俗的一些特征，同时又不断接受着城市婚俗的影响。笔者希望通过对这类带有普遍性的普通白族村落婚俗文化变迁的研究，更好地观察白族婚俗的渐变过程，从而发现更深层次的问题。

大理市经济开发区满江办事处满江村民委员会下庄村概况如下：

大理市经济开发区满江办事处满江村民委员会下庄自然村坐落于洱海东南岸，大理州政府办公区（龙山）以东，处于城乡结合部。下庄自然村村庄占地面积530亩，所属4个农业社，村民户数976户，总人口3927人。下庄村原属大理市凤仪镇管辖，后因大理市总体城市规划与开发建设的需要，于2002年7月1日建制划归开发区。村里设有党支部书记、村民小组组长，全村党员人数147人，其中35岁及以下56人，35岁以上91人，男性102人，女性45人，大专及以上学历23人。①

---

① 数据由大理市经济开发区满江办事处满江村委会提供。

在1949年以前，下庄村的民房、寺庙都是土坯房。寺庙破烂不堪，村庄也不大，村内垃圾乱堆。村子里原来没有学校，老师讲课就借私人的住房，读书的人有20—30人。起初只有1个老师教4个年级，就在同一个房间上课。后来学校就搬到寺庙了。学生上学每学期学费就交1—2升米，老师也不讲究。多数人家的孩子都不上学。送孩子上学主要受两个因素的影响：一是经济因素，二是家长的教育意识。有些人家虽然经济条件好也不一定送孩子上学，有些家庭虽然困难，但父母也坚持让孩子读书。

1949年以前村中有十二三户地主，地主主要是土地占有量较多，有剥削——雇有长工、短工，放高利贷（钱、粮食）。其中一家大地主不仅本村有地，在弥渡也有土地（这些当年的地主，其经济条件、生活水平和住房还不如今天的一般老百姓）。新中国成立后，村民的阶级成分主要有贫农（有茅草房、土地少、给人做工）、雇农（有少量土地，全靠打工糊口）、中农（有地有房、自给自足）、富农（有少量土地、有牛马，有少量高利贷）、地主（土地、牛马多，主要靠雇农耕作、放高利贷）。在土地改革中，地主家的财产重点发放给贫农、雇农，1952年土地改革结束，把村中的大多数地主迁到了弥渡。

1953年陆续有农户自愿组成互助组，主要是解决资金匮乏、请工难的问题，于是采用换工记工分的办法。在此过程中就确定了一个试点，摸索合作化形式。到1954年普及合作社，1956年全部都是高级社，村民的牛马等大牲畜折价入社，各户自己开发荒滩的土地部分仍归自己所有。互助组、合作社保持时间最长的也就一年。1957年开始搞生产队，之后就是"大跃进"时期。

20世纪60年代村里有了电灯。1969—1971年搞围（洱）海造田，下庄村周围都是荒滩，隔一段水才有一块地，到七八月雨水天，洱海水就淹过地。为此在洱海边筑埂阻拦湖水，填土600—700亩地。每逢雨水天就设排涝障，逐渐使荒滩变成良田，并因此扩大了下庄的村庄面积。60年代村里逐渐有了副业，主要是搞机械、建筑。70年代村庄面积只有现在村庄的1/3左右，农民收入少，村庄变化不大，只是少数几家老房翻修，也就是把院子里的这面墙做成水泥，抹上石灰。70年代中期在村北边修建了学校。

"文化大革命""破四旧"时，村里戏台木板被敲掉了一部分。后来村里请人来戏台耍魔术，戏台是木板地。戏台下面约有两米高的空间是个碾米站，可燃物较多。魔术表演结束人们也散了，没想到晚上戏台被焚烧了。戏台被焚烧后还遗存一些断墙朽木。

1976年大队把村内原有较为分散的几家机械队进行组织，统一管理，出外去找活干，挣点钱。因人才数量少，队里就加大技术培养力度，由技术员带徒，逐渐培养了村内的骨干力量。为这些人后来闯市场、发家致富奠定了技术基础。1984年下庄村实行家庭联产承包时，争论很激烈，有技术的人都希望承包，而当时干部考虑一些没技术的家庭需要帮扶，主张继续搞集体。但群众不理解，最终决定承包，于是机械队也就逐渐散伙，各自搞副业。

80年代后村庄面积扩大了许多，村民经济能力增强了，民居中水泥房逐渐出现。这时建造的新房都只是两层，一是传统民俗观念还较浓郁，村民依然遵循民居不能高过本主庙的习俗，二是经济能力限制。后来逐渐突破，盖上了三四层，高过了本主庙。

村内戏台、寺庙是村民休闲活动、文化娱乐中心。随着村民生活水平提高，大家都感觉戏台、寺庙破烂不堪，一些垃圾长期堆在里面，有碍观瞻。村庄土路晴天灰、雨天泥，路不好走、菜不好卖，村民都希望改变这种状况。1986年村里就组织大家集资修路。各家按人头凑钱，并组织大家到外面耍龙挣钱，获利1万元。同时又到外出打工的人家，挨家挨户要捐赠，少则几百元，多则上万，总共募集了十多万元。于是请了一家机械队修建了戏台、村委会办公室、菜市场、北边的小平房、村里的主要交通道路。由于工程量大，1995年施工，需耗资22万元，欠机械队七八万元，后来通过争取到一个建房指标，解决机械队长的住宅地，才抵消了欠款。通过建设，下庄村村心巷道已硬化4000米，未硬化1000米。

2000年修建了村内公厕，由集体、村民、交通局共同出资15万元建成。2006年以来村民就有了重修寺庙的愿望。因村民经济发展，居住条件改善，而寺庙仍是土墙土瓦，感到一是对不起祖宗，二是有损村子形象，提议重修。本主庙的底座水平线低于外面的公路2米左右，呈锅底状。因此重修本主庙，石脚高度在原有的水平线基础上提高了2米多，比大理市经济开发区指挥部前的公路高30厘米。在本主庙的选址问题上也有争议，有人建议修到村外海边比较显眼的地方，以便吸引游客。后来多方考虑仍在原本主庙址上扩建，以方便村民。要重修寺庙，但村里却无人了解本村本主庙的历史，对名字、原因都不清楚，为此村干部专门到州、市博物馆、文化馆了解、调查，才理清、理顺。① 并写下《本主序》和《重建本主庙序》：

下庄村本主庙始建于1008年（北宋大中祥符九年，戊申年）。因天长日久，地震和风雨袭击，在原址上经几毁几建。公元1923年（民国十二年，癸亥年）因自然灾害大地震的影响，本主庙子孙殿已多处损坏，村民们节衣、省食修复了本主庙子孙殿，复塑本主及合坛文武之金身。直到1951年由于当时历史原因，把本主庙及子孙殿内诸像、碑文皆毁，千年存下一片二尺长一尺宽的板瓦也难逃此劫，后到1986年（丙寅年）全村人民捐资捐物，自筹资金，又一次复塑了本主庙子孙殿内的全部神像，至今历史已跨进到2006年，由于党的路线、方针、政策的英明，推动了社会和科学技术的前进，经济得到大发展，人民生活水平已达小康，农村面貌焕然一新，多数农户盖起了二层、三层、四层的楼房，可是本主庙仍然是土墙土瓦毫无改变，破烂不堪地位于本村比较集中和热闹的中心地方。就是本主庙前的农贸市场，也远远适应不了下庄村800多户、3000多人民的需求。经各级干部和群众代表进行了多次协商讨论决定扩址重建本主庙、老年活动中心及农贸市场为一体的工程项目，建设计划得到了群众的拥护，2006年7月31日就正式成立了筹备组，开始进行工作，扩建需要调换下庄一社打场1.599亩土地，用于扩建用地，将原本主庙、子孙殿占地面积497.34平方米，现扩建为883.3平方米。扩大以后寺庙显得更加雄伟壮观，市场宽敞舒适，这样使古典文化的发展、市场经济的活跃又迈出了新的步伐。在干部、群众的配合支持和施工队的努力下，全部工程于2008年2月落成竣工（见附录图1.3）。雄伟壮观的本主庙、子孙殿、老年活动中心门楼，映衬着戏楼，争相辉映，展现在村子中央。它是下庄村干部、群众共同心血的结晶。金碧辉煌的门楼照壁、肃穆慈祥的本主及全坛文武之神和子孙殿内的全坛圣像大放异彩，让善男信女四时享祭，借以规范道德、净化心灵、祈求国泰民安，时和岁稳、风调雨顺、五谷丰登、六畜兴旺、清吉平安之愿也。龙德昭远，天长地久。

---

① 根据大理市经济开发区满江村委会下庄村杨林回忆整理。

重修本主庙,既是村民生活富裕的体现,也是对民族民间信仰的强化。

依照大理市建设山水园林城市发展目标的需求,大理市区沿洱海南岸的走廊地段向东延伸,大理市政府计划把原来面积为23平方公里的城市扩大为27平方公里,住宅和建设需要占用农村土地。2004年大理市创新工业园区管理委员会统征了下庄自然村水田2292.55亩,山地260亩,村民均为失地农民,正逐步办理"农转城"。据不完全统计,每天有近千人到附近工地打工,也有部分劳动力从事个体工商业或到附近城区餐馆、中介所等从事服务业。到外县或到外省的劳动力不到其外出务工总人数的10%。①

五 基本概念简析

(一) 礼与俗

从古文"禮"的字形看,上面两个"丰"象征着玉条,曲是盛酒的玉器,豆是祭祀天神的器皿,合起来是祭祀用的物品。以器行礼、祭神祈福的活动是礼产生的重要根源,即人需要对丰富的情感和无穷的欲望进行适度的调节和控制,并通过肢体语言表达和规范。② 礼文化发端于夏,流行于商,成熟于周,是包括礼义、礼制、礼乐、礼器、礼节、礼仪、礼教等在内的一整套社会治理、管理系统。

西周初年,政治家周公建立起一套与当时宗法社会相适应的礼乐制度,把礼乐作为治国的根本大法。儒家认为通过"礼乐政刑"就可以管理好国家,礼乐文化是提高人们文化修养和道德修养的极好形式,以乐治心从内心感化人们,让人民的内心保持平衡,从而自觉按照规范行事,就能实现社会稳定、国家长治久安。

礼既是社会各阶层的行为规范,也是中国传统社会追求的理想价值标准和政治思想。礼的具体内容随着时代的发展、社会的变迁而发展变化。礼是道德原则的法律化、形式,中国传统文化的传承就是借助礼来进行的。礼涵盖了人生从成人(冠礼)、成家(婚礼)到死亡(丧礼)等主要环节,涵盖了古代社会生产生活、社会关系的基本方面,蕴含着维系社会运行和国家稳定的许多规则,最核心的理念是和谐。"礼之用,和为

---

① 资料来源:大理市经济开发区满江办事处满江村委会下庄村。
② 张自慧:《礼文化的价值与反思》,学林出版社2008年版,第39页。

贵",确保社会稳定运行。

民俗又称风俗,这个概念在我国先秦、两汉的古籍中就已出现。如《荀子·强国》:"入境,观其风俗",《礼记·缁衣》:"故君民者,章好以示民俗。"民俗主要指大多数人在语言、行为上所表现出的种种活动或心态,它带有一定的集体性、相对稳定性、传承性特点。

正如礼与国家层面相关联,俗与民相连。民俗是社会群体为适应环境和生存、发展的实际需要而产生、传承、重复采用的行为方式和文化现象。[①] 人民作为社会文化的主体,以异彩纷呈的文化象征来彰显自身。民俗的价值不仅在于理解民族社会的过去,而且在于与民族的未来相联系,属于民族未来必不可少的东西。民俗的价值取向是民众文化心理需求的直接表现,民俗研究的价值主要体现在反映人的内在需要。研究民俗是探讨和理解、研究当下现实社会、普通人及其日常生活整体的重要途径。[②] 因此,考察在现代化进程中,当小康基本实现,民生幸福需要解决文化饥渴的问题时,民俗的变迁就能折射问题之所在。民俗的发展演化有两种,一种是自然形成的演化,一种是人为强制的演化。只有顺应民意、提升民德的民俗,才能实现民众精神文化的充实,才是真正的幸福生活和美好的人生。

俗作为一种朴素的文化现象,是礼最古老的渊源之一,许多礼仪规则就是将社会上流行的俗因袭整理而成。俗也把礼的要求和精神渗透于家规、乡规民约中,影响、制约着俗的发展和演变方向。因此在民俗的传承中,礼的意蕴也得以发扬。而礼要变为俗,首先必须能够顺应并反映民众的文化心理需求,提升民众的道德素养。同时需要时间的淘洗、实践的锤炼、足够的耐心和坚持。

在俗而礼、礼而俗的演变过程中,礼与俗相互交汇融合、共同作用,成为影响民族社会行为和仪式活动的必需准则。是一定社会区域的人们在与所处环境发生联系时形成的社会关系的总和,包括物质与精神两大层面。总之,礼俗作为一种文化,既包括日常所需要的物件(人与物、人与人、人与超自然等关系),也包括制度与态度。

---

① 李绪鉴:《论民俗改革》,载中国民俗学会编《中国民俗学研究》,中央民族大学出版社1994年版,第11页。

② 高丙中:《中国民俗学三十年的发展历程》,载《民俗研究》2008年第3期;转引自《新华文摘》2009年第1期,第110—113页。

(二) 婚姻与婚俗

《礼记·经解》郑玄注云："婿曰昏，妻曰姻。"婚姻在古代是指夫妻的称谓、嫁娶的仪式、姻亲的关系。"姻"字的本意是一女子躺在布上，表明有了依靠。"婚"字本意是指妇女，古代"婚"亦作"昏"。源自抢婚习俗，男方抢到女子后一定要赶在黄昏之前成亲，等女方家人赶到时也就只能顺水推舟，承认婚事。所以又特指男子娶妇。①

《昏义》云："夫礼，始于冠，本于昏，重于丧祭，尊于朝聘，和于乡射。"强调婚礼是礼之得以产生的根据或伦常最原始的基础，婚姻礼仪是中国传统礼仪的重要部分，"昏礼者，礼之本也"。在对中国古礼的"五礼（吉、佳、军、宾、凶）"、"八礼（丧、祭、射、御、冠、婚、朝、聘）"和"九礼（冠、婚、朝、聘、丧、祭、宾主、乡饮酒、军旅）"的概括中，婚姻礼仪是其中根本的一项。婚姻礼仪，作为中国传统仪礼不可或缺的组成部分，强调秩序和规范。《礼记》云："天地合，而后万物生焉，夫昏礼，万世之始也。"即是说婚姻中的男女结合相当于天地之合。正因为婚姻以宇宙秩序为参照，婚姻也就具有了神圣性与不可颠覆性。我国素称"礼仪之邦"，在传统社会，婚姻必须依礼而行。只有正婚姻夫妇秩序，才能正其他的社会秩序；才有社会的礼治。所以礼出于婚，婚出于礼，男女结合必须依礼而行聘娶，达到"序人伦"、"别夫妇"的目的。因为婚姻是维持社会关系和秩序的重要手段之一，伦理道德是传统婚姻的支撑，其本质是追求一种和谐文化。

在近现代各国立法中，婚姻的含义各不相同。总的来看，婚姻是一种为当时社会和法律所认可、男女两性结合所形成的夫妻关系，是一种特殊社会关系、社会行为。其目的是维持正常的社会生活、规范社会秩序。它具有两个基本特点：一是男女双方具有建立家庭和生育子女的意向，二是婚姻的性关系符合社会道德和法律认可的两性行为准则。② 既包括由法律所认可的合法的婚姻，也包括被传统社会所认可的事实婚（不合法的）。婚姻的本质在于它的社会性，属于行政管理范畴。

对于婚俗，鲍宗豪在《婚俗与中国传统文化》中指出："婚俗，是一个民族在长期的历史演变中形成的婚姻习俗，它以有规律性的活动约束人

---

① 辞海编辑委员会：《辞海》，上海辞书出版社2000年版，第1335页。
② 潘晓梅、严育新：《婚俗简史》，中国社会科学出版社2004年版，第1页。

们的婚姻行为与婚姻意识。"这种约束主要"依靠的是习惯势力、民族心理与传统文化"。① 广义的婚俗还包括婚姻制度、婚姻仪式、婚姻心理及对婚姻的影响。婚俗具有普遍性、神圣性与相对性、民族性，蕴涵有丰富的民族文化心理。

婚姻习俗是随着婚姻的产生而产生的，它是反映一定婚姻意识积久成习的婚姻行为。不仅体现一定时代的社会生活面貌，而且能展示一个民族、一定地域的价值观、审美观、宗教观等民族文化内涵，是研究传统文化的极好载体。

本书认为婚俗是民族风俗习惯的有机组成部分，是人们为解决婚姻问题约定俗成的习惯。其内涵是指人们长期约定俗成的、为男女双方缔结婚姻关系的一系列传承性和规范性婚姻习惯、风俗、礼仪以及相关婚姻意识活动。它是民族一定社会经济、政治、文化发展的产物，而一旦形成，又具有相对的独立性和稳定性，对民族经济、政治、文化、社会建设产生能动的反作用，在一定程度上对民族经济、政治、文化、社会建设产生促进或阻碍的现实影响。我国不同时期不同民族的婚姻习俗各不相同。婚俗作为男女结合、组建家庭的一种习俗，不仅包括择偶阶段、成亲阶段，而且包括完婚后的表现阶段，是一种能够贯穿人生全过程的重要风俗。本书探讨的内容是婚俗在体现白族人民的智慧与不同时期白族人民生活和思想的要求方面有何变化及其作用和影响。

对于婚俗与婚姻的关系，学术界普遍认为婚姻是婚俗的依托和基础，没有婚姻就没有婚俗。但同样是婚姻的确立，不同民族有不同的表达和表现，这就是婚俗。我国不同时期不同民族的婚姻习俗各不相同。婚俗是人们长期以来形成的、在谈婚论嫁中共同遵循的普遍价值、行为和禁忌，属于文化范畴。

与此相连，婚姻变迁研究和婚俗变迁研究既有联系、又有区别。二者都会涉及一些共同的问题，如婚龄、择偶标准和择偶范围等问题，婚俗研究主要是从民俗学、文化学角度，通过婚俗事项来分析婚俗变迁的因果关系，② 以便了解、适应民众和社会发展的需要，进行婚俗改革。婚姻变迁

---

① 鲍宗豪：《婚俗与中国传统文化》，广西师范大学出版社2006年版，第1页。
② 苑利主编：《二十世纪中国民俗学经典——民俗理论卷》，社会科学文献出版社2002年版，第16页。

研究主要是在社会学领域进行，主要研究解决婚姻家庭面临的现实问题。随着学科交叉研究的发展，将二者联系起来研究是一种趋势。本书从民族发展和社会性别视角探析婚俗变迁，也是一种尝试。

（三）传统文化与现代化

在我国古代，传统之传，本义是遽，有相传继续之义。传统之统，本义是丝的头绪。段玉裁《说文解字注》："从丝皆得其首，是为统。"引申为万物总束于一个根本，所谓"传统"，即历代相传、延续至今的根本性东西。

西方"传统"一词由拉丁词 tradita 发展而来，意指由历史沿传来的，具有一定特色的文化、思想、道德、风俗、心态、艺术、制度等，是一个外延很广、反映客观事物最一般规定性的概念。

传统是相对于现代、当代而言的，指历史沿袭下来的思想、文化、道德、风俗、艺术、制度以及行为方式等。对人们的社会行为有无形的影响和控制作用，具有阶级性和民族性。

与传统相联系，传统文化是从历史上延传下来的民族文化。民族传统文化是一个不以时代划分的、动态的和发展的历史范畴。传统作为一个民族及其成员无可选择的绝对前提，构成特定文化的遗传基因和思维前提。从而塑造着民族的文化性格、心理结构、价值取向和思维方式，制约着文化的创造和延续。在此意义上，传统就是民族自我，它融化在每一个民族成员的血肉之中，构成人们的文化本能。同时，传统又是有待于人们不断解读、重建的开放系统。

出于研究的需要，一般来讲，中国传统文化主要指五四运动以前的中国文化。为了便于研究，本书所界定的传统婚俗是指 1949 年新中国成立以前的婚俗。

与传统文化相对应的现代化（modernization），使人类大多数民族处于不断的历史变革中。由于现代化是一个包罗宏富、多层次、多阶段的历史过程，很难一言以蔽之，因此从不同的角度研究现代化，自然形成不同的流派和概念。目前对现代化问题研究较多，在世界上影响较大的是一批英美学者，他们多以英美社会发展的过程和状态做原型，并参照英美等发达资本主义国家的社会、政治、经济、文化等领域的特征，来概括现代化的内涵。

现代化既是以当代发达社会为参照系的整体社会文明程度的标志，又是人们利用近现代的科学技术，全面改造人类生存的物质条件和精神条件的过程。从这个定义可以看出，现代化首先是个时间上的概念，一个国家的现代化总是以现代世界先进国家的社会经济文化水平为目标取向的。现代化作为一种标志，是人类始终作为目标来追求的东西，是人类改造自然、社会和自身力量的确证，是文明进步的表征，具有世界性意义。作为一种过程，现代化是人类历史上文明的进步和发展，是包含人类社会生产方式、生活方式、思维方式、行为方式在内的全方位的社会大变革。从这个流变过程看，现代化的内容具有相当大的宽泛性和模糊性。它因不同时代、不同民族、不同国家的实际情况而具有不同的特征。因为不同的民族和国家都在根据自己的历史条件和文化背景，选择实现现代化的不同模式和途径。现代化的目标是共同的，现代化的社会模式是各具特色的。

传统作为"百姓日用而不知"的东西，是一个民族的文化之根、生命之源。传统是心灵的栖息地，是每一个人塑造理想、能够安身立命的最基本价值的发源地。离开了传统根基，现代化就将丧失自觉的主体。现代化的生存方式为人们自觉反省传统提供了参照系，使传统通过民族的自我意识这一反思形式而被显性化。现实的人是传统文化与现代化之间的中介。现代化过程也就是传统的创造性建构过程。现代化作为人类在新的生存条件下作出的、凝结着新存在方式特点的文化选择，能够赋予传统以生机和活力。传统实质是从过去至现在到未来的永恒创造和超越的无限过程。

传统文化现代化是人类为了自身的进步发展，持续不断地改造原有的文化、迈向未来的过程。它内在地包含着各种文化的接触、碰撞、冲突、交流与比较、认同、会通、整合。传统文化现代化是在特定的时期与具体的阶段，表现出特殊的时空规定性。由于不同的地理环境、社会条件、文化背景，各个民族在传统文化现代化的过程中，即使同处一个时期，所面临的任务、所要解决的问题、所采用的方法与所确立的目标也不尽相同，具有鲜明的民族特色。传统文化现代化就是每一个民族根据自身特殊的"民"情，博采众长，铸造民族文化的过程。因此研究传统文化现代化，必须始终不忘其具体时空架构中的特殊形态与特殊规律。

随着现代化进程的加快，各民族间广泛而频繁的文化交流逐渐使区域界线模糊，文化的封闭性及隔膜在逐渐消除，日渐趋同。随之而来的是传统民族文化生成的条件逐渐消失。传统民族文化要延续，有赖于民族主体的文化自觉，对传统民族文化进行现代民族文化改造。在少数民族积极适应现代社会环境要求和努力实现民族发展的过程中，需要深入考察和系统思考民族生存发展的人文环境，并深刻、冷静、理性地审视本民族传统文化，引导民族群众理性选择科学的现代社会生产生活观念和方式，充分发挥个体才能，创造出真正具有现代化水平和情调的现代民族文化。按照现实人的需要和能力去创造，以实现和满足人们不断增长的物质文化需要为目标，充分尊重人的价值选择使每个社会成员既是独立自主的民族文化创造主体，又是平等享用和消费民族文化成果的主体。[①]

[①] 王飞、杨玲：《云南少数民族传统文化与道德教育研究》，云南大学出版社 2009 年版，第 229—233 页。

第一章

大理白族传统婚俗及其文化价值

民族作为一种社会现象，是随着社会的发展变迁而不断进步的。白族是秦汉以来主要分布在云南腹地平坝地区，在不同时期被称为"滇僰"、"叟"、"西爨"、"白蛮"，同化或融合了汉族和其他民族的部分人而形成的民族共同体。本书所指的大理，其空间范围在不同历史时期有所差异，本书对此不作更多的鉴别，主要以今天大理白族自治州所辖范围为准。

第一节 大理白族传统婚俗的内容及特点

关于大理白族传统婚俗，各种书籍介绍都比较多。在白族不同地方、不同村落之间，都有一些习惯差异，但究其价值取向则大同小异。笔者在此主要借助书籍资料和调查中的口述资料，进行综合概括。

一 大理白族传统婚嫁的基本内容

关于1949年新中国成立前大理白族传统婚俗的内容，本书主要从白族对恋爱婚姻的态度、观念和习惯，白族谈婚论嫁的礼仪以及白族婚嫁的形式和行为禁忌等三个方面来考察。

（一）订婚

1. 白族对恋爱婚姻的态度、观念和习惯

态度是包含人的认知、情感和行为倾向的复杂心理过程，它具有社会性、针对性、协调性、稳定性、内隐性和价值性，[1] 是人的一种无意识习惯。考察大理白族传统对恋爱婚姻的态度、观念和习惯，可以探究其婚姻

---

[1] 陈路、晓根主编：《管理心理学》，云南人民出版社1990年版，第104、106—107页。

价值观及民族性格。

大理白族传统婚俗表现为白族对恋爱的态度和婚姻不同——恋爱自由，但婚姻不自主。具体来说，主要是：

传统婚俗中白族恋爱自由。女孩长到13—15岁，就会履行人生礼仪"穿耳洞"，穿了耳洞就意味着少女可以恋爱了。[①] 青年男女经常借传统节日、庙会和赶街等人群聚集时，寻找意中人。如在"三月街"、"绕三灵"、"栽秧会"时，青年男女通过对歌、赛歌，试探、相求，或戏谑、婉拒。对唱山歌是白族物色对象的主要形式之一，平时主要是在夜晚，青年男女通过对歌，相互表达爱慕之情，如果双方都有意，便开始谈恋爱。情侣幽会联系方式多数是在房前屋后吹叶片。[②] 在鹤庆甸北（指与丽江接壤的辛屯区及宝顶区极北部）一带，如果到了结婚年龄，晚上不出去游逛、对歌，父母会发愁，就会去请熟人晚上把其子女带出去受影响。而在大理坝区，白族家庭对女子的管教比较严，晚上是不允许外出的。

虽然白族青年可以自由恋爱，但婚姻择偶却不能做主。白族把婚姻视为家庭和家族的大事，关系到血缘的延续、财产和权力的继承。这种以家庭为本位的传统婚姻观，形成白族男婚女嫁的原则：听从"父母之命，媒妁之言"。提出自由婚姻，会被视为没有家教。有些青年男女，即使对婚姻不满，也不敢公开反对，只能忍受。订婚多数在孩子七八岁，有的甚至在一两岁或指腹为婚，"娃娃亲"、"买卖婚姻"等表现得都很突出。

2. 选择范围和标准

就白族的婚姻习惯而言，一般实行族内婚，与汉族、彝族通婚亦有千余年的历史，到元代仍有"中庆（昆明）、威楚、大理、保山皆白人也"的记载，证明元代以前这条贯穿云南西部的交通要道上白族仍很多，近代跟汉族、纳西族、彝族、傈僳族都有通婚的[③]。白族有同宗不婚的习俗，有的白族村落实行同姓不婚。姑表、姨表可以优先婚，强调舅姑姨表，门当户对。"河水向低处淌，姑娘向舅家嫁"，"好花不落外人家"，视为理所当然。如在凤羽也是侧重近亲，很少与外地结亲，大多在本民族内部联

---

① 杨国才：《白族传统道德与现代文明》，当代中国出版社1999年版。

② 杨锴：《鹤庆白族婚俗调查》，《白族社会历史调查》（三），民族出版社2009年版，第337页。

③ 云南省编辑组《中国少数民族社会历史调查资料丛刊》修订编辑委员会：《白族社会历史调查》，云南人民出版社1983年版，第192—193页。

姻，个别和汉族通婚，而同其他民族无往来。凤羽并不忌讳同姓通婚，主要是认为迁来时的祖先不是同一人，属于同姓不同宗，可以通婚。家族内部，则绝对禁止。

从喜洲镇家族的家谱看，当地白族倾向于娶相同姓氏的女子为妻。许多婆媳或祖孙媳的妇女都同出于一宗一族。另外，两个宗族之间，当地人最偏爱的婚配形式，是家庭当中父亲姊妹的儿子娶母亲兄弟的女儿为妻（一种跨同辈两辈表亲或堂亲婚姻），或是一家的姐妹二人与另一家的兄弟二人进行婚配，这种婚姻形式占当时喜洲镇的70%[1]。在有的家族族谱中，也能看出维系家族血缘正统的倾向，如民国十一年（1922），董澄农和董会农续修《大理史城董氏族谱》，在"谱序"中记有考虑到滇西之俗赘婚以为常，因而有妨于宗系者甚大，"故修谱亦易辀轇"。[2]

白族虽然没有明文规定等级通婚，但据《喜洲志》记载：喜洲十六村不与山脚海边通婚，而是同中和邑以上坡头村以下周围村子通婚，原因是传说喜洲十六村是洱海河蛮大姓，属于统治阶级，而山脚海边属于洱河蛮的平民，故不通婚。[3] 说明等级通婚的习惯事实上是存在的。又如大理一带流行这样的话："穷人嫁穷人，彼此可商量，穷人若嫁富人家，姑娘命不长，好似把女儿推下塘。"[4] 门当户对本身就是社会等级制度的观念反映。门当户对的结果，是阶级区隔分明。尽管如此，阶级内部的姻亲家庭内也有矛盾。如在洱源县凤羽区，元士充施秉义，是施进士后代，有两个儿子，硬要和赵进士的后代结亲。为求年龄相当，大儿媳赵七妹是堂侄女，二儿媳赵珍红是堂姑妈，结婚后，赵七妹以大嫂自居，赵珍红摆姑妈架子，互不相让，争吵不已。造成妯娌不和，弟兄分居。大儿子出外从军，死于内战，二儿子迷于烟赌，堕落家乡，产业荡然，家道中衰，施秉义徒呼负负。[5]

---

[1] 许烺光：《在祖先的庇荫下》，王芃译，载《大理文化》1989年第3期，第63—64页。

[2] 杨世钰、赵寅松主编：《大理丛书·族谱篇（二）》，云南民族出版社2008年版，第2703页。

[3] 杨宪典：《喜洲志》，大理白族自治州南诏史研究学会，1988年，第193—194页。

[4] 李缵绪、杨亮才：《中国民俗大系——云南民俗》，甘肃人民出版社2004年版，第250页。

[5] 赵振鋆：《洱源县凤羽区白族婚姻习俗》，见云南省编辑组编《云南民族民俗和宗教调查》，云南民族出版社1985年版，第29页。

选择对象的标准因家庭的贫富而不同，有钱有势的人家要讲究门当户对，一般贫苦人家只要身体健康，三代以内无特殊疾病即可。一般要求孩子和父母的品德都比较好。男方对女方的要求主要是劳动力强，性情温和，相貌端正；女方则要求男方家庭人口少，独子最佳。因为独子可以继承全部家产，不用侍奉小姑小叔。

3. 谈婚论嫁的礼仪

　　礼仪是人们在社会交往中共同遵守的行为规范和准则，其形成受历史传统、风俗习惯、宗教信仰、时代潮流等因素影响。考察白族谈婚论嫁的礼仪，可了解白族的传统人伦道德之培养。

　　由于历史上白族与汉族的融合，受儒家婚嫁之礼的影响，大理白族传统婚姻的礼仪包括两部分。一是指婚姻缔结的原则，即男女结合必须具备的社会条件。如同姓不婚、宗亲不婚、尊卑不婚、必经聘娶等。只有具备这些条件才可为社会所认可、接纳，否则就要遭到惩罚，被世俗社会唾弃。二是指婚嫁礼仪和程式，婚姻讲究礼仪程序，实行的是礼仪婚。白族传统婚姻礼俗即是通常所说的"六礼"①，"六礼"规定了成婚完备的和必经的礼仪，至今还广泛地影响着白族农村男女的婚姻缔结。

　　订婚岁数越小，交的彩礼就越少。从订婚到结婚，全由父母包办。双方缔结婚姻的问题由媒人从中沟通。媒人不分男女，只要能说会道、有保媒经验就行。一般来说，订婚需要过五关。

　　一是调查，打听对方是否理想。白族通婚有严格的选择过程，除讲门当户对外，双方家长都要暗自调查对方是否有遗传性传染病。

　　二是合八字。男方相中哪家的闺女，就由男方委托媒人试探性地送礼至女方家，媒人一般是亲戚朋友中有配偶的中年妇女。提亲男家叫"必压武"（音译），意思是"访问媳妇"。如不愿意就用话语推诿。如果女方家长同意，就收下礼物。媒人便讨要女方八字（即生辰年月和属相）写在一张红纸上，请算命先生合八字，看女方八字是否会与男方及男方长辈相冲。大多数白族人都相信八字相冲就不能成亲，否则不吉利。如果双方八字不合，男方就会退回八字，另寻他人。

---

　　① "六礼"：中国古代的嫁娶程序。相传始于周礼，是聘娶婚的形式要求。六礼的具体内容是：纳采、问名、纳吉、纳征、请期、亲迎。六礼之制，历代数有变迁，后期在内容上有所简化。

三是登门说亲。如果双方八字相合，男方家会选个双日办酒席请媒人吃饭，要有公鸡一只、鱼一对，招待媒人。饭后，准备订婚的男孩拜媒人。拜毕，把预备好的彩礼和八字帖托媒人交给女方。饭后由媒人到女方家送帖。"八字帖"要用纸折叠成四至六面，封面写"百年好合"四字，写有男子的生庚和"良缘前世定"之类的话。女方收到彩礼和帖子后如无异议，就会到男方家进行一番实地考察。满意了才把女子的生辰八字题上，并对上"佳偶自天成"之类的话，与男方的题字组成对联，最后送交男女收存称做"发红帖"、"押八字"。帖子中间有图饰，年月日时皆用天干地支表示。

四是过礼钱。聘礼白语又称"财礼"、"干银"，实为身价。清朝时期一般用银子，民间流传"要讨媳妇用银子"。民国时用大洋或半开，一般在百元左右，富裕之家有送几百元的。但不论送多少，尾数必须为"六"，六与禄同音，取有福有禄之意。家境比较贫困的，只要女方同意，聘礼可以少送或不送，或由家族中的富裕之家代送。宾川、凤仪、大理、邓川等地白族订婚时，男方家要送女方家公鸡一只，红糖、酒若干，镯头一对等物件。镯头、公鸡由女方家收下，红糖、酒等物则分送女方亲戚，表示女子已经许了人家，称做"喝定鸡酒"。然后，再择日交聘礼。大理、宾川、邓川交聘礼只一次，凤仪则分为两次进行。第一次交实物，如糖、酒、粉丝等，称小礼；第二次交钱，称大礼。喜洲河涘城下订，男方预先送砂糖等礼品，并先行小订，一般送大洋（银元）36 元、66 元。到大订时则至少送 360 元，多则 660 元，但此时要把小订送去的 36、66 元这项预付款扣回一部分，称作"衣禄钱"。

挖色白族订婚和交聘礼一次进行。聘礼之外还要为女子准备一件或两件衣服、领褂，同聘礼一起交给女方。此外虽无其他实物，但挖色聘礼数最高，只不过是手续简便，不像其他地方复杂。聘礼过后才算订婚。之后选好日子，商量订婚事宜。订婚这天，男女双方各自都要在家中请亲友喝订婚酒。男方将男子的八字写在红帖上送给女方，并送衣物、鸡、现金等给女方作为聘礼，定亲民家话称"压格—诶钟"（音译）。

五是认亲。定亲后，逢年过节，男方都要给女方家送些衣物。在挖色，订婚以后的第一个春节，女婿要在正月初二这一天到岳家拜年认亲。首先到媒人家拜年吃午饭，然后由媒人领着到岳家去。先拜祖先长者，再拜其他人，同时由媒人一一介绍各人的身份称谓。然后再到女方家族的各家去拜，并送上糖果。拜完回岳家吃晚饭。临走前，岳父、岳母要向女婿赠送鞋、帽、钱等礼品。一般拜年要拜三年，也有的只拜一年或两年。正月初三，女方家又到男方家拜年、还礼。

订婚后，男方若要求结婚，还必须向女方求媒，即通过媒人议定结婚之事。求媒同样选双月中的双日，男方需向媒人先送聘礼，聘礼一般是鲜肉、红糖、茶叶、面条等数斤。结婚一般要求媒4—5次或6—7次，特殊的连续求二三年。求媒成功，男方就交聘定礼若干，作为女方置嫁妆之用。喜洲河涘城女方许婚后男方下"针线钱"，66到86元不等。女方接到针线钱后，必须办嫁妆，从优从丰备办；个别的不要"针线钱"，嫁妆就相应减少。聘礼中要有专门给岳母的"喂奶钱"。

如果求媒多次不成，双方发生矛盾，就解除婚约，退还聘礼。若男方提出解除婚约，女方可以不退过礼钱；若女方提出解除婚约，必须退还。退婚是可以的，但会受到社会舆论的谴责。从小由父母包办的"娃娃亲"，若孩子长大后，双方都不愿意，也可以解除婚约。个别的则实行抢婚或逼婚。

求媒求准之后，男方还要请星相先生择定结婚吉日，并写成红柬式样，称"佳期书"、"准成柬"。请人送到女方家，请女方做客，拜请其亲属。挖色白族不开柬，只送猪肉若干斤到女方家，让其宴请客人。之后双方各自筹备结婚事宜。每年的"三月街"和渔潭会是备办嫁妆的好机会。在挖色，嫁妆有柜子一对、桌子一张、箱子一对、梳妆器具一套、茶具一套、衣服若干套、鞋子十多双甚至数十双、行李一套等。男方家要确定请客名单、确定各库房负责人。结婚前半年就开始陆续做各种准备，如婚宴用品（猪、干菜等）的采买、刷新房、发喜帖等。要选日子请裁缝到新郎家，为新人缝衣服，称"动剪"、"开剪"，一般招待都比较隆重。

由于白族青年恋爱比较自由，但父母之命不可违抗，因此原来相爱的恋人在结婚前就需了结旧情。到了结婚前夕，女方给原来相爱的男方送去请柬，男方接到请柬，要给女方送去厚礼，如"铁皮"坎肩（一种类似氆氇的纺织物）两件或银手镯一对，既是最后的告别，也是永久的纪念。女方收了礼物，也要宴请男方。一般本人不出面而常由朋友出面悄悄办一桌酒席，招待未能成婚的恋爱对象，称做"送殷情"。一是表示歉意，二是表示从此了结旧情，不然则招来杀身之祸。这是一次由女方间接主持的告别宴席，这种风气在当地被认为是合理的，所以家里人一般都不管，婚后任何一方即使知道也不追问。

（二）结婚

在白族传统婚姻习俗中，十分重视婚礼的操办。白族举办婚礼有四天的，如周城；也有三天的，如挖色。婚礼上的仪式顺序在不同村落有所不同。

第一天的主要活动：

一是搭彩棚，迎喜神、拜"喜匾"，贺新郎新娘。

喜事期间主要房屋用来接待客人，称为"传客"，宴客则在天井或空地上搭起松棚或彩棚。家贫房窄的搭照壁式一面台，富裕之家搭四方八角亭于庭院正中。先把四根木柱子固定好后，用各色相间的布一起盖在柱子上，两侧的布落地，柱子都要绊满松毛。边沿挂彩球和红花。彩棚有门窗，里边张挂喜图屏条、名书、名画，装潢精美，所以搭彩棚一般要花一天半天工夫。彩棚既可为客人遮风挡雨，也是白族人家办红白喜事的象征。

婚期第一天，男女双方家都要贴喜联。不仅在大门外贴喜对，中堂上贴喜字，而且婚床和使用物品也有喜字，让喜气弥漫整个新房。洗脸时，盆中要放六枚硬币或银器，意在有福有禄，财源滚滚。要举行隆重的迎"喜神"、"喜匾"仪式。所谓"喜神"、"喜匾"，是用一块长一市尺、宽一市尺的木板做成。事先须由亲族中德高望重的长辈（或者是自己的祖父或父亲）拟好名、号及其至亲密友四至六人的名单，交书法优良者写，镌刻精工者制，牌位上写有吉星之意。届时系上大红彩球，一人端在胸前，在鞭炮、唢呐声中，许多小弟兄簇拥着披红挂彩的新郎随后，出门往村中大路游行片刻。迎匾归来，接着拜匾。将喜匾置于正厅高处，新郎在下面行三跪九叩大礼，随即挂匾于适当位置，乐止。喜神牌位每天都要烧香供奉。是日杀猪，请厨师打灶，来相帮的青年称"小弟兄"，场面愈大，小弟兄愈多。

贺新郎，也称"贺新姑爷"。新郎官应端坐正厅正座，左右童男童女相陪。前面放长桌、长凳。近处置花烛一对，茶酒各一杯。远处摆满糖食果品瓜子烟酒，供来客品尝。堂上院中灯烛交辉，小弟兄们嬉戏，笑声不绝于耳。到了深夜才吃夜点。多半是招待"小汤"。这种小汤是把鲜粉条放进碗里，加点肉汁、葱丝、蛋片，口感松软香甜。夜点后，一般小弟兄收拾家什，守棚，亲密者便与新郎陪床同睡。① 在姑娘家也同样举行贺新娘仪式：喜字高贴，红烛明亮，新娘端坐在八仙桌旁，接受姑娘们送来的礼物，同时也用喜糖、蜜饯、红糖水招待大家。姑娘们一边说笑，一边逗即将出嫁的新娘，气氛极为热烈。

白族举行婚礼的前一日称"过礼"，这次的礼物是备办酒宴，具体内容是之前商定好的。一般是：猪脚 1 只或整只猪的 1/4，衣裳 4—6 套（1 套包括前襟短、后襟长的衣 1 件，裤 1 条，坎肩 1 件，围腰 1 块，包头布帕 1 条），白羊皮 1 领，喜被（行李）1 套，针线钱 60—80 元（有到百元者，也有要粮食者）。

二是"喝喜酒"、布置新房。

在满江村办婚事，新婚前一天，新郎的父亲到新娘家认亲，随行的还有媒人和两个小伙子。给新娘家带来酒、猪肉、鸡。这天喝的酒是一瓶装有花椒、红糖、两把辣椒的酒，用龙眼杯斟给客人喝，喝这种酒的意思是认定结为亲家了，亲亲密密，白族称为"喝喜酒"。两个小伙子就负责给客人倒酒。

喝酒之后就在女方家吃饭，两亲家在一起吃，媒人同女方家人商谈迎亲的具体事项，两个小伙子则要到厨房给厨师说好话，尽量让他们高兴，不然厨师做菜时，会用红线把酥肉连起来，作难新人，就会拖延娶亲的时间。

此前新房已经粉刷一新，然后请儿孙满堂的老太太选定床位，对八字，以确定床头朝哪边，进行安床。四个床脚下都垫上硬币，床下摆一个土罐，里面装些五谷杂粮。并请有儿有女有福气的妇人为新人钉新被。钉新被要用彩线，寓意千里姻缘一线牵。还请祖父母、父母健在的小男孩在新床上蹦跳，称之"压床"，祈望早生贵子。

在鹤庆，下午由媒人带领本家亲戚抬着礼物送往女方家。喜被要找孩子生得多、丈夫又健在的妇女来背。这些人到了女方家都会受到酒宴款待。

第二天的主要活动：

一是催妆。在周城，媒人要向男方索取红衣一件，金银玉首饰若干

---

① 杨铠：《鹤庆白族婚俗调查》，载《白族社会历史调查》（三），民族出版社 2009 年版，第 337 页。

件，一顶凉帽，一副纱帕，交给新娘。而下庄村的催妆则是男方家把部分结婚用品和一桌八大碗酒席送到女方家，请女方家清点和过目。如女方认为催妆数量不足或不合格时，就要以推迟婚期等刁难男方，媒人则从中说服、劝慰，直到女方无异议为止。媒人做媒贪图口福，另外可得鸡、鱼、衣服、鞋子等九样礼物。如果说媒不成，媒人还要受气。所以人们常说："馋人做媒，憨人当保。"女方家同时也准备好嫁妆，这些嫁妆有衣柜、被褥、衣服等，并在柜里装好姑娘出嫁穿的衣服和鞋子。嫁妆中最为显眼的就是一对大木柜，柜底要放娘家亲人给的"私房钱"，一个柜中放新娘亲手做的几十双乃至上百双布鞋，要送给男方全家老小一人一双，自己还要留好多双，以显示自己很能干，针线手艺好；另一个柜装满了无数用红纸包成筒状的"果子"，内装红糖、花生、枣。有的地方还要在衣箱的四角压上白石头和糖块。这一天是女方家最热闹的日子，所有的亲戚朋友和同村寨的人都来做客和庆贺，接受新娘家的宴请。

二是拜祖。新郎穿上长衫、马褂，戴上礼帽，向亲族中长辈的男子跪拜，受拜者还个礼，在新郎胸前戴大红彩球，称"簪花红"。然后设位拜祖宗、拜父母（包括祖父祖母），礼节为四礼八拜，接着拜亲属、拜同辈（如哥嫂、堂哥嫂等）、拜小弟兄，礼节为一跪一叩。凡长辈都受拜，在场主持的小弟兄要说："请教导几句。"于是受拜者便指出新郎许多缺点，望其改正；也有指出许多优点望其发扬的；还有鼓励进取的。有些经过千辛万苦才盼到这一天的父母，激动地与做新郎的儿子抱头痛哭。此时唢呐乐鼓大作。

第三天是正喜日，即迎亲待客日。举行婚礼，是整个婚期的高潮，主要活动有五项：

一是迎亲。古时是在夜间迎亲，由男方邀请陪郎2人（骑马去负责牵马回），多人点火把迎新娘。要先大酒大肉吃一顿后才去。河涘城何邦宪进士有一副对联描写"夜迎"说："宴嘉宾宜浮大白，淑女须待昏黄。"这种习俗有古时"抢亲"遗风，后来也逐渐改为白日迎亲了。过去"夜迎"时陪郎须带刀，后来变为象征性的傧相。[①]

迎亲时间一般是"巳时发轿，午时进门，未时交杯"。白族迎亲十分

[①] 杨宪典：《喜洲河涘城的婚俗调查》，载《白族社会历史调查》（三），民族出版社2009年版，第335页。

热闹。有骑马迎亲的，也有抬轿迎亲的。在洱源，男方家不仅要请人扛抬聘礼箱笼，送往女方家去，还要预备9匹、11匹、多到25匹马。去时的马匹是单数，回来时加上新娘骑的1匹便成双数了。这些马匹当中有1匹不能骑，还得把鞍辔配得非常讲究，用绣球、红彩装饰，是给喜神乘的，由一位德高望重的老人牵着，走在最前边，敲锣开道，其他人跟上。有背琴剑书香的4人，陪郎和押礼各2人步行或骑马。抬轿迎亲的，有青轿和红轿，新郎乘青轿，红轿去时由新郎的侄子和媒人同乘，称压轿，回来时新娘乘红轿，压轿的人骑马。接下去是乐队，吹鼓手吹大号、唢呐、敲大钵、击鼓、抬伞旗、背赤印。最后是男女青年、小孩数十人。一路上放鞭炮，吹吹打打，绕村串寨，喜气洋洋，十分热闹。

有功名者，迎亲队伍抬着写有功名官阶职衔的高脚牌坊、旗帜和红罗伞，有乐队唢呐大号，吹吹打打为新郎鸣锣开道。迎亲队伍由媒人和男方较有本事的一位女性长辈带领，伴郎必须由具有随机应变能力的青年充当。

大理有专门的班子，当轿夫、当鼓乐队的吹鼓手，为附近村寨的红白事服务。主人家除付给一定的报酬外，还要分别招待他们，不论是几人，都要另选地点（一般在牛厩门口）单独待席，这就是民间说的："吹鼓手吃独席。"

在大理，迎亲队伍出发前，要先派2个人背几桌酒席到女方家，称"辞娘席"，并送上新娘用的盖头帕等物。迎亲队伍到了女方家门前，新娘家为了表示不让爱女离去，要将大门紧闭。要等唢呐大号三吹三歇，将装有铜钱的红包丢入院内，之后，女方家开门摆茶酒迎接，先敬新郎喝下马酒。新郎喝毕作揖还礼，然后迎亲队伍顺序入座，先喝苦茶，后喝糖茶，取先苦后甜之意。然后，女方家招待迎亲队伍酒宴。

宴席中，女方家为拖延时间，故意把酥肉用线穿起来，肘皮则为连刀肉，使客人不易食用，先出一联让陪郎作答，如果答上了就将这两碗肉换下，如果答不上就不换肉，让其出洋相，并嘲笑陪郎无能。吃完酒宴，新娘就拜祖先、父母、亲戚长辈，准备作别。这时，女方父母照例要给新郎礼物，但为了考考新郎，并不明送，如将金戒指藏于菜或油煎过的乳扇之中，由陪郎转交新郎，如新郎能将金戒指取出，岳父、岳母就认为女婿聪明；如新郎不注意，不能识破其中奥妙，取不出金戒指，不仅得不到礼物，还会被认为是"憨姑爷、笨陪郎"。经再三催请，新娘才能出门。这中间，礼仪很多，女方还故意出些难题，全靠伴郎们妥善应酬。若应酬处理不好，则会传为笑柄。

在周城，清朝时期，新娘头插宫花、穿古装，新郎则打扮成文官或武将模样，这种服饰有专门出租的。民国时期，新郎穿长衫，戴洋毡帽。新娘开始梳妆时，先点燃小油灯，脚踩在斗上，以示今后五谷丰登，取下作为姑娘标志的头帕。解散独辫，用红木梳分出发路，编成两条长辫子，辫梢用红毛线系好，并扎上用红毛线绕成的花，穿上新郎送来的结婚服——鲜绿色后摆绣有花边、长及膝盖的大红襟衫，再套上一件桃红色的同样绣有花边的大襟衫，穿上一条青灰色长裤，脚穿红袜、红布鞋。之后戴头饰。周城的白族姑娘结婚时，花冠头饰是以红毛线为主，配有黄、绿二色。用毛线织成小绒球堆成冠状，正中有一个小镜子，称为照妖镜。在耳旁、头顶及辫梢上缀满了各色大小不等的绢花，再用红毛线系一似心状的镜子挂在胸前，以示心心相印。穿戴完毕，才进行面部化妆，要拔去脸部的汗毛，涂脂抹粉、抹口红、描眉，最后，戴上一副墨镜以"避邪"。新娘打扮好后，由一位长辈给新娘喂三口饭，祝福以后丰衣足食，家庭和睦。在凤羽，女子换头礼，要请高寿妇女为新妇梳头，先戴凤冠，然后换成纱帕，脚踩装满粮食的斗，寓意五谷丰登、魁星踢斗，将来子女会读书上进。斗中摆一杆秤，寓意新娘心像秤一样公平，对丈夫、对父母一视同仁。又放置一把剪刀，表示新娘对爱情的忠贞不贰。[①] 在喜洲河涘城，新娘要穿大红布或红绸棉袄（白语称"册滚升"，不论冬天夏天都要穿）、绿色布裤，有的穿白族服装，绿衣红金绒坎肩，戴墨镜，胸前挂银质的"黄鳝骨"垂链，手戴玉镯、银镯。头戴红布大帕，手执有红布扎口的宝瓶。

新娘拜别亲人上轿，挖色风俗是大喜日子不许哭泣，新娘只能眼含热泪表示依依不舍之情。而大理、邓川一带，新娘上轿前要大哭一场。挖色新娘上轿要由新郎背送，其他地方则由其兄长背着上轿，新娘头上盖有红布盖帕，哭声一直到男家下轿为止，此为"哭嫁"。

这时，鸣炮三响，迎亲队伍各就各位准备出发。新娘出门，众人即伸手乱掐新娘，称"掐新媳妇"，据说掐新娘可以避邪。因此，送亲路上，全靠伴娘们保护。

---

① 赵寅松：《茶马古道上的世外桃源——凤羽》，云南民族出版社2005年版，第75页。

迎亲队伍返回，一路游村串寨，故意绕来绕去，以示众人。行到有桥处，就要停下来，由新郎背新娘过桥。迎亲路上，如碰上另一支迎亲队伍，双方争道时，两家的新郎、新娘互换手帕、镜子等物，协商解决，如双方各不相让，就会发生争吵斗殴。

二是拜门、拜堂。新娘被迎至男方家门口时，男方家燃放鞭炮，门前摆香案，新郎下跪，由执事点香，放鞭炮，摆茶、酒、水果来迎，称做拜门。拜门时，执事手撒米花、瓜子等物，口中念念有词，打发东南西北中的鬼邪回避，称"退车马"。这时，男方家中有八字冲克者要回避，痴聋哑之人也要设法让其避开，以免冲犯。新娘进门时要跨火盆或马鞍，表示兴旺或平安。新郎、新娘用席子铺地进入家中堂屋拜天地祖宗，称做"拜堂"。新郎三跪九叩礼，新娘跪着不动。先拜天地，次拜灶君，这两次为六叩三拜；再拜祖先为四礼八拜；拜父母三叩首，名为"生三死四"。拜后，饮合枕酒，吃"狗剩菜"，也称团圆饭。吃红肉，新郎吃一嘴，新娘吃一嘴，专门有人招呼。

拜堂后，喝烤茶和用白酒、红糖、花椒面、辣子面制成的喜酒，茶酒之后，入洞房。在新娘进洞房的热闹时机，众亲友会从四面八方伸手来，向新娘身上掐来掐去，俗称"掐新娘"。由一位儿孙满堂的老太太牵着新娘、新郎入洞房，这位老太太称为"牵手"。新郎、新娘要争跨新房门槛，谁先进去谁成为一家之主。

洞房内，只留媒人、牵手和新人。牵手用托盘端一尺子给新郎，新郎即用尺子挑开新娘头上的红布盖帕。然后，新娘、新郎双双坐在床边，相互代解几颗纽扣，由媒人酌酒，引新郎新娘互相敬酒，媒人念祝词："夫妻和合，子嗣联芳，百年偕老，五世其昌。"晚上，洞房中设一宴席，由新郎、新娘与媒人或牵手同席。新郎、新娘同坐，媒人或牵手对面坐，就餐时，新郎、新娘要互相交换饭碗吃食，吃剩的食物归牵手或媒人带回。然后请人梳妆，把发辫缠在银钗上，用红线扎紧，盘卷在脑后，周围插上红绿缎子似的"新娘花"。

三是宴客。每轮宴席，新郎、新娘要双双给宾客敬酒。宴席首先是宴请同宗族的长辈，表示对他们的尊敬，席位座次是按照"长幼有序"的传统思想，由专门的人员引导入座。富裕之家吃"三滴水席"，先吃三冷三热，然后才吃正席。就餐时，媒人、新娘家人各摆一桌独席。宴会第一道（菜）：拼盘，案酒（事先摆好筷八双，杯八只，醋碟八只，盐辣碟一只）；第二道：小汤八碗；第三道（菜）：红肉；第四道（菜）：酥肉；第五道（菜）：千张肉；第六道（菜）：卤鸡，新郎、新娘敬酒（两次敬酒皆为小弟兄斟给客人，敬酒者打拱表示敬意，客人亦打拱还礼，彼此都是站着）；第七、八道：蔬菜；第九道：每人一碗饭。也有待十大碗外加拼盘大件的。大家吃着第一碗饭，小弟兄便将饭盆送来、汤加添来了。八大碗中的主菜（荤菜），一般都有定数，每人可吃到两块（片）肉，碗中垫底的素菜可加添多次。席间，客人就分菜和带菜回家。因此，白族做客一般只吃不便携带的汤和素菜，而将席上易携带的荤食平均分配后，用洗干净的大菜叶各自打包带回家给没来做客的家人共同品尝，寓意为带回喜气和福气。这在洱海两岸的大理是一个十分普遍的风俗，而在鹤庆甸南片的白族，带回去后还再加工为敬老的别致美食——"宴粥"[①]。

在鹤庆，约莫饭饱，就有人在每位客人面前放下纸烟一支，"广子"一包。这包广子一定要包得讲究，一头尖一头平，红纸封面，内装槟榔五六片，绿子一二点，葛根一三点，既解酒又消食。这一天开销很大，当客人在门口挂了礼金，主人请入客堂，先要敬以"苦茶"、香烟、瓜子，然后再敬喜糕（水糕）、糖茶。亲家要请到正厅正坐，即使一般客人，主人不来作揖恭请，客人是不便入席的。礼金很少，用铜钱时只有90—100文，因而有歌谣："喜事人情薄，两家坐一桌。二九一百八，难说！"

宴席结束，女方家就来人"送果盒"，这时男方家要以茶点招待。送果盒的都是妇女、孩子。她们来的目的一是"摸喜鸡蛋，喜核桃"，这两样东西事先由家里的年老妇女用红颜色水煮熟，交给白头偕老、儿孙多的"铺床"妇女悄悄藏在垫褥底下。谁要摸到就是有福运。二是交"果盒"给新娘。果盒除了糖食糕点，主要是"龙凤布"，是一块两市尺见方的白缎子，上面绣以金龙、玉凤互作吞吐之状，不仅技艺精巧，而且还饰以花边，背后有较厚的衬布。此物专供男女交合时垫在床单上面。[②]

四是闹席，或称"吃新娘饭"。由媒人、男方家的几个长辈和来帮忙的人，用几张桌子把新人围在中间。席间，新郎新娘不停地向宾客敬烟、敬酒。这时候，宾客可以给新郎新娘出些难题，也可以让新娘新郎表演节

[①] 章虹宇：《大理少数民族宴客奇俗》，《中国民族博览》2002年第1期，第41页。
[②] 杨铠：《鹤庆白族婚俗调查》，载《白族社会历史调查》，民族出版社2009年版，第337页。

目,堂屋里充满了欢笑声和喝彩声。客人一会儿要新郎夹菜给新娘,新娘夹菜喂新郎,又故意要新郎夹菜给自己吃,并且不直接说出菜名来考新娘,比如说:"要吃没有骨头没有肉的荤菜(猪肝)",一会儿又让新娘学说绕口令,一会儿又故意让新人用削得又细又软的两双筷子,去夹用红线穿起来的"连心肉"给客人,用软筷子一挑一滑,逗得闹喜的人们不亦乐乎。这时聪明的媒婆就会悄悄指点新娘解决这些难题,如悄悄递上随身带来的小剪刀给新娘剪断红线。而一旦被发现,媒婆就要被罚酒喝。这时,帮忙的人要给新郎新娘出题目,让他们猜谜或对对联,称"闹蓬"。"吃新娘饭"常常要四五个小时。厨房故意将菜样做得奇怪,用红绒线把东坡肉串联,筷子夹不起,要新娘剪开才能吃,两桌还要互相敬酒。[①]

五是闹洞房。傍晚,新郎家庭院里老者和长辈喝喜酒、吃喜糖,谈笑风生,热闹非常。主要由表亲和好友来闹洞房,有的老人也牵着儿孙来凑热闹,以沾点喜气。俗话说新郎、新娘房中无大小,闹房时,新郎、新娘一齐捧着托盘向来宾献茶,先进苦茶,后进甜茶,表示先苦后甜。在向客人接还茶盅后,闹房就开始了。始叫新郎念一句"一去二三里",叫新娘接着念"我在娘家就想你"等一些文雅而又双关的句子。如用糖果喂给新郎,叫新娘同吃,用口相接,不准动手,或叫两人唱对歌,或叫念诗词,由新郎新娘各念一句,经常念的是:"久旱逢甘雨,他乡遇故知,洞房花烛夜,金榜题名时。"几乎要闹到第二天凌晨。

第四天即新婚的第二天清晨,新人要用糖茶敬献给父母、家族长辈和宾客,即敬"四手茶",新郎、新娘要同端一茶盘,白语称"西坡早",也称"拜客"。拜客也称"认亲"、"接老亲戚"。不同地方拜客的时间不同,但内容一致。先拜长辈,再拜平辈、小辈。凡亲族亲戚受拜者亦须赠给新娘礼物,嫡系血亲者,新娘要送还鞋一双(称"回鞋");拜谢长者时,其中一长者要诵诗一首以预祝赞美新婚夫妇的幸福,这位长者称"压蓬"。接着,家中的小辈也来拜见新郎和新娘。新娘打开从娘家带来的柜子,取出用红纸包成长圆条状的"果子"(里面包有瓜子、松子和一个核桃)分给客人,直到分完为止。拜客仪式实际上是真正意义上的结婚典礼。

[①] 赵振鋆:《洱源县凤羽区白族婚姻习俗》,《云南民族民俗和宗教调查》,云南民族出版社1985年版,第32页。

婚礼或婚宴结束时，客人就会向主人告别，此时，主人将事先准备好的"回礼"（农村称为"打发"）赠送给即将告别的客人。"回礼"比较简单，一般是一条毛巾、一双袜子或者是一包香烟等。"回礼"也只是一种形式上的礼节，不在乎其价值。但是主人为了"面子"（也就是"拿得出手"）也会在"回礼"上动一番脑筋。这种"回礼"体现的是主人与客人之间的一种礼尚往来。

拜毕，送走喜神、撤棚，婚礼就此结束。

在鹤庆甸北一带，收拾扫除的第二天，新郎须带新娘上街游逛，新娘要背一个用黑漆涂过的新竹箩（背带须是红的），内装大米两升、瓜子、葵花籽、松子若干、砂糖（砍成小块）一包，称"喜果子"、"喜砂糖"，新娘子逢人便递。卖喜米也不好讨价还价，由买家要价卖完即可。之后新郎和新娘在街上买两条鲜鱼就回家。没有上街游逛的新郎、新妇，人家是不欢迎的。

婚后三日（或六日），新郎陪新娘回娘家，即"回门"。这天要早起，新娘由请来的梳妆妇女把头发梳成高高的髻，称做"收头"，以示从此"成人了"。换了发式才回娘家。在挖色，是由女方家选双日来接。在喜洲河涘城，由男方给新娘携带包子、饵块、黄烟丝，让新娘回去送给女方亲戚。在周城，新郎手捧锦花一朵，到新娘家去谢花红。新郎家的至亲也一起到新娘家去做会亲客。新娘家同样办酒席招待客人，并很好招待来帮忙的人。回门不能在娘家过夜，新郎、新娘必须当天在太阳落山前返回，路远的可以在途中歇脚。有的地方仅新郎陪同新娘回门，而有的则是新娘早早就回到娘家，到傍晚，男方家派出媒人、小姑子等人来女方家把新娘接回。在剑川县剑湖周围的白族，按当地风俗，回门这天，新郎带领十来个亲友去女方家回门。新郎和亲友可以在筵席上藏女方的东西，如碗、酒杯、筷子、饭勺等，回男方家后好向新娘索要礼品（红糖、香烟、酒等）。女方家也故意多放一双筷子在新郎面前，好让新郎藏回去，意思是：你家添人了，带双筷子回去！有提醒新郎今后要关心爱护新娘的意味。[①]

白族婚俗在不同时期、不同地方也有一些差异，但婚俗文化元素基本相似（见附录个案2）。白族缔结婚约的仪式都有一定的文化内涵和功能，

[①] 毕坚：《云南少数民族奇风异俗录》，广东旅游出版社1988年版，第58页。

因此具有强大的生命力,随着社会的发展,传承沿袭,盛行不衰。

(三) 再婚

新中国成立前白族离婚较少,一是多数人都深信婚姻是前生注定,不能反抗。"嫁鸡随鸡,嫁狗随狗",所以都能安之若素。二是迫于压力。由于婚姻包办,婚后夫妻不和,"按照传统习俗就无法补救。理论上,妻子可以离开冷酷无情的丈夫回娘家,但这样会生流言蜚语,而导致双方家庭成为死敌。实际上,只有很少的父亲能明白女儿的不幸而鼓励她们离开丈夫,更何况,要把女儿再嫁出去的希望很渺茫。一个丈夫可以因为妻子与人通奸而休妻,把她打发回娘家,但这很少发生,因为要向女方的父亲证明所发生的一切并非易事,而夫家有此家丑也因此招人非议。如果丈夫无法与妻子相处,而妻子又品行端正,丈夫可以同妻子离婚,但如果那样的话,他必须向女方的父亲支付200—300银圆,只有很少的家庭可以支付如此昂贵的离婚费用"。① 民国以前,白族社会反对遗弃原妻,一旦有人与妻子离婚,必为众口责难。三是父母选择适当,婚后夫妻和睦,婆媳相安。有的虽然发生矛盾,但都能为了孩子自己忍耐。从1929年到1950年底,凤羽上千户人家中仅离婚四人。②

女子再婚主要是以下三种情况:

一是夫妻不能和睦相处。这种情况下多数选择再嫁。二是男方死亡。若与亡夫生有子女,可找一个男人来家,称"招夫养子",女方可继承财产。也可与亡夫之弟结婚,称"叔配嫂"(但不能与亡夫之兄结合)。这些都是极个别的。"也有夫死无子或虽有子女,因叔伯图财霸占房产,故意刁难,迫使寡妇再嫁,带走儿女,俗语'为挖芋头,子母连根拔光的'。有未征得寡妇同意,公婆叔伯暗中出卖形成抢婚的。"③ 三是男方病弱、瘫痪。这种情况女子可以另找一个男人来家,与前夫相处,俗称"招夫养夫",与后夫所生的子女亦有赡养前夫的责任。

女子再婚称"结蜡","寡妇再婚则被视为违背传统,如果真的要再嫁,除了她自己的衣服,什么也不能带走,她必须舍去死去的丈夫留给她

---

① [澳] 费茨杰拉德:《五华楼:关于云南大理民家的研究》,刘晓峰、汪晖译,民族出版社2006年版,第140页。

② 赵振鋆:《洱源县凤羽区白族婚姻习俗》,载《云南民族民俗和宗教调查》,云南民族出版社1985年版,第34页。

③ 大理市民族事务委员会编:《大理市民族志》,云南民族出版社1997年版,第51页。

的一切。尽管如此，如果没有孩子的话，寡妇还是经常再嫁人"。[①] 为此，要秘密逃离前夫家，既不能带走前夫家财物，又不好空身到后夫家里，只好背个小竹箩，放点必需的东西。若是后夫的原妻已死，那么门前便放着一口饭锅，让再嫁者顶在头上，走进房间。

在大理喜洲十六村，夫死公婆尚在，则往往逼寡妇再嫁，一般由寡妇自己决定。多数则由公婆或其兄弟等，偷偷地把她许配给别人，接受了银钱聘礼后，约定日期时间地点，由男方约人在婆家人协助下，哄骗或强抢寡妇。寡妇没有选择对象的自由，只好认命。[②]

男子再娶，绝大多数有两种情况：一是缺儿少女，二是妻子亡故。一般是找那些没有丈夫的妇女相配，花销几百元钱给女方的前夫家。结婚只需随意请几桌客，迎接女方只要找一两个亲眷配合介绍人，在黄昏以后悄悄把女人领到家里就行。女方到了家里自然也要拜天地、拜祖宗，而"分拜"则男方不参加，只由亲族一人领女方向各亲眷处磕头就算认了大小。而后将拜祖用的猪头拿去煮了，供第二天清早女方前夫家来吵嚷、质问者吃。所以这一晚的仪式称"结蜡"，社会上常把那些曾经再嫁的妇女称"二婚猪头"。[③]

二　大理白族传统婚嫁的形式和禁忌

一夫一妻制是白族普遍的家庭组织形式。1949年前极个别地方有过一夫多妻。

（一）婚嫁的形式

白族婚姻形式共有4种：从夫居、招赘婚、"卷帐回门"、抢婚等习俗。

一是从夫居，嫁女儿到男家，这种形式占大多数。

二是招姑爷上门，这种婚姻形式分别为：有女无子，为女儿招婿；有的则是女儿大、儿子小才招婿；有的虽有儿子，但为增加劳力而招婿；还

[①] [澳] 费茨杰拉德：《五华楼：关于云南大理民家的研究》，刘晓峰、汪晖译，民族出版社2006年版，第140页。

[②] 杨宪典：《大理喜洲十六村的白族家庭和宗族调查》，载《白族社会历史调查》（三），民族出版社2009年版，第347页。

[③] 杨铠：《鹤庆白族婚俗调查》，载《白族社会历史调查》（三），民族出版社2009年版，第341—342页。

有的则是父母与女儿关系好，不愿女儿出嫁而招婿。招赘一般是提亲时由女方提出，男方同意后，经媒人作证议定。由于是新郎到新娘家上门，因此操办婚礼主要由女方家承担，男方几乎不需要多少开销。无论哪一种方式的招婿入赘婚，都是从妻居，并在缔结婚姻时，请证人立约，阐明双方权利与义务，有女无子招赘婚，入赘男子要改名换姓，可以享受族中子侄的同等待遇，不受歧视，有权继承女方家的财产。① 婚后所生子女，规定长子随母姓，为女方家继承人；次子随父姓，有权返回父亲的本家，这便是白族社会中"长子入祠，次子归宗"的传统。女方死后，入赘男子也可以续娶。

三是"卷帐回门"的形式，即男女双方结婚后七日，妻子带着丈夫携帐子、被褥回女方家居住。因为女方家虽有兄弟，但年龄太小，父母年迈，只好"卷帐回门"来赡养老人和照顾年幼的弟妹。等弟弟长大结婚后，男方又带着妻子回到男方家生活。

这三种婚姻形式由来已久，沿用至今。无论属于哪一种婚姻形式，婚期和婚礼的过程基本上是一致的。只不过招姑爷上门是女娶男，而不是男娶女，双方的角色互换而已。

四是"抢婚"习俗。抢婚有两种方式，一种是发生在未婚青年男女中，男女相爱，女方家不同意，男方家只有通过抢的方式才能成亲。另一种方式则发生在已婚妇女（多半是寡妇）中，男方通过媒人与寡妇公婆或本人说定，男方趁其外出参加庙会或赶集时将其抢回成婚。通常寡妇不能再嫁，而通过抢的方式促成寡妇再婚，免去寡妇活守寡。抢婚的规矩是，既不得抢未经本人或父母同意的姑娘，也不能抢有夫之妇，否则要遭到被抢者家族或村寨的集体报复。这种习俗在白族历史上曾经流行过。

（二）婚嫁禁忌

一般而言，禁忌是民间对神圣的、不洁的、危险的事物所持态度而形成的某种禁制，主要通过口头传承及行为示范，② 属于风俗习惯中的观念，具有威胁和惩罚两个主要特征。是人们出于自身的功利目的而从心理、言行上采取的自卫措施，是从鬼魂崇拜中产生的，以制止、抑制的方

---

① 云南省编辑组《中国少数民族社会历史调查资料丛刊》修订编辑委员会：《白族社会历史调查》，云南人民出版社1983年版，第193页。

② 乌丙安：《中国民俗学》，辽宁大学出版社1985年版，第308—309页。

式回避矛盾和斗争。① 在婚姻缔结的过程中，凡认为不吉利的，都在禁忌之列。

白族在婚嫁中的禁忌，概括起来有8项：

一是通婚禁忌——同宗同姓不通婚。

二是生肖禁忌——嫁娶年的地支忌与男女生年的地支相同，即不可在新人属相年成婚，怕伤其"本命"。由男方父母请媒人到女方家说亲，讨求女子生辰八字，经占卜求吉，若双方生辰相抵触，这门亲就不能成。民间常言："一山不容二虎"，意即两个属虎的人不能相配；"龙虎相斗"，属龙的人不能找属虎的人成亲；"羊落虎口"，就是属羊的女孩不能找属虎的男子，否则会相克。除结婚当事者"八字"不能相犯冲外，也不能与家人相顶撞才能婚配。

三是请期禁忌——成婚要择吉日，看其是否有"白虎压房"或"白虎压床"，若有，不可婚配，须另择吉日。白族民间对办喜事忌讳7、8月有两种说法。一种说法是，这两个月孤魂野鬼较多，结婚会把鬼召进家来。另外一种说法是7、8月是民家"接祖"、"祭祖"、"送祖"的时期，民家都要把本家先人的牌坊等供奉在堂屋（客厅），结婚办喜事会惊扰先人，有失恭敬。

四是亲迎禁忌——迎新娘时，须看日忌。若是日忌路，须沿途打锣；忌地，则地上铺席；忌翁姑，翁姑则须回避。新郎迎亲身上不能装烟、钱等任何东西，到了新娘家也只能装钱，不能装其他东西，俗称"空手出门，保财归家"。

在挖色境内，迎新队伍禁止走两条路。一条是从挖色街到官邑村时不走中路风神庙前。当地人认为麻风、癫痫等病与风神有关，如走此路，以后生儿育女就会得麻风、癫痫等病。二是从小城曲村到大城曲村不走灵济寺前之路，因为灵济寺是地狱，鬼的天下。认为迎亲过此路，以后生儿育女就会得偷生鬼，孩子长不大。所以路经风神庙或灵济寺时，要绕道避开。

五是婚宴禁忌——孕妇不能去做婚宴客。

六是洞房禁忌——闹新房时忌讳家人进洞房，孕妇也不能去新房，更不能坐或躺到新婚床上，否则这家新人以后难生育。

---

① 任骋：《中国民俗通志——禁忌志》，山东教育出版社2005年版，第8页。

七是回门禁忌——新娘回娘家，必须赶在日落前回夫家。

八是新妇禁忌——回门之后新娘七天之内不能串门、不能回娘家。

这些禁忌既反映了白族先民对婚姻顺天意的"天人合一"信仰，也反映出白族先民对疾病、灾难的不解与恐惧，力图通过种种规制，加以回避。

（三）婚事的组织与操办

白族办喜事前，需要请好总管、提调等数人。总管主要负责计划和安排，督促和接待宾客。媒人对外，提调管内，负责具体事务的指挥，帮忙人员，分工负责，各司其事。有管库、管厨、监席、捧托，司茶水，管卤菜盐辣豆豉果酒，做厨、煮饭、洗碗筷，及采买、杂用、挑水、陪郎等，将名字列榜公布，由提调总管。在办事期内，不但帮忙人员要听提调指挥，甚至主人生活安排都要由提调决定，以便统一行动，不至于混乱。

其间主人家要邀请家族长辈前来共同议事，分别承担有关事宜，称做"库房"。首先确定请客名单，先由具体办事人提出初步名单，提交族中长辈逐一审定。当中如有不该请的就删去，应该请未写的则补上。族长有权制止办事人随心所欲，欺贫爱富，不能因请客而使家族丧失声誉。然后确定各"库房"负责人。各"库房"职责具体是：

管库2人：办事者把准备好的一切东西交给管库，由管库全权支配。结婚前两天，2人即到场，直到婚事完毕为止。管库一般要请亲家或至亲密友来负责，设置库房后，所有办事需要物品，无论是借来的、买来的、主人家原有的，都要交库统一管理，使用人向管库领用登记，事后交还销账。接的各项礼钱，也要由收礼人交库，由库房再交主人。

管厨负责领导厨房工作，监席负责统计客人，与厨房联系。厨师数人，专管"八大菜"的烹调，还要与提调紧密配合。灵活掌握菜与客人的数量，不能出现来客无菜的现象，也不能出现铺张浪费的情况。

提调2人：要由懂礼仪、习俗，又有灵活应变能力的人来负责调度。安排结婚日的大小事宜，特别是待客排宴，必须有礼有节，使所有的客人满意。

接聘礼2人：凡来客的聘礼钱（又称"份子"）都要一一登记清楚，以后主人要按账本逐渐送还给对方，称做"礼尚往来"。

捧托：用年轻小伙，专门招呼菜饭茶水；清洗碗筷，其余均各有专责。

结婚前两天，各库房人员也全部到齐，各就各位，开始工作，这些人员都是义务帮忙，不付报酬，也不会有什么营私舞弊的情况。① 白族结婚凡搭棚用的椽子、木板、布篷，办席用的炊具，陈设用的香炉、花瓶、字画，待客用的桌椅板凳，招待亲友住宿的被盖行李，照明用的马灯、汽灯等项物品，多系请人借用，事后归还。并须添购平时未来得及准备的零星用品。

还要事前请好吹唢呐、奏大号的"吹鼓手"，安置他们敲锣打鼓的地方。从迎亲到宴客，都要奏乐，乐曲有"迎宾曲"、"迎新娘调"、"催妆调"、"一杯酒"、"龙上天"各种曲目，按时吹奏。

过礼这天，事情很多，小弟兄们不仅要把"存客"和客堂布置好，把喜棚里的桌凳摆布齐整，谁当中厨（洗碗筷），谁上菜上汤，谁记账（称"挂人情"）都要在上午吩咐妥当。

传统婚宴里安排席位不是一件简单的事，弄得不好，极易伤了亲戚间的和气，有的甚至因席位安排不当，拂袖而去，两家从此翻脸。主要的客人如媒人、姑爷、舅舅等安排妥当。吃完饭，做客的女人小孩也走了。之后由仁义会的人或男方家负责安排远方客人的住宿。

直到正喜次日，清扫厨客后，各人交清手续，提调才解除责任。招待完客人后，新郎、陪郎及主人要专门请帮忙人员坐席，端饭菜招待，以示酬谢。②

三 大理白族传统婚俗文化的特点

大理白族婚俗最大的特点就是"汉表白里"③——汉白文化融合。白族婚俗与其他少数民族相比，受汉族影响较大；与汉族相比又具有本民族独特性礼仪和习惯，同时区域性差别明显但总体相同，充分反映了大理白族传统文化的多元融合特征。

（一）包容与偏好并存

白族的婚俗，就婚仪的基本程序而言，与汉族的"六礼"之俗大体

---

① 《大理周城镇白族社会历史调查》，载云南省编辑组《中国少数民族社会历史调查资料丛刊》修订编辑委员会《白族社会历史调查》（三），民族出版社2009年版，第214页。

② 赵振鋆：《洱源县凤羽区白族婚姻习俗》，《云南民族民俗和宗教调查》，云南民族出版社1985年版，第31页。

③ 笔者记录：赵寅松口述。

上差不多。白族是一个农耕民族，为了本民族发展具有生命力，在学习汉族农业生产技术的同时，其价值取向也是汉文化的。比较明显地体现在，汉族传统婚俗的"六礼"、"媒"、"合八字"、"聘礼"等在白族传统婚俗中都有重要位置，也同汉族一样有指腹婚、买卖婚习俗，白族婚礼中的"搭彩棚"、"转席"、"跨火盆"、铺房、压床、"回礼"等风俗在汉族地区的婚俗中也能看到，虐新郎的风俗也与安徽合肥、山西一带相似。① 白族新娘的凤冠头饰（插满彩色小绒球的花冠）、对襟衣也是汉族和白族服饰文化结合的体现。同时从择配到成婚，都有许多独特的讲究，反映了白族的发展状况和民族文化心理，反映了普遍性与特殊性的辩证统一。白族在其民歌、曲艺的唱词中，多借用汉字来记录白话，俗称"汉字白读"，恰恰是汉字的借用，使白族的各类艺术形态得以在更加广阔的文化空间进行传播。

白族婚礼反映了白族在色彩审美上的双重心理，既受汉文化影响，同时也保留自己的民族个性。白族尚白，但在白族婚礼上，充当重要角色的不是白色而是红色，这与汉族崇尚红色的习俗一致。无论是白族还是汉族传统婚礼，新人都要佩戴红花；红对联，红双喜，红蜡烛，还有用红布包裹的各种物品，分发的红包、礼物，等等，当然还有新人的房间，到处都是红色。全套红色的床上用品，陪嫁的所有物品都以红色为主，即使不是红色也拴有红色线头。说明白族在色彩上与汉族有共同认知。在建筑方面，白族民居与汉族的四合院的色彩总体一致——都是青灰色砖瓦、白色墙面。汉族的庭院布置、装饰总体淡雅大方，以灰和白等素色为主，反映了隐忍、内敛的性格特点。而白族则在装饰色彩上不拘一格，且将门头装饰做到极致，反映了白族豪爽、张扬的民族性格特点。

大理白族接受了一夫一妻制以规范两性行为，使男女双方有固定的经济联系来保证家庭、社会稳定，促进生产和社会发展。同时，大理地区"绕三灵"、剑川石宝山歌会、洱源茈碧湖歌会等形式多样的民间盛会，也以民族婚俗的方式隐秘地为恋人们提供了相会、互诉衷肠的特定场合和时机，保留了本民族传统行为模式中对理想爱情的自由追求，反映出民族原生文化在与其他文化接触过程中的深厚性与持久性。

---

① 吴存浩主编：《中国民俗通志——婚嫁志》，山东教育出版社2005年版，第316、255—261、285—286页。

白族接纳了汉族"父母之命，媒妁之言"的文化习俗，同时保留了青年恋爱自由的传统。但长幼尊卑的等级十分严格，年轻人严禁在长辈面前谈情说爱，更不能有亲热的举动，也不能在村头巷尾随便唱情歌，否则就会被视为没有教养。只有在特定的场合接触、交往、嬉戏，如在公房、郊外、集会时才被允许，白族青年以吹树叶、口弦约会，用情歌互诉衷肠，以多种方式表达爱意，显示民族文化的独特性。

（二）神秘与人本相连

本主崇拜和鬼神崇拜贯穿于白族婚俗中，目的都是为新人祈福避祸。白族婚俗"敬鬼神而远之"（《论语·雍也》），强调的是保持和追求世间的幸福和快乐。神秘性、神圣性是白族婚俗活动的显著特点。白族青年男女是否能成婚，要请巫师或算命先生合八字，即由神灵来决定，"每一个自然的行为都透露着神性的端庄"，① 这就使婚姻的达成笼罩了一层神秘的光环。在婚姻习俗中穿插白族民间信仰的内容，以使世俗的婚姻得到神灵的认可与庇护，让世人对婚姻的达成有一种神秘与神圣感，悉心呵护婚姻，以示尊重父母的选择和神灵的安排。

在隆重、喜庆的婚礼仪式上，白族有避鬼的传统，这种习俗来源于古人的鬼神信仰。白族相信鬼神与人在生产生活上的吉凶祸福、生死存亡、贫富成败都有关联。即使是洱海地区的白族，后来改信佛教也未完全放弃对天鬼的信仰。② 白族认为世间有各种鬼，婚礼中新娘"开脸"（净面）、戴墨镜、手拿或胸挂圆镜、跨火盆、"转席"，③ 新房门头挂圆镜或弓箭和圆簸箕等，都是为了避妖魔鬼怪。表明白族民众仍然将人的需要、对美好生活的愿望和期盼寄托在神的身上，白族传统婚俗一方面仍然保持了传统文化原始性的文化品质，同时也充分彰显人为万物之灵的观念。所有的祭拜活动都是以人为中心来建构、以人心和人生为观照。

（三）隐喻与象征相融

白族婚仪中使用的语言常富有图画的生动性和具体性。既有诗的韵

---

① ［美］R.W.爱默生：《自然沉思录》，博凡译，上海社会科学院出版社1993年版，第15页。

② 詹承绪、张旭：《白族》，民族出版社1990年版，第156、160页。

③ 新娘进夫家，脚不能踩到地上。从大门开始须用新席子两张，一张替一张地铺在地上，让新娘一直走到洞房，俗称"转席"。古人认为，女子在出嫁之时，双脚不能踏地，假如新娘的脚与土地接触，难免会冲犯鬼神。

味，又常包含着自然的事实，诠释着民族的人生感悟，充满淳朴的活力，为民众所喜爱。①白族先民在仅拥有维持其生命最基本的东西时，将生活中的事物加以想象，赋予其一定的象征性。如白族婚嫁都与鱼联系在一起。"婚宴餐桌上离不开鱼，就连新媳妇过门后的第一件事便是上街买鱼，以示自己的生养能力"；大理喜洲河涘城本主庙供奉的"洱河灵帝"，就是直接把鱼神尊像供奉于本主庙中，让人们祭祀。对鱼的崇拜将鱼与生殖相连，把鱼作为女阴象征，其中又包含了生殖、血亲、种族意识。②

白族婚庆的特点是借用本民族语言和说诗唱曲来制造喜庆、热烈、欢闹的气氛。最有民族特点的是，在婚礼中把新郎新娘作为制造热闹场面的对象，达到愉悦大众的目的。婚礼中故意将干辣椒面撒在事先准备好的火盆里燃烧，一时辣味四溢，顿时呛得新郎新娘咳声不断，眼泪直淌。因为在白族话中"亲热"的"亲"叫"气"，同"辣椒"的"辣"谐音，所以烧辣椒面象征着亲热，也有驱除冷清、增加热闹气氛之意。有的在办喜事时，喜欢在菜肴中多放花椒也是同理。花椒在白族话中叫"菽稿"，花椒的麻味称作"稿"，花椒也用来表示"相好"之意。婚礼时烧干辣椒、多放花椒正是运用了白族语言中的这种巧合，寓意深远。③

白族新娘进洞房前，来帮忙的小伙子拦在门前掐新娘，可以掐新娘的脸、手和身子，新娘被掐得"啊哟"、"啊哟"直叫唤，媒婆这时往往是一边拦着不让别人掐新娘，一边也伸手掐新娘。"掐一把喜洋洋，掐两把幸福长，掐掐扭扭闹洞房"，直到把新娘子掐红掐紫，掐得越狠表明对新人祝福越深。因为白族话中的"啊哟"这一叹词，与白语"一夜"的语音相同，正好构成谐音双关——祝福新娘能与新郎在新婚这一夜就受孕，并且多子多福。这一习俗的出现是因白族地区受儒家道德思想影响，在各种场合都讳言"性"，所以在婚礼中就借助白语谐音双关反映和表现出白族先民的生殖崇拜心理④。

---

① [美] R. W. 爱默生：《自然沉思录》，博凡译，上海社会科学院出版社1993年版，第23—27页。

② 杨国才：《白族传统文化与妇女生育观》，《云南师范大学学报》1997年第3期，第80—81页。

③ 杨镇圭：《白族文化史》，云南民族出版社2002年版，第97—98页。

④ 杨云飞：《从"掐新娘"看白族先民的生殖崇拜》，《白族文化研究》2002年，第228—229页。

在以血缘、亲缘、地缘关系为纽带的农业社会，在物质财富、娱乐设施相对匮乏的条件下，白族自己为"闹"寻找到不同的物件以烘托热闹场面，尽情渲染欢乐气氛，让人们在笑声中化解个人身心紧张、平时人际间的矛盾，也反映出白族先民在实现民族和谐发展方面的智慧。

（四）情景交融，乐中陶冶

白族婚俗是语言、艺术、民间信仰杂糅的多元文化体，它集中通过视觉、听觉、触觉的全面刺激和感受，使白族传统的价值理念和文化心理，由具体的场景设计、蕴含的内容和道德元素共同作用于人，通过美的形式形成。白族婚俗反映了白族的文化追求，除了像汉族那样重规则、典雅，更注重浪漫、幽默，表明白族在人生价值观上更重视歌舞升平，享受生活乐趣。

白族传统婚姻的达成都是在男女双方的家中进行的，农耕文化的中心是"家"，在"家"这个婚姻的外在象征地，围绕婚姻家庭生活展开一系列婚俗活动，孝文化、家居文化、禁忌文化、家规等思想，通过结婚当事人全身心投入而习得，成为内化于心的知识。这种知识在文字遗失的白族社会得以代代传承。一次次仪式的进行，对当事人双方及参与者都是具体的道德体验教育，从而使民族长期形成的婚姻道德情感培养、道德意识的确立、道德原则的坚守，能够做到知行合一、情景交融，取得事半功倍的效果。

（五）总体相同与差异并存

历史上，我国以汉族为主体的统治集团曾经对少数民族有过程度不同的歧视和压迫，一些民族为了生存发展，远走山林，并逐渐形成了对外封闭、戒备的民族意识。与这种对异族的排斥和戒备心理不同的是，白族在失去地域性统治地位后，依然保持开放包容的民族文化心态，使之不断吐故纳新、不断发展。体现在民族婚俗中，虽以本民族内部缔结婚姻为主，但与其他民族亦可通婚，婚姻普遍有同姓同宗不可通婚的习俗。[①] 这与彝族有严格的同族内婚、等级内婚的婚俗不同，像彝族的尼查玛婚（永胜彝族他留人的非正式婚姻关系）、配婚（彝族奴隶制社会奴隶主掌握自己奴隶的婚配权）、节食禁水、迎亲泼水抹锅灰[②]等都是

---

① 云南省编辑组《中国少数民族社会历史调查资料丛刊》修订编辑委员会：《白族社会历史调查》（二），云南人民出版社1987年版，第192页。

② 李缵绪、杨亮才：《中国民俗大系——云南民俗》，甘肃人民出版社2004年版，第241—242、244、245页。

白族婚俗不存在的。

　　大理白族婚俗的地域差异也明显存在，呈现一定的区域特色。如在挖色订婚交礼一次完成，[①] 大理市经济开发区满江村等地则是多次，而剑川一带凡逢年过节都得向女方家送礼，否则视为废婚。[②] 祥云的"试姑爷"、以数合婚，剑川石龙村白族的辩斗娶亲，洱源凤羽的新媳妇赶新街等[③]，都有一定区域性。聘礼物品的种类也不尽相同，但糖、茶是必备的。不同地方的禁忌也不相同，如大多数白族都喜欢姨表开亲，认为这是"山同海不同、山不转水转"，海、水代表母亲，山代表父亲，父系这边不结亲。而剑川就忌讳姨表开亲。紧邻的村庄也有一些习俗的不同，如喜洲镇的村庄，有些人家办婚礼有请吹鼓手的传统，有些就没有。居住在山区的白族与汉族的关系不如坝区密切，经济文化相对比较落后，其婚俗也逐渐融合了当地其他民族的元素。这种善于吸收并融合其他杂居民族的习俗，正是白族兼容并蓄民族文化的表现。尽管如此，大理白族婚俗的地域差异没有彝族婚俗表现得那么突出，有差别但总体来说是大同小异。

　　从白族传统婚俗及其特点看，白族是一个富有谋略的民族。在长期与汉文化的接触中常常能做到"融而不化"——兼收并蓄又保留民族特色，使本民族文化的血脉得以长久传承。作为农耕文明时代产物的白族婚俗，也时时处处反映出中国小农经济与宗法制度条件下的天人和人伦思想及其"乐感文化"的特点。既具有中华民族婚俗中共同的元素，也有自己独特的民族元素，充分反映了普遍性与特殊性的辩证统一。

第二节　大理白族传统婚俗文化的形成

　　大理白族传统婚俗的形成，大致可概括为4个时期。在古代社会经历了从血缘婚到对偶婚的嬗变，到南诏大理国时期逐渐形成一夫一妻制，元明清时期白族婚俗受汉文化影响更加深刻，近代白族的婚俗受商品经济影

[①] 云南省编辑组《中国少数民族社会历史调查资料丛刊》修订编辑委员会：《白族社会历史调查》（三），民族出版社2009年版，第327页。

[②] 李德洙主编：《中国少数民族文化史》，辽宁人民出版社1994年版，第1137页。

[③] 李维斗、杜德威、董永存主编：《大理风俗》，云南美术出版社1994年版，第107、113、122、138页。

响发生较大变化。

一 古代社会的白族婚俗

原始社会时期，人们使用简陋的石器、木器和骨器改造自然。为了生存，人们自发地群居共处，人的意识还处在纯粹动物状态，人际关系完全处于天然状态，原始本能的杂乱性交关系是普遍形式。根据经典作家关于人类社会婚姻发展的线索分析，母系氏族时代血缘婚、普那路亚婚（群婚）和对偶婚是人类最早的婚姻形式。

随着社会生产力的发展，原始群落分裂成若干个血缘小集团。距今二三十万年前，在旧石器时代中期，产生了人类的第一种家庭形态，即血缘家庭。这意味着男女交配逐渐排除了杂乱的性交关系。在血缘集团内部，不同辈之间、双亲和子女之间不能婚配，只有同辈之间的异性可以成为夫妻。这就是血缘群婚或集团内婚制。这种远古时代的同辈血缘婚，可以从白族民间故事中找到依据。如《人类和万物的起源》、《鹤拓》①、《氏族来源的传说》②关于兄妹成婚、繁衍后代的神话故事传说。《人类起源》讲述了洪水过后，人类兄妹只得婚配，繁衍后代，发展至今。《鹤拓》讲述了大理坝子原来是一片汪洋，水退后白鹤引导一对兄妹从苍山顶上迁下来。为了繁衍子孙后代，由白鹤撮合，兄妹成婚。一家变成千万家，越来越繁荣兴旺。广泛流传于大理州鹤庆、剑川等地，白族群众中古老的"打歌"体创世史诗《创世歌》（又名《刀薄劳苔与刀薄劳谷》，是白语女始祖、男始祖之意），讲述了人类始祖十对儿女结为夫妻的故事，就是人类血缘婚的缩影。血缘家庭是家庭的最初阶段，这个阶段的婚姻集团是按照辈分作区分的。正如恩格斯指出的："在家庭范围以内所有的祖父和祖母，都互为夫妻；他们的子女，即父亲和母亲也是如此；同样，后者的子女，构成第三个共同夫妻圈子。而他们的子女，即第一个集团的曾孙和曾孙女们，又构成第四个圈子。这样，这一家庭形式仅仅排斥了祖先和子孙之间、双亲和子女之间互为夫妻的权利和义务（用现代的说法）。同胞兄弟姊妹、从（表）兄弟姊妹、再从（表）兄弟姊妹和血统更远一些的

---

① 云南省民间文学集成办公室编：《白族神话传说集成》，中国民间文艺出版社1986年版，第1、26页。

② 大理白族自治州文化局编：《故事大系——白族民间故事选》，上海文艺出版社1984年版，第7页。

从表姊妹,都互为兄弟姊妹,正因为如此,也一概互为夫妻。兄弟姊妹的关系,在家庭的这一阶段上,也包括相互的性交关系,并把这种关系看作自然而然的事。这种家庭的典型形式,应该是一对配偶的子孙中每一代都互为兄弟姊妹,正因如此,也互为夫妻。"① 这种典型的血缘家庭在白族中虽已绝迹,但亚血缘婚的残余仍然存在。

考古学分析显示,旧石器时代初期向旧石器时代中期过渡之际,也是人类社会由血缘群婚向氏族外婚转变的时期。但婚姻形态的转变并非整齐划一而且十分缓慢、滞后,许多残余在一些地方一直保留至20世纪50年代初期。长期的血缘内婚,自然给后代和本氏族的繁衍发展带来严重的不良影响。人类经过漫长的婚姻、生育实践经验的总结,才认识到其危害。在排除、限制血亲婚配之后,人类逐渐转变为普那路亚婚——群婚的最高发展阶段。其特点是,一个氏族集团内部,同辈男女之间不能通婚。这种禁忌约束的出现,说明随着生产力水平的提高,人类已经逐渐认识到血缘相近会影响种的繁衍,这是一种历史的进步。这种婚姻形态源自夏威夷的习俗,"若干数目的姊妹同胞的或血统较远的即从(表)姊妹,再从(表)姊妹或更远一些的姊妹——是她们共同丈夫们的共同的妻子,但是在这些共同丈夫之中,排除了她们的兄弟;这些丈夫彼此不再互称为兄弟,他们也不必再成为兄弟了,而是互称为普那路亚,即亲密的同伴,即所谓 associé(伙伴)。同样,一列兄弟——同胞的或血统较远的——则跟若干数目的女子(只是自己的姊妹)共同结婚"。② 这种婚俗在白族中曾有过,并遗留了与之相联的风俗。白族传统的歌舞盛会,如大理的"绕三灵"、剑川的"耍海会"和"石宝会"、鹤庆的"扫火塘会"、云龙的"澡塘会"等,都有普那路亚婚的遗迹。在白族"绕三灵"的三天活动中,白天行路、歌舞;夜晚老人们祭神,来自不同村寨的青年男女情歌对唱,唱中意就双双结偶野合,多数为临时偶合。这种偶合关系在白族语中叫"架尼"或"活嗯",意为亲密的情婚伴侣。"架尼"或"活嗯"一经交上,两人可以每年都相约相会。这种"架尼"的关系在白族地区比较多,尤其是在文化较滞后的山区。白族的"绕三灵"活动是穿着宗教外

---

① [德]恩格斯:《家庭、私有制和国家的起源》,《马克思恩格斯选集》第4卷,人民出版社1972年版,第31—32页。

② 同上书,第34页。

衣,"从广泛流行的群婚到对偶婚的过渡形式",① 也是一种氏族外群婚方式。目前学者都认同"绕三灵"习俗表明白族对古代先民的群婚还保存着朦胧的记忆。

"与继续存在的群婚并行,并且在它的范围以内,又产生了一种排斥他人的关系",这就是对偶婚。恩格斯指出:"某种或长或短时期内的成对配偶制,在群婚制度下,或者更早的时候,就已经发生了,一个男子在许多妻子中有一个主妻(还不能称为爱妻),而他对于这个女子来说也是她的许多丈夫中的一个主夫。"在对偶婚期间,婚姻关系比较松散,"婚姻可以根据夫妇任何一方的意愿而解除"。② 对偶婚产生于母系氏族的全盛时期,因而带有若干母系家庭的遗迹,子女只属于母亲。这种习俗到20世纪50年代初,在大理州洱源县西山区的白族之中还有遗留。③ 据学者调查发现,在西山白族村落,一般以一个姓氏家族聚居的较多。青年男女到婚嫁年龄,虽然结成对偶夫妻,在一个家庭里生活,但已婚夫妇却很少一室同居。婚后男女双方都可以去寻找自己称心如意的情人。男子有帮助情妻发展家庭经济的义务,同时创建家业。但男子不能享受妻子的财产继承权,更不能享受所生子女的孝敬义务,赡养父母还是要靠配妻所生的子女来担负。④ 对此,白语称为"都板活",汉译为"采百花"。随着生产力的发展和白族智慧的增长,"采百花"这种具有主夫主妻性质的对偶家庭制度,在大多数地区也被一夫一妻制取代。

地下考古发掘表明,距今2350年前的春秋末至战国初期,云南洱海地区的原始社会已经解体,过渡到奴隶社会初期。中原文化早在战国末期就开始影响云南地区的土著文化。明朝李浩《三迤随笔》中的《洱河说源》记载,公元前279年庄蹻入滇,因道阻难返。历六载,知滇池温和,诸蛮无恶意,娶土人为妻,散居于云南。定居下来之后,变服从俗,也把先进的文化和技术带到了这里,促进了当地的发展。此后,迁入云南各地的汉族移民,为了生存也逐渐"变服从俗",走上了"夷化"的道路。战国末期以后,迁来云南的汉族人口主要融合于居住在内地坝区的白族先民之中。

---

① [德]恩格斯:《家庭、私有制和国家的起源》,《马克思恩格斯选集》第4卷,人民出版社1972年版,第46页。

② 同上书,第41—43页。

③ 詹承绪、张旭:《白族》,民族出版社1990年版,第87—88页。

④ 张锡禄:《试论白族婚姻制度的演变》,《大理师专学报》1984年第3期,第29—34页。

公元前 221 年秦始皇统一中国后，实行郡县制，开始经略西南夷地区。下令开凿了一条由四川宜宾到云南曲靖的五尺道，使云南与内地开始了频繁的货物交易，促进了云南经济社会的发展。汉武帝时代加强了对西南的开拓和控制，使大理与内地的文化交流有了新的发展。公元前 109 年，汉武帝开始在云南设置郡县，包括洱海西边的叶榆县，有力地促进了大理地区经济文化的发展。由海门口到石寨山的滇文化基本上是云南土著民族的文化，其中既吸收了中原的氐、羌、巴蜀、荆楚和百越文化成分，又吸收了东南亚和南亚文化成分。汉晋时期入滇的汉人，大多融合于爨氏，即后来的"西爨白蛮"之中，同时也促进了"西爨白蛮"的汉化。西晋太安二年（公元 303 年）前后的宁州战乱，引起滇东包括叟人在内的编户屯民大量迁往滇西，西爨势力也随之向洱海地区发展。在秦汉至隋时期，有关云南大理的史料，对婚俗的记载很少。目前仅能从这些间接材料分析出白族在这一时期不断吸收各种文化元素，以滋养本民族婚俗文化的孕育、生成。

大理被誉为"亚洲文化十字路口的古都"，远在两千多年前的西汉时期，从大理往北经丽江、迪庆、中甸到达印度，往南经临沧、思茅到达老挝、越南、泰国，往西经保山、德宏到达缅甸，是古代西南丝绸之路的咽喉要道，史称"蜀身毒道"，是我国对外交往最早的国际通道，成为中央王朝与东南亚各国进行经济、文化交流的一个重要门户。另外，具有悠久历史的"茶马古道"也在大理交汇，大理一直是这两条古老商道的重要物资集散地。由于天高皇帝远，民间商贸往来，商人和百姓都从中受惠，所以受到当地统治阶级的保护而绵延不断。正史以外的《西京杂记》记载："宣帝被收系郡邸狱……系身毒宝镜一枚，大如八铢钱。旧传此镜见妖魅，得佩之者为天神所福，故宣帝从危获济。"这一记载表明，可能在两汉三国时期印度的镜子就传入大理，并因其神话色彩而被运用到白族婚俗中。两晋南北朝时期，印度传来的佛教已经在民间得到普及，佛教的一些观念也渗透到白族民间的婚姻礼俗中。最突出的就是因缘说，即男女双方的婚姻是否合适，要看双方是否有缘。而且今生因缘前世定的观点，为宿命论婚姻观提供了宗教理论上的支持，对白族民间婚姻的稳定有明显的作用。[①]

[①] 薛克翘：《中国印度文化交流史》，昆仑出版社 2008 年版，第 51、407 页。

二 南诏大理国的白族婚俗

历史上的南诏省（大理省）由现在云南省大理州、保山市、临沧地区、德宏州、怒江州组成，省会在保山。

唐代天宝年间南诏崛起，势力向东发展，西爨统治区域相对缩小。公元746年南诏兼并滇池地区的西爨白蛮后，又迁徙二十万户白蛮到滇西，充实其直接统治的十赕，使云南政治经济中心西移，大理进入了经济文化繁荣发展的奴隶社会。南诏以武力在短期内征服了六诏，并实现了对其政治统治。

为了在思想上、心理上取得其他部落的认同，就需要消除宗教观念上的离心力，用一套新的神系来取代各部落原有的祖先神灵崇拜。[①] 南诏统治阶级有意识地学习外部先进文化，摆脱自身的原始文化习性，从内容到形式逐渐孕育出一种雍容温雅的文化范式，在行为上追求从容闲定的道德境界，在仪式上构筑一套浑厚庄重的人生礼仪，昭示着之后白族礼仪文化的形成。据《民家源说》记载："民家善歌，每年夏初而结集，起点古本主圣源寺，即天女降世地，止于叶榆城东海神庙。日夜作歌，无老少之忌。多男女间事，父母知而不管，曰神赐天婚，亦曰'三灵神会'。入夜，巫者裸身舞火塘，踩刀而足不伤。据曰，此俗一传数千年，先主示意人源如此，方能延续万世。此行本婚嫁之始，古人本无六证三媒。古今男人皆好战，蒙氏建国多争战。天宝之战，民家子十五以上皆为丁，十人七死三生，故有此俗。那时四女共一夫，而靠'三灵'之俗延之。洪武平滇，民家男丁减三停，古任之，渐以礼义人伦教之，而婚娶渐兴。"[②]

在南诏时期，贵族统治集团实行等级内婚和王室婚盟。如王室与河蛮一直有婚盟关系，磨些蛮与南诏世为婚姻，乌蛮与南诏亦是婚姻世家。而普通百姓中未婚处女和寡妇为选择恋人，在性关系上仍不受约束，结婚之后则禁止男女再犯。所谓"俗法处子孀妇不禁。少年子弟暮夜游行间巷，吹葫芦笙，或吹树叶声韵之中，皆寄情言，用相呼召。嫁娶之夕，私夫悉来相送。既嫁有犯，男子格杀勿论，妇人亦死"。这个时期，白族婚俗仍

[①] 刘小兵：《滇文化史》，云南人民出版社1991年版，第155—156页。
[②] 张昭主编：《觅籍阅史看白国——白子国研究古籍文献选》，云南民族出版社2005年版，第261页。

然留有民族原始的特性，还属于"形华而心夷"。①

白族文化在汉族儒家伦理文化影响下逐渐发生深刻变化。据考证，一夫一妻制在南诏时期就已经开始实行了。一夫一妻制的婚姻关系比对偶婚稳定，双方不能随意解除婚姻关系。伴随着一夫一妻制的，是统治阶级的一夫多妻。《云南志·蛮夷风俗第八》记载："南诏有妻妾数百人，总谓之诏佐，清平官大军将有妻妾数十人。"也就是说南诏时期王室、高官享有一夫多妻的特权，而且不容别人染指，否则就死到临头。南诏王阁罗凤就因妻子被唐剑南节度使张虔陀欺辱，发兵将其杀死，攻陷了姚州及所属的三十二夷，成为唐朝"天宝之战"的导火索。

由于农业经济的高度繁荣和发展，才会有讲究享受生活品位的白族民间艺术的扎实根基。如果是食不果腹，就没有食不厌精、脍不厌细的白族婚宴"八大碗"的饮食传统产生。同时南诏重视和鼓励手工业发展，有手工艺的平民也可以享受授田，"然专于农，无贵贱皆耕。不徭役，人岁输米二斗。一艺者给田，二收乃税"。② 就是说有手艺的人，获得田地有两次收益后，才需向南诏纳税。这一政策极大地刺激了大理地区手工艺的长足发展。手工业的发展，使白族民居日益讲求精雕细琢，新娘的手镯、耳坠、头饰日益讲究华美，衣服讲究做工、面料讲究质地，提供了技术条件。白族妇女结婚都喜欢佩戴玉饰、珐琅、银饰。南诏大理国的纺织业源远流长，毛纺织以羊毛毡工艺尤为突出，这种羊毛毡具有防风、隔潮、保暖等特点。据《云南志》附录记载，南诏曾把毛纺织品作为贡品进献唐王朝。在白族传统婚俗中就有订婚送羊毡的习俗。

南诏晚期，统治者要求"每家供养佛像一堂，诵念经典，手掂素珠，口念佛号。每岁正、五、九月持斋，禁宰牲口"。从此，佛教礼仪逐渐成为白族生活习俗的一部分。道教思想也广泛渗透在白族的思想信仰、生活方式、传统习俗和情感之中。从民间婚俗信仰来看，大理白族人家的堂屋或正楼，供奉的多为"三教并列"，有太上老君和观音菩萨像。白族婚俗中通过事佛、拜本主、祭先人、新房点"七星灯"等仪式和行为，不断强化对神灵、祖先、天地的敬意，去除心中各种恶念，潜移默化地进行民族性格、行为习惯的养成教育。到南诏末期，白族作为一个民族共同体开始形成，

---

① 刘小兵：《滇文化史》，云南人民出版社 1991 年版，第 230 页。
② 赵吕甫：《云南志校释》，中国社会科学出版社 1985 年版，第 258 页。

在外来文化特别是汉文化的影响下,形成了独特的白族婚俗文化。

公元902年南诏覆亡。公元937年白蛮段思平讨灭大义宁国主杨干贞,建立大理国,基本承袭南诏版图,辖八府、四郡、三十七部。大理国历经22世,共318年,实行阶梯式层层分封的"世官世禄"的封建等级制度,农业手工业生产有了长足的发展。逐渐形成手工制作的专业村,如喜洲以纺织为主,周城以染布为主,上鸡邑、下鸡邑以裁缝为主,五官庄、波傍邑以皮革为主,金圭寺以制羊毛毡为主,太和村以编草帽为主,三文笔以石匠为主,大理县城以制革、制靴鞋、制帽、金银饰为主,为白族服饰、建筑的发展奠定了基础。与此同时,大理与缅甸、波斯、昆仑等国都有贸易往来,大理城已成为重要商业城市。

大理国的文化艺术也很发达。民歌和传说故事是这一时期白族文学的主流形式,对口山歌也很流行,《白族调》及在此基础上形成的《本子曲》等文艺形式,不断充实、丰富到白族婚俗文化中。

大理国时期,白族与内地人员的往来已经是全方位、多层次的。既有学者、官员等上层人物,也有商人、农民等平民阶级,也有迫于无奈的阶下囚。这些移民来到大理,通过不同方式给大理都带来了新鲜文化的气息,这种影响广泛而深刻,使包括婚俗在内的民俗逐渐有了改变。

三 元明清时期白族的婚俗

自西汉以来,儒学渐传,至元代规模空前。源于中央对地方的控制,元朝至元六年(1269年),在中央设立"国子学",在地方分别设立"路学"、"府学"、"州学"、"县学",并在中央及地方分别设立"国子监"及"儒学提举司",推行以儒学为主的文化事业。至元十三年(1276年),赛典赤首先在云南开展尊孔读经和创建学校教育制度,在中庆路(昆明)、大理等地首建文庙,使白族"习礼让"、"知风化",从不知孔孟发展到"出入孝悌"。如《元史·赛典赤传》记载:"十三年,以所改云南郡县上闻。云南俗无礼仪,男女往往自相配偶,亲死则火之,不为丧葬。无粳稻桑麻,子弟不知读书。赛典赤教之拜跪之节,婚姻行媒,死者为之棺椁奠祭,教民播种,为陂池以备水旱,创建孔子庙、明伦堂,购经史,授学田,由是文风稍兴。"[①] 元朝行省的建立及相应的措施,中断了

---

① 方国瑜:《云南史料丛刊》第2卷,云南大学出版社1998年版,第556—557页。

大理国时期云南"白族化"的进程,汉文化在云南得以广泛传播。

宋元之际,滇人张道宗《纪古滇说》记载:"邓川东十里,邓赕诏之妻名慈善者,因诏夫被杀,筑城负固之。神武王(南诏王皮逻阁)亲率兵欲妻之,慈善坚执不从,誓曰:一女不更二夫。乃据城以自守,王领兵攻之不克。慈善卒,王嘉其节,赐号德源城。"这个民间传说源于南诏王皮逻阁统一五诏这段历史,与历史并不吻合,有明显的艺术加工成分,属于后人杜撰,因为贞洁观念是宋代理学兴起后才出现的。① 从这个民间传说的流传可见,大理白族受汉文化婚姻贞洁观念的影响已经加深。

元代以后,大理文化逐渐融合于中原文化之中。元初郭松年在所著《大理行记》中记载:"故其宫室楼观,言语书数,以至冠婚丧祭之礼,干戈战阵之法,虽不能尽善尽美,其规模服色、动作云为略本于汉,自今观之,犹有故国(唐宋)之遗风焉。"也就是说,元朝初期,大理无论是建筑、器用、服饰饮食、语言文字,还是婚丧嫁娶、军事阵法,其模式、规则、行为规范等都有唐宋的影子。汉文化的整合力与大理白族的兼收并蓄能力由此可见一斑。这样的作用力使白族民风民俗日益汉族化,进一步促进了白族经济文化的繁荣发展。

元明清时期,全国政令统一和汉文化大量传入,儒家学说在云南确立为统治阶级的正统思想。加之元王朝也大力宣扬佛教,大理国时期传入的禅宗得到迅速发展。这一时期,白族情歌已经很发达,叙事长诗和民间故事流行更加广泛。

由于明初实行大规模移居屯田,改变了元代以前内地汉族不断融合于白族之中的格局。随着迁来云南的汉族人口日益增多,据统计明代仅以军屯方式进入这一地区的人口就达28000余人。② 除大理府外的其他靠近内地的各府、州、县境内,汉族人口都超过了白族。这些汉族移民主要是屯户、戍卒等军事色彩的群体,又占据着重要的地理位置,其聚居生活保证了汉文化的顺利传播,改变了白族文化影响汉族的局面。③ 同时按照明代的制度,屯戍军卒都必须有自己的家室,并且要一同前往卫所驻地。"如原籍未有妻室,听就彼完娶。有妻在籍者,着令原籍亲属送去完娶。"

---

① 刘小兵:《滇文化史》,云南人民出版社1991年版,第197页。
② 转引自李晓斌《明清时期大理白族文化变迁探析》,《云南师范大学学报》2000年第1期,第46页。
③ 尤中:《云南民族史》,云南大学出版社1994年版,第369页。

1388年朱元璋发布命令，凡云南卫所军士的女儿，有为官家侍女的，一律送往其父卫所驻地，可能是为单身未婚军士提供配偶。[①] 这样，以往通过汉白通婚融合汉族的途径也消失了。自此，从曲靖、滇中到滇西楚雄一带平坝地区的白族，不断融合于汉族人民之中。

由于汉族移民人口众多，白、汉两种不同的民族文化在长期的文化接触中，不可避免地发生冲突和整合。在数百年的发展进程中，由于汉族移民与白族大量通婚或联姻后，加速了白族文化与汉族文化的相互认可与整合，民族文化融合现象较为普遍，形成了你中有我、我中有你的格局。虽然自明代开始，汉文化对白族文化形成新的挑战。但由于白族文化是本土文化，且已有数百年的发展和积淀，所以汉文化也不可能取而代之。

明清之际，大理地区的商业迅速发展，形成了一定规模的贸易中心。大理城成为与昆明、永昌、腾越齐名的重要商业城镇，此外，宾川、祥云也成为货物的集散地和当时较大的商业城市。类似"三月街"、邓川"鱼塘会"之类的农村集市也大量兴起。随着同内地经济联系的加强和大量新兴集市、城镇的出现，大批内地商人"近之则川、黔、桂、粤，远之则楚、赣、苏杭，皆梯航而至"。他们携带着大批商品货物，来到这些集市、城镇贩卖他们的商品，不知不觉地传播了汉文化。这种繁荣发展的商贸往来，源源不断的新奇商品强烈刺激了人们的消费欲望，使白族婚嫁不断翻新、升级。南来北往的货物贸易，为白族经济发展带来勃勃生机和活力，提高了人们的消费水平，改变了消费观念，使白族婚俗的形成有了坚实的经济基础。

明清时期，中央政府把开道设驿作为镇戍云南及其边塞的重要举措，大理地区的交通状况因此得到极大改善，形成了以大理为中心、以七条主要驿道为主干的便利的交通网络。明清时期，大理地区为克服交通障碍还修建了大小42座桥梁。交通状况的改善，一定程度上冲破了自然环境对文化传播的限制，有利于这一时期汉文化的传入。

公元1659年（顺治十六年），清廷镇压了支持大西军的元江土司反抗，随即改土归流。原来内地坝区的土著白、彝等族先民与明代迁入的汉族在政治、经济生活方面还有所差别，从这个时候开始，民族进一步融

[①] 刘小兵：《滇文化史》，云南人民出版社1991年版，第246页。

合,《蒙化志稿》记载"十之八九从汉俗,婚丧悉遵《家礼》"①。《滇南志略》载:"俗习朴厚,鄙浮薄,恶游荡。居山谷中者有罗罗、僰人数种,亦知伦理,婚姻、丧葬与汉礼相去不远。其子弟之俊秀者皆知业儒,有古风焉。"②白族逐渐从行为规范改变到逐渐养成习惯,从而影响着白族婚俗文化的发展、进步与变迁。

清代,绝大部分白族地区的封建领主经济解体,地主经济取得了统治地位,商业、手工业发展水平位居西南少数民族前列。白族经济的发展带来物质生活水平的提高,从而促进了白族吃、穿、住等物质生活习俗的演变。康熙时地方志中记载大理地区:"家无靡费,市无惰民,族多白人,俗与汉人等。"③虽然白族有勤俭、淳朴的习性,在云南大多数民族"屋室器用衣服多朴素"、妇女也"不尚泽饰",④有优越经济条件的大理白族人家却不惜重金置办嫁妆、办喜事。《雍正宾川州志》风俗记载:"自平贼以来,居多汉人,俗渐向化。海东鲁川俗皆白人,今亦多汉,文乐耕读,士风称盛,民俗谨朴,宾居、牛井类皆汉人,婚丧奢靡多至荡产,今亦渐崇节俭,醇厚可观矣。"⑤

到清光绪年间,邓川渔潭会已经是"每岁中秋日,洱滨游人为彩舟至此玩月,商贾并集,近则滇西州县士人,远则川广估客亦多至者。凡五日而后散。会中凡百货物皆备,而以婚姻娶之装饰品为大宗;其次则木石,木则中、维、丽、剑所产,石则太和所产,彼此交易。始而木石山积,卒则雪消,亦滇中极大贸易场也"⑥。渔潭会既有茶马古道经过,又有水运码头,是水陆交通要冲。渔潭会除了邓川奶牛以及各种农具、渔具等物资交易外,主要是出售嫁妆用品,故渔潭会又被称为白族嫁妆会。准备在秋后嫁娶的人家,都要来这里备办嫁妆,采购剑川的木雕家具、腾冲的玉器、金银首饰以及白族民间的剪纸、刺绣,等等。在渔潭会还进行各

---

① (清)梁友:《蒙化志稿》,德宏民族出版社1996年版,第136页。
② 方国瑜主编:《云南史料丛刊》第13卷,云南大学出版社2001年版,第226页。
③ 康熙《大理府志》卷12,《风俗》。
④ 刘小兵:《滇文化史》,云南人民出版社1991年版,第260页。
⑤ 张昭主编:《觅籍阅史看白国——白子国研究古籍文献选编》,云南民族出版社2005年版,第161页。
⑥ (清)杨琼:《滇中琐记》,第52页。

种民间文艺体育活动，如赛马、游泳竞赛、对歌等，① 这也正是年轻人恋爱的好时节。

白族通婚没有太多的族别限制，或许起初并非自觉自愿。明人李浩《三迤随笔》的《叶榆城三变》记载："至晟丰祐，掠成都工匠三千，入叶榆城，并强与当地民女婚配。时因征战，蒙氏将士多战殁，叶榆城中多寡妇，故妻之而定其心。"② 另据《民家源说》记载，"民家喜客，性善。徐总兵宽厚，怜充军囚犯多因触犯新律，京都世宦富豪良家子，故而许军犯娶妻，子女不入囚籍，为屯田庶民，成人后有战事为夫役。"③ 由此可见，既有当政者为稳定工匠、军心，强迫命令汉族与白族通婚，也有因恻隐之心而让充军囚犯与当地民女结婚。这类政策促使汉族与白族之间通婚，由此带来日常生活、习俗方面的相互交流与融合，白族民众在此过程中不知不觉地接受了汉文化的影响，与异族的通婚也由被迫转变为自愿接受。

张泓《滇南新语》记载，剑川白族有赶夜市的习惯，他认为夜市男女混杂，有伤风化，于是"首禁之，立为条教，示以男女有别，出作入息之义，及违禁之罚"。结果"民初不以为便，逾月而夜市绝……城市妇女之迹遂鲜"。由于诸如此类政令的发布和执行，逐渐影响了白族的婚姻观念和习惯。明代以后，白族因受汉族封建礼教和封建官府强制改革"蛮风夷俗"的影响，虽然男女青年还可以在"绕三灵"、"石宝山歌会"等传统节日里自由交往、恋爱，但是，这种交往一旦发展为结婚，便受到伦理与习俗诸方面严格的限制。

明清以后，大理白族受汉文化影响更大，形成子女婚姻由父母包办，重视仪礼，须经过求亲、合八字、送聘礼、迎亲、成婚一整套手续。④ 白族民间还盛行姑表、舅表、姨表间优先的近亲通婚习俗，如碧江的白族则堂兄弟的子女也可婚媾。海东地区姑表婚有优先权。⑤ 白族在婚姻问题上也深深打上了封建思想的烙印。男女青年无婚姻权，一切听从父母之命、

---

① 云南省民族事务委员会编：《白族文化大观》，云南民族出版社1999年版，第568页。
② 张昭主编：《觅籍阅史看白国——白子国研究古籍文献选编》，云南民族出版社2005年版，第264页。
③ 同上书，第260页。
④ 大理市民族事务委员会编：《大理市民族志》，云南民族出版社1997年版，第52页。
⑤ 李德洙主编：《中国少数民族文化史》，辽宁人民出版社1994年版，第1136页。

媒妁之言，缔结婚姻要讲究门当户对。男女之间的自由恋爱被看成是伤风败俗，为控诉封建婚姻给白族青年造成的不幸，产生了许多优秀的民间文学作品，如剑川地区的长诗《青姑娘》，大理、洱源地区的《望夫云》、《辘角庄》，都是对封建等级婚姻的抗议、对自由婚姻的歌颂。随之而来的是买卖婚姻，妇女地位下降。大理洱海东西两岸的白族在新中国成立前盛行买卖婚姻，从订婚、交礼、求媒到结婚要花费一大笔钱财。

明代中央政权一方面以改土归流废除白族土官，实行汉族"流官"的政策，打破了元代以来云南军政相对独立的格局，实现了中央集权的直接统治，促成云南政治的大转型。另外，白族各大姓大部分被迫从城市迁往农村，从坝区迁往山区，从内地迁往边疆，使得从南诏大理国以来一直持续到元代的主体统治民族——白族的社会地位以及政治话语权被急剧削弱。一元文化传播格局的形成，为汉文化在大理地区的大规模传播创造了条件。

总之，大理白族婚俗也同其他文化现象一样，正如马曜先生所言"明代以前汉族白族化，明代以后白族汉族化"，这是白族发展变化的基本状况。[①]

四　近代白族的婚俗

鸦片战争后，云南社会经济也和全国一样，逐步变为半殖民地半封建的经济，同时各民族内部又存在着脱胎于封建领主制、奴隶制以至原始公社制生产关系的多种社会经济形态。19世纪80年代以后，云南的一批官僚、地主和商人也逐渐投资于工矿业，发展了一些民族资本的工业。大理地区出现"鹤庆帮"、"喜洲帮"等民族资本组织的大商号，有些是白族资本家，主要经营进出口业。1903年英国在腾冲设立海关后，大批洋货涌入大理、下关一带，刺激了当地产品和技术的改进，尤其是缝纫机、纺织机等的输入，生产效率和质量大大提升，促进了当地缝纫业、纺织业的发展。白族人民由此可分享更多质地更好、花样更多、色泽更艳的服饰，为服饰的推陈出新提供了物质技术基础。

随着商业的发展及商人社会地位的提升，原来崇尚勤俭的消费观受到冲击，生活奢靡之风逐渐出现。这方面的变化最突出的表现就是商人们致

[①] 转引自杨政业《大理文化管锥》，云南民族出版社2004年版，第95页。

富后的大兴土木。据杨卓然先生的回忆,在喜洲经商发展的,第一件事是起房盖屋,建造祖坟;第二件事就是"婚丧嫁娶,大摆排场,极尽阔绰的能事,认为这样就可以荣宗耀祖,光大门楣"。此外,喜洲大商人日常生活也特别讲究享受,这种习惯迅速向普通商人、民众扩展,"成为地方的一种风气,形成不如此则为人所不齿的恶习"。[①] 以金钱作为衡量一切的商品经济社会价值观开始逐步深入白族社会生活,传统价值观随之发生了变迁,婚俗也发生了变迁。在当时一般"民家手头现金不多,民家不可避免地要借债。每逢婚丧嫁娶,必有各种开销,这只有通过借贷或抵押土地来实现"。[②]

大理白族婚俗自此从原来总体崇尚节俭逐渐趋向崇尚奢华,讲究排场,表现出从众趋新、喜奢弃俭的社会心理,出现了百姓虽然生计艰难,但婚嫁活动却竞相豪奢、聘礼厚重的情况。在当时既有热衷富贵而招外地人为婿,之后又撕毁婚约而诉之公堂的;也有人家因贪图钱财,不惜让自家女子做富人之妾的。在商品经济的大潮冲击下,民风变迁十分明显。到了清末民初,这种风气愈演愈烈。丝绸、金银成为白族地区一些人争豪比富的器物。如有的女子看见别人结婚簪珥钏环由银改用镀金,也非镀金的饰品不戴;看见别人用金玉或珠宝,也非玉石珠宝不戴了。又看见别人结婚时兴绸绉而不是棉布,也非绸绉不穿了;他人改用缎绢,又非缎绢不穿了。这种对聘礼不断翻新、求荣求贵的心理日渐浓厚,致使有的人家婚约因此而破裂。如有的"婿家而素封小康也,尚可黾勉从事,全此局面,否则必欲强为,力有未逮,而良好之婚姻率因弊俗而迫于停顿与破坏者"。这在大理白族婚俗史上,可以说是旷古未有之新变局。[③]

辛亥革命后,大理地区外出求学、经商的进步人士增多,这些人通过家信或回家探亲访友、奔丧完婚,以文章和口述的方式,不断向家乡人民宣传资产阶级民主、自由、人权的思想,鼓动当地人反对封建礼教,破除陈规陋习,使大理地区婚俗出现了一些新的变化。如1928年底鹤庆人黄

---

① 杨卓然:《"喜洲商帮"的形成与发展》,载《云南文史资料选辑》第16辑,第264—265页。

② [澳]费茨杰拉德:《五华楼:关于云南大理民家的研究》,刘晓峰、汪晖译,民族出版社2006年版,第35页。

③ 段水邺:《从社会价值取向的变迁看大理近代社会的发展》,《白族学研究》1994年第4期,第91—92页。

洛峰因从小外出昆明求学，秘密参加了共产党，坚决反对父母包办婚姻，提出退婚。不料女方认为有损体面，危及门风，于是邀约族人到黄府去闹，结果闹得满城风雨，一时街谈巷议。青年人受到鼓舞，从此千古不变的包办婚姻制度打开了一个缺口，演变为一连串的抗婚事件。自由恋爱、男女私奔、逃婚离婚之事，层出不穷，"男人带女人出逃至自己家中。如果他幸运的话，经过双方父母和双方定亲父母的一段争执后，这段婚姻才被认可，两家按规矩互换礼物，这场争吵才算平息。但是如果像这样的诱拐激怒了要脸面的女方父亲，一场追逐的闹剧就上演了。女方父亲会召集男性亲戚，挥舞着刀剑和火枪，向前猛追，沿路不断打听两人的去向，而被追的设法避开主街和要道"，出于面子等因素，民家逃婚者基本不会被抓住。① 直到新中国成立前夕，此类情况还在发生。

由于新文化传播和新思潮的影响，一批具有新思想的白族青年开始倡导文明结婚，并开始出现"新式婚礼"。首先是婚礼服饰改变。把结婚时男子穿长衫马褂、女子顶红盖头、改为男子穿西装，女子穿旗袍、戴花冠披婚纱；其次是婚礼仪式改变：由传统的行跪拜礼改为宣读证书、交换饰约、行鞠躬礼、奏乐等。② 为了适应这一新潮流，从20世纪30年代起，大理城内就有几家专门出租婚礼时新郎新娘穿戴的礼服、礼帽、花环、披纱等全部行头的店铺，这也为办喜事的家庭节省了开支。③

这一时期，旅居上海的喜洲人在沪成立了喜洲旅沪同乡会。1936年，旅沪的喜洲人创办了刊物《新喜洲》，并将每期刊物寄送回喜洲，传播近代文明。受到当时国民政府宣传所谓"新生活运动"潮流的影响，喜洲兴起了一阵改良的热潮。以严子珍、尹立廷等为首的地方商绅，在喜洲成立了"改良风俗会"，提倡"集团婚礼"等新风气。喜洲等一些经济文化发达的白族地区，部分人开始接受集团婚礼的思想和形式，并于1936年5月26日在喜洲第一次举行了集团婚礼，共有12对白族新人参加了婚礼。后来喜洲、大理、下关、凤仪等白族地区共举行了十几次这样的集团婚礼（见附录个案1）。1936年喜洲白族赵子厉在《新喜洲》第2期上发表了两篇文章，也可以看出当时进步思潮在大理涌动。一篇是《由中国

---

① ［澳］费茨杰拉德：《五华楼：关于云南大理民家的研究》，刘晓峰、汪晖译，民族出版社2006年版，第70—71页。
② 大理州文史资料委员会编印：《大理州文史资料》第8辑，第182—183页。
③ 同上书，第183页。

家庭改造问题说到家乡》，提出了婚姻改良的问题，强调应废除家长为年幼子女包办婚姻的制度和风俗，应征求子女的意见，或由子女自己选择，征求家长意见，然后订婚。另外是有上海生活经历的白族赵淑南女士，把上海较开化的妇女问题与当时闭塞的、封建意识浓厚的大理妇女问题相联系，写了《我所看到的妇女问题》，对当时喜洲社会包办婚姻的严重性作了分析，提倡自由婚姻。①

大理"三月街"商人从四面八方汇集到集市上，商品的选择很多，不论是来自沿海的商品还是来自海外的洋货，应有尽有。"鱼潭会"主要是本地商品交换，农民可以较方便地选购城里的商品，并销售手工业制品，如：刺绣、针线活、雕花家具、建筑用基石、皮货以及木制品。因为半数以上来赶会的是女性，因此商品中很大一部分都是供女性需要的。②

抗日战争期间，国难当头，大理白族商人本着一切从简的精神，极力提倡移风易俗，婚俗从简，倡行集体婚礼，费用由严家承担。③ 这场"新生活运动"由城市推及农村，在风俗习惯上兴利除弊，革陋习，倡新风，具有一定积极的意义。但这些改进国民性的主张，由于并未触及封建包办婚姻的实质和深层矛盾，治标不治本，自然半途而废。虽然这种仪式未能长久持续下去，但也体现了白族商人改良旧的社会习俗的努力。

由于大理白族社会当时有大量的人口外流，受到自由婚恋观的影响，加上当时政府推行"新生活运动"，④ 民国时期的白族婚俗受到近代西方思想的影响，从传统的封建、愚昧、泯灭人性，向近代自由民主、文明节俭的婚俗转变，这是近代中国思想观念转变的体现。民国时期白族婚俗虽有一些仪式上的变迁，但包办婚姻的习俗并未根本改变。这时虽然产生了现代意义上的法律婚，但在大理白族地区的问卷中未见付诸实施。新中国成立前，大理白族主要是以举办婚礼作为结婚的正式仪式。

总的来看，白族的婚俗是在漫长的历史过程中形成和沿袭下来的传统文化之一。由于所处的地理条件及社会环境的差异，在形成过程中，白族婚俗

---

① 王积超：《人口流动与白族婚恋观之变迁》，《大理》2004年第4期，第63页。
② [澳] 费茨杰拉德：《五华楼：关于云南大理民家的研究》，刘晓峰、汪晖译，民族出版社2006年版，第55、60页。
③ 《大理严子珍封翁荣哀录》卷上"事略"，1949年印。
④ "新生活运动"是指1934—1949年中华民国政府推出的公民教育运动，蒋介石提出的"新生活"要民众把"礼义廉耻"结合到日常的"衣食住行"各方面。

文化又有多样性的表现。白族传统婚俗的形成，一是由生产发展决定，出于生存繁衍的需要、农工商经济的支撑，特别是农业社会特征明显；二是统治阶级强迫同化政策一以贯之地推进，加上基础设施建设、大批移民的先后融入，促进了包括儒家思想在内的汉文化传播，使汉白文化日益融合；三是南诏统一的需要与自信包容的民族心理，使白族先民自觉不自觉地接受汉文化的熏陶；同时大理地处要塞的特殊地理环境决定白族婚俗文化的包容性。

第三节 大理白族传统婚俗文化的当代价值

大理白族传统婚俗文化蕴藏着丰富的思想资源，包含着优秀的传统美德，是中华民族传统文化的重要内容，是白族民众的集体记忆和血脉渊源。大理白族传统婚俗文化以血缘亲情为纽带，以和谐为目标，以伦理道德为核心，以民间文化为基础，以仪式为载体，对民众进行民族价值观、荣辱观、伦理观、善恶观的教育。在实现中华民族伟大复兴中国梦的进程中，需要以客观、礼敬的态度，汲取白族传统婚俗文化的思想精华和道德精髓，古为今用，有鉴别地加以继承和弘扬，增强其影响力和感召力，为建设良风美俗的社会主义和谐社会提供重要支撑。

一 以勤俭进取为荣

大理白族传统婚俗文化在形成过程中，始终在保存自己民族特色的同时，以兼容开放的姿态，积极吸纳各兄弟民族乃至东南亚文化的营养，不断地融入新质，去除本民族婚俗中的陋习，促使白族不断趋向文明发展。这种不断学习、自我更新的开放态度和进取意识，是白族生生不息的民族精神，对今天吸收西方婚俗仪式并在价值观方面保持民族特色不无启迪。白族传统文化精神的传承与教育，借助传统民族婚俗活动，通过故事的讲述、史诗的诵唱、家谱的背诵传递；以婚俗中繁复的仪式、游戏等独特的文化形式，对人的自制、坚忍意志力进行锻炼。这些意志品质在物质生活日益优越的今天，是民族不断进取、实现跨越式发展必备的精神状态。[①]

[①] 王军、董艳主编：《民族文化传承与教育》，中央民族大学出版社2007年版，第6—7页。

当代民族青年生存技能提高，对民族的历史文化了解却在减少，白族婚礼仪式的精简，使一些传统智趣游戏、技艺及民族记忆逐渐淡出年轻人的生活，这就会使民族综合素质的提高缺少必要的载体。随着民族文化影响和教育的边缘化，民族的鲜明文化性格也会逐渐淡化。人的个性全面发展需要通过多彩的民族文化传承、铸就。将丰富多彩的民族文化进行整理筛选，组合到国民教育体系当中，激发青少年了解民族文化的积极性，培养民族文化自豪感，是人才培养多样化的时代要求。

在白族传统婚俗中，无论家境贫富，在婚嫁仪式中始终秉持勤俭治家的教子准则；在亲家的选择、婚事操办中，对知书达理的读书人尊崇有加，儒家思想也就通过白族读书人的言行广泛渗透到民间生活中，体现了白族民众共同的理性价值追求。近代以来，受商品经济的影响，白族婚俗超前消费、奢侈之风渐长，贪图享受、看重钱财的情况屡见不鲜，是对传统理性价值追求的反叛。今天，当白族民众物质生活条件改善，传统的民族进取心、勤俭习惯、对知识的尊崇等有所淡化，一些白族青年贪图享受，推崇零储蓄，缺乏进取意识和学习态度，生活奢侈、懒散怠惰成性，这将会损毁积极向上的民族精神和人的道德情操。物质文化生活水平提高以后的白族群众，更加向往美好的幸福生活，更加需要强大的价值支撑，以把握民族未来的命运。为此需要将传统白族婚俗文化中以勤俭进取为荣的价值理念，通过仪式创新不断发扬光大，指导人们过健康向上的生活，以提升民族的精神境界，振奋民族勤奋进取的精气神。

二　以感恩孝敬为德

白族传统婚俗中，贯穿着感恩长辈、孝敬父母的众多仪式。孝亲敬老已经内化为白族的文化心理和精神基因。白族婚嫁过程中，通过子女对祖先、父母的跪拜，引导新人感念父母的养育之恩、感念长辈的关爱之情，养成孝顺父母、尊敬师长、敬老助老的良好品质。在新家庭建立过程中，通过婚礼上的循循善诱，引导新人继承好的家风家教，传递孝德理念，践行孝道，培养白族青年的孝心、爱心。

传统白族婚礼的举行，需要众多的父老乡亲齐心协力共同完成。在此期间，新人要一一答谢媒人、厨师、乐师、总理等人的鼎力相助。通过这种仪式行为和特定场景互动，升华个体的精神境界。让新人懂得感恩，认识到这种精神回馈的处世法则，是连接亲情、爱情和友情，使生活充满温情有序的最珍贵品格。

改革开放后成长起来的白族青年，生活在各种思想观念激烈碰撞、价值观念急剧变化的时期，个体意识、自我意识较强，其行为方式和处事原则也发生了变化。物质生活极大丰富后，琳琅满目的商品及其无孔不入的广告，以及媒体的刺激与诱惑，使结婚比阔斗富，结婚后啃老现象逐渐增多。城市化进程中白族家庭结构、功能发生深刻变化，在尊重、保留父母和子女各自生活和精神自由活动空间的同时，老人享受天伦之乐、精神慰藉的需要成为新的社会问题。这在一定程度上说明孝敬父母的传统意识需要强化，传统婚仪的简化已在一定程度上使其锻造感恩品质的功能弱化。名牌的武装、物质需求的满足并不能弥补心灵的空寂与虚弱，感恩情结、爱心奉献的精神愉悦是更高层面的幸福富足。社会主义要实现各民族共同富裕，是物质与精神的双重享受，是拥有物质财富却不沉溺于物质之中，而致力于思想充实的精神追求。因此，需要在新的历史时期，通过强化婚仪感恩、孝道教育仪式功能，引导年轻人孝亲敬老、感恩亲友和社会，把中华感恩、孝道和敬老之风一代一代传承下去，形成根基雄厚、崇德向善的民族力量。

三 以诚信互助为本

白族传统婚俗中找亲家注重人品、家风，强调本分厚道、热心助人者及其家庭，方为可靠。家教不好、家风不正的家庭，即使有权有势，也不被看好。因为家风潜移默化地影响着人的是非观念、行为规范，家风是教化的根源。淳厚家风、严格家教使人具有坚守内心原则的教养素质，是人安身立命和婚姻生活幸福的基础。以人品为重，是白族民众生活经验的总结，通过民众具体的践行而代代传承，是民族生存智慧在婚俗文化中的具体体现。

在传统婚嫁过程中，白族民众发扬亲帮亲、邻帮邻的互助精神，以喜悦的心情、通过自己的辛苦付出和力所能及的资助，让一对对新人圆满而顺利地完成人生重大仪式的庆典。在这种浓浓的人情味中，是乡村社会的人们用行动诠释着善良、尊重和理解的人文关怀，这种古道热肠是白族先人在历经艰苦卓绝的磨炼中形成的广泛价值共识，积淀成为民众日常生活的处事原则和良好心态。

随着市场化的利益驱使、城市化的快节奏生活、交往活动范围的扩大，古老的白族乡村生活也发生了变化。拜金主义、一切向钱看的有害思想观念，使社会上一些人诚信缺失、造假欺诈，以婚姻形式诈取钱财，给通婚半径日益扩大的白族在缔结婚姻中平添了风险与顾虑。白族婚俗逐渐认同了追求物质幸福的合法性，对象的选择标准，经济实力考量的比重增加；家风在变，亲情不变，结婚对象的精神和谐仍然是追求的首要标准，同时婚嫁中常常以经济富足、物质占有的数值来体现自我的价值。部分婚礼选择了酒店，使邻里互助失去了载体。人际交往和礼物交换中，物质分量重了，人的情分轻了。人与人之间的关系，也因劳作的繁忙、物质利益的纠葛、阶层的分化、收入差距的扩大，而逐渐有所冷淡、疏远。需要通过分析和探究白族传统婚俗文化的功能，在新的时代条件下进行功能调适与重建，发扬白族重品德家风、团结互助的传统美德，解决全社会的文化认同问题，在深层树立起民众的基础道德，营造浓郁人情乡情的新社会环境。

四　以和谐礼治为道

白族传统婚俗充分体现了白族对自然的崇敬、尊重、热爱之情，也展示了白族顺应、利用和保护自然、道法自然的灵悟。在满足生存需要的饮食活动中协调人际关系和建构社会秩序的生活智慧，表现了白族追求社会、人内心和谐的精神指向和生态伦理、生态美学、生态文化。在人际和谐中，婚姻家庭的和谐对人的幸福指数影响最直接，因为传统血缘、血亲关系在白族内心深处是最可靠、最值得信赖的，因此，白族传统婚姻家庭都很稳定，社会和谐，环境优美。正是和谐精神的追求，使白族赖以生存的社会变得令人憧憬和向往，是拥有生态美德、懂得自觉按照生态伦理生活和劳作的白族人民，为我们营造了一个美好的家园。

随着现代科技的发展和欲望的膨胀，人对自然的敬畏逐渐消减，破坏生态的行为日渐增多。随着学校教育日趋重智轻德，家庭教育逐渐出现孝德淡化，社会评判标准以知识技能为重、轻视身心和谐，发展突出物质性需求以满足精神价值渴望、以经济增长为最主要取向。这些偏向与错位的累积，致使个人主义、享乐主义不断突破道德底线，一些人也逐渐开始放弃自我节制和传统人伦道德，放纵欲望，白族婚姻家庭的稳定性问题开始出现，生态环境受到破坏，乡村礼治松弛，社会发展的不和谐因素增多。

传统是民族历经几千年发展保存下来的优秀思想文化，凝聚了历代人的思考和认同，是人类思想成熟和进步的体现。在剔除传统婚俗礼教压制人性的同时，应注重发扬白族传统婚俗文化的和谐因子对人格养成、家庭和社会责任感培养、生态伦理观念树立的积极作用，使白族婚俗礼仪文化成为提升公民自我道德约束、培育社会主义核心价值观的重要方式，养成与人为善、与自然为友、与自身心灵沟通的习惯，实现白族的和谐发展、科学发展。

第二章

大理白族传统婚俗文化的功能

婚姻习俗作为民族文化的重要组成部分，是民族的重要标志。它集中体现了民族民间传统文化、社会经济政治关系，对整个民族社会的协调发展具有不可小视的社会价值。因此，每个民族和国家在社会发展中，都十分注意充分利用婚俗的这些功能，以实现民族政治稳定、经济联系、文化凝聚、社会和谐。

第一节 大理白族传统婚俗文化的政治功能

在原始社会氏族组织尚未出现时，人类实行的是族内婚，这种婚姻模式的生物本能大于社会意义，这时的婚姻并没有成为建立社会关系的工具。但氏族出现以后，尤其是实行族外婚以后，人类婚姻便具有了这种功能。婚姻使男女两个家族建立了姻缘关系，扩大了两个家族的范围。族外婚的发展使人们认识到，联姻可以成为弥补家族地位、权势、财富不足的途径，也是建立民族关系和国家、地区之间友好关系的一种互助工具。我国历史上许多朝代实行的和亲政策是婚俗这种功能的最高体现。白族也不例外。

一 建立婚盟稳定民族关系

中国历史上有以姻亲关系平息战乱、换取和平局面、稳定边疆的习俗，而且常常成效显著，大理也是如此。南诏、大理国时期，南诏王室相继与西洱河蛮、邓赕诏、施浪诏、傍诏、两爨、唐王朝上层统治集团——国王、贵族名家大姓、部落酋长等构成一系列姻亲关系，形成一个婚姻圈。他们之间既互相团结、相互利用，又相互争斗。为了其政治上、军事上的结盟而结成婚盟关系。这种婚姻缔结习俗对团结、利用和依靠各方面力量，建立、巩固南诏的统治，增强其军事实力和加快文明进程，都有推动作用。

（一）唐王朝与南诏的婚盟

唐王朝与南诏的关系时好时坏，其与南诏的婚姻关系史书记载不多。阮元声本《南诏野史》载："武宣帝名隆舜，唐僖宗乾符四年即位，年二十三岁。……广明之年，唐命少卿李龟年以宗室女为安化长公主，与南诏和亲。七月，昆仑国进美女于南诏。中和元年滇王归国。唐光启元年，滇王遣杨奇肱送公主归唐。"隆舜的父亲世隆连年发动战争，多次进攻唐王朝。当时唐朝的国力已衰弱，就派人送宗室女嫁隆舜，结婚盟，以求边境安宁。当时南诏王隆舜的清平官杨奇鲲，于公元883年奉命赴成都迎娶唐朝公主，在途中赋诗一首："风里浪花吹又白，雨中岚色洗还清。江鸥聚处窗前见，林狖啼时枕上听。此际自然无限趣，王程不敢暂留停。"[①]诗词表露出诗人轻松、惬意的心情，也因肩负和平之旅的重任不敢耽搁，描绘出一幅政息人和的美丽画面。

（二）南诏王室与洱河蛮的婚盟

南诏王室蒙氏从细奴逻开始至舜化贞止，传13代，共254年（公元648—902年）。蒙舍诏与洱河蛮（简称河蛮，分为东洱河蛮与西洱河蛮两大部）的婚盟关系对南诏政权的建立十分重要。王本《南诏野史》建宁国："张氏国号……传三十三世至张乐进求，一见蒙奇王有异相，遂妻以女，让位与奇王，王姓蒙，名细奴逻。"唐初，蒙舍诏势单力薄，而与蒙氏紧紧相邻、居住在白崖地区的张乐进求却对整个东、西洱河蛮都有很强的号召力，可以一呼百应。张氏与蒙氏结成婚盟关系后，张氏逊位于蒙氏，这样蒙氏不仅有指挥蒙舍诏的能力，而且还有了指挥东、西洱河蛮的能力。洱河蛮地处富裕的鱼米之乡，经济富足；人丁多，军事强盛。张氏与蒙氏的婚盟关系是蒙氏成为雄踞西南国主的关键一步。

南诏王室蒙氏从建国之初到立国以后与河蛮一直保持婚盟关系。如阮之声本《南诏野史》载：阁罗凤的妻子为白妃，晟丰佑的妻子为渔家女等。这种婚盟关系对团结、利用乃至依靠河蛮来建立和巩固蒙氏政权起了巨大的作用。因此蒙氏统治二百余年，与唐王朝共始终。

---

① 刘小兵：《滇文化史》，云南人民出版社1991年版，第219页。

（三）南诏与其他诏的婚约

《云南志·六诏第三》载："邓赕，一诏也。主丰咩，初袭邓赕，御史李知古领诏出问罪，即日伏辜，其子咩罗皮，后为邓赕州刺史，与蒙归义同伐河蛮，遂分据大釐城。咩罗皮乃归义之甥也。"① 这段记载表明邓赕诏王咩罗皮是南诏王皮罗阁（即蒙归义）的甥子，皮罗阁是咩罗皮的舅舅。皮罗阁的妻子是邓赕诏主丰咩的姊妹。有这样的婚盟关系，所以舅蒙归义与甥咩罗皮一道并肩战斗，同伐河蛮，最终占据大釐城（今喜洲）。

《云南志·六诏第三》载："施浪，一诏也，诏主施望欠。初，阁罗凤据石和城，俘施各皮，而望欠援绝。后与丰咩子咩逻皮同伐蒙归义，又皆败溃，退保矣苴和城。归义稍从江口进兵，胁其部落，无几施望欠众溃，仅以家族之半，西走永昌。初闻归义又军于澜沧江东，去必取永昌，不能容。望欠计无所出，有女名遗南，以色称，却遣使求致遗南于归义，许之。望欠遂渡澜沧江，终于蒙舍。"② 施浪诏在洱源、邓川之间。施浪诏主在被南诏战败、又被阻断逃路之时，为保存其部落幸存者的性命，不得不让漂亮的女儿嫁给了蒙氏。婚姻在这种条件下成为战争之中讲和的交换条件，附着极强的政治色彩。

白崖附近，即弥渡县红岩一带，乌蛮时傍诏与南诏亦有婚姻关系。据《云南志·六诏第三》记载："时傍母，蒙归义之女，其女复妻阁罗凤。"③ 时傍的母亲是蒙归义（皮罗阁）的女儿，她所生的女儿，又嫁给蒙归义的儿子阁罗凤。这种不同辈分之间结亲的婚姻关系，俗称"外甥嫁舅"，虽然比姑表舅婚还要原始，却因可以带来实际利益而得以延用。

（四）南诏与两爨的婚盟

据《云南志·名类第四》记载："初，爨归王为南宁州都督，理石城，袭杀孟聘、孟启父子，遂有升麻川。归王兄摩涩。涩生崇道，理曲轭川为两爨大鬼主。崇道弟日进、日用在安宁城。及章仇兼琼开步头路，方于安宁筑城，群蛮骚动，陷杀筑城使者。玄宗遣使敕云南王蒙归义讨之。归义师次波州，而归王及崇道兄弟爨彦璋等千余人诣军门拜谢，请奏雪前

---

① 张昭主编：《觅籍阅史看白国——白子国研究古籍文献选》，云南民族出版社2005年版，第48页。

② 同上书，第48—49页。

③ 同上书，第47页。

事。归义露章上闻,往返二十五日,诏书下,一切释然。无何,崇道杀日进,又阴害归王,归王妻阿姹,乌蛮女也,走投父母,称兵相持,诸爨豪乱。阿姹私遣使诣蒙舍川求投,归义即日抗疏奏闻。阿姹男守偶遂代归王为南宁州都督,归义仍以女妻之。又以一女妻崇道男辅朝。崇道内怀忿惋,外示和平,犹与守偶母子日相攻伐。阿姹又诉于归义,兴师问罪。行次昆川信宿而曲轭川溃散,崇道南走黎州。归义尽俘其家族羽党,并杀辅朝而取其女。崇道俄亦被杀。诸爨由是离弱,及归义卒,子阁罗凤立,守偶并妻归河赕,从此与皇化隔绝。阿姹自为乌蛮部落王,从京师朝参,大蒙恩赏。……日用子孙,今并在永昌城界内。乌蛮种类稍稍复振,后徙居西爨故地,今与南诏为婚姻之家。"[①] 在唐朝天宝初年,唐王朝、南诏、爨部围绕着东爨乌蛮问题展开激烈的争斗。唐王朝为进一步控制爨区,派人到安宁修筑城池,爨部对此十分惊恐,杀筑城使,毁安宁城。唐王朝派南诏王皮罗阁去镇压,南诏借此扩大地盘,控制滇池地区。双方都在爨部找到支持者,致使爨部分裂,最后南诏灭了爨部。在争斗中,南诏威和并举,在使用武力的同时利用和亲政策。在两爨相互争斗期间,皮罗阁把一个女儿嫁给了爨部乌蛮首领阿的儿子守偶为妻,把另一个女儿嫁给爨崇道的儿子爨辅朝。两爨都以为得到了南诏的支持,有恃无恐,争斗更厉害。当阿姹到南诏告状求援时,南诏决定依靠阿姹一方,灭掉爨崇道。后来皮罗阁死去,阁罗凤继南诏王位,于是,阿姹成了乌蛮部落的首领,成为南诏统治部落必须依靠的可靠政治势力。从此,乌蛮与南诏成为婚姻之家,这种婚姻关系的维系,一定程度上保证了南诏蒙氏对乌蛮的长期统治。

南诏除了与阿姹部结亲之外,与其他乌蛮部落亦有婚盟关系。如与独锦蛮,据《云南志书·名类第四》记载:"独锦蛮者,乌蛮之苗裔也。在秦藏川南,去安宁两日程。天宝中命其长为归州刺史,其族多姓李,异牟寻母,独锦蛮之女也。牟寻之姑,亦嫁独锦蛮,独锦蛮之女为牟寻妻。"[②] 这充分说明独锦蛮作为乌蛮的后裔,与南诏有婚姻关系。南诏第七代国主异牟寻,其母是独锦蛮,异牟寻的姑母也嫁给独锦蛮的首领。

综上所述,南诏王室的婚盟关系是比较广泛的,大凡当时有政治、军

---

① 张昭主编:《觅籍阅史看白国——白子国研究古籍文献选》,云南民族出版社 2005 年版,第 50 页。

② 同上书,第 51 页。

事、经济力量的一方，在可能的情况下都曾与之有过婚盟关系。诸如强大的唐王朝、近邻洱河蛮、六诏及两爨等。婚约的缔结往往成为巩固与加强联系的一种手段。即利用姻亲关系建立短暂的军事联盟，共同对付敌方的进攻。在第一章中我们看到，南诏末期是白族成为一个民族共同体开始形成的重要时期。因此南诏时期这种与异族广泛联姻的习惯，对白族通婚范围没有更多限制的习俗的形成有深远影响。

二 建立通婚圈巩固统治

中国人血浓于水、手足同胞打断骨头连着筋的亲情观念是化解各种怨恨的思想文化基础，为此通过建立婚姻关系，使生疏变得亲近、使陌生变成亲情，就成为化干戈为玉帛的良策，在历史上屡见奇效。西方学者也认为，婚姻是族裔的底线。如果两个民族之间通婚率较高，则意味着这两个民族之间的关系融洽，彼此能够包容与吸纳，有矛盾、摩擦也好商量、协调。

历史上，董氏为白族的名家大姓之一，从南诏至明朝，历朝为密宗阿吒力教的贵族。在南诏大理时期为蒙氏、段氏所重用。在大理市凤仪北汤天村，白族董氏的董氏家祠存有家谱碑。第一块碑文正中铭刻："敕封阴阳燮理术神功天童国师仙胎始祖董公讳伽罗尤亚国夫人蒙氏位"[1]，从这个家谱碑可以看出当时董氏与蒙氏的关系以及董氏社会地位之高。

大理国时期段氏建立政权，需要借助贵族力量稳定根基，因此皇族往往借助婚姻关系加强彼此的利益联系。在白族中贵族大姓之间通婚，世代姻亲关系对地方政权长期存在有重要作用。如南诏大理国时期杨氏在河蛮贵族之中人数最多，高级官员占总数的四成多。[2] 杨氏不仅与河蛮大姓有婚约，而且与国主段氏也有婚姻关系。据阮元声本《南诏野史》记载："文经皇帝名思英，母杨氏桂仙娘，泛而为神，封榆城宣惠国母。"段思英是大理国奠基人、开国国主段思平与杨桂仙娘的儿子。

段氏国王执掌最高权力时，各种实权其实是掌握在世代为国相的高氏手中。为了避免自己被彻底架空而为其取代，国王段氏与国相高氏结为姻

---

[1] 董国胜：《白族大姓董氏族谱研究》，见大理白族自治州南诏史学会编《南诏历史论丛》（一），第265页。

[2] 张旭：《南诏河蛮大姓及其子孙》，见大理白族自治州南诏史学会编《南诏历史论丛》（一），第50页。

亲，以维护自身地位。如大理五华楼出土的《高姬碑》记载："姬，大高氏，讳金仙贵，天下相君高妙音护之女，母建德皇女段易长顺，翰林郎李大日臣之内寝也。"也就是说高姬的父亲是大理国相高妙音护，母亲是建德皇女段易长顺，高姬又与翰林郎李大日臣结为夫妻，皇亲贵族之间的婚姻纽带关系十分密切。

民族关系的性质和内容要受时代发展和社会性质的制约，也受一定社会民族政策和民族发展程度的影响。历史上尽管统治阶级出于政治和经济利益考虑，创造一些有利于社会进步和民族间友好交往的社会环境，如采取"和亲"政策，客观上缓和了民族矛盾，促进了民族间的往来，加强了民族间的各种交流，有利于民族社会经济和文化的发展。"但是，由于受阶级社会主要矛盾的制约和民族差别的客观存在，统治阶级的民族压迫、民族歧视政策，在民族关系中仍然起着支配性的作用。因此，在阶级社会各个历史时期的民族关系，虽然表现特征各异，但是民族间的摩擦、冲突时有发生。"①

第二节　大理白族传统婚俗文化的经济作用

一夫一妻制家庭的出现，直接的目的就是确保财产让亲生的继承人享有。"当父权制和一夫一妻制随着私有财产的分量超过共同财产以及随着对继承权的关切而占了统治地位的时候，婚姻的缔结便完全以经济上的考虑为转移了。"②

一　婚姻交换与财产延续

两性是人类社会存在、发展的最基本单位，随着人类社会发展到封建社会，两性结合形成的相应社会关系，如家庭、家族、村落等，是保障、促进人生息繁衍的根本所在，协调、规制人类社会中的两性个体行为及关系是一定社会组织得以运行的基石。通过婚姻关系，血缘、地缘与亲缘关

---

① 吴仕民主编，俸兰、金炳镐副主编：《中国民族理论新编》，中央民族大学出版社2006年版，第270—271页。

② [德] 恩格斯：《家庭、私有制和国家的起源》，《马克思恩格斯选集》第4卷，人民出版社1972年版，第16页。

系的叠加，加强各种层次的亲缘联合、发展，使利益共同体的关系更加稳固。这种安全感在生产力发展水平有限的小农社会以及商品经济发展初期都十分必要。

大理地区到近代出现了微弱的资本主义商业因素，但白族始终没有进入资本主义社会阶段。大理地区是一个农业社会，白族以农耕为主，传统的白族社会婚姻的产生首先是满足经济利益的需要。生产是传统家庭的重要职能之一。在生产力发展水平有限的情况下，要改善生存条件，最直接的办法就是通过结婚求偶和繁衍后代，以提高生育率来增加家庭可支配劳力，从而不断增加个体家庭生产劳动和积蓄财富的可能性。在农业社会，劳动力状况对家庭经济影响十分直接，对人口再生产的强烈渴求，促使白族民间挑选女婿、儿媳的标准一定要健壮，这一方面是劳动力的象征，同时也是生育力的象征。妇女生育力强并且能生男孩，可以提高在家中的地位。因此生育在传统婚姻中占据着重要的地位。对于双方家庭来说，以结亲的方式确立并加强两个家庭之间的关系，从而起到增加家庭劳动力的作用。

以婚姻为基础、以血缘为纽带组成的家庭是基本的生产单位。家庭存续的意义与家庭的生产功能紧密相连，人口的增加有利于生产的继续与扩大，传宗接代是"孝"的首要要求，而婚姻的目的主要就在于实现人口的增殖。要实现永续香火、劳动力增加的目的，缔结婚姻的谈婚论嫁过程实际也是"谈婚论价"过程，实质是讲究交换的等价，因此白族缔结婚姻普遍存在婚姻论财、门当户对的习俗。一是聘礼钱，实际是对女方娘家劳动力损失的补偿，是劳动力与财产的等价交换。只有门当户对，才能有相应的经济承受能力。所以大理一带流传："穷人嫁穷人，彼此可商量，穷人若嫁富人家，姑娘命不长，好似把女儿推下塘。"二是财产交换。在民间俗语中，女子被称为"赔钱货"，为了不赔钱当然就要找还相当的身价。在这种财产交换的原则之下，出现了各种传统婚姻形式。大理洱海东西两岸的白族，直到新中国成立前还盛行买卖婚姻，从订婚、交礼、求媒到结婚要花费一大笔钱财。有些人家姑娘长得漂亮，价位自然就高些。为了掩盖这种冰冷的交换关系所带来的利害冲突，要借用媒人说亲避免双方短兵相接。

通过婚姻的交换，建立和加强家族间的联系，在这个原则之下，通行着人的互惠与财产的交换。在传统的父权制度下，被交换的通常是女性。

交换有双向交换和单向交换。双向交换是指一个家族嫁出一个女子，这个女子到别的家族（夫家）生的女儿还要嫁回母亲的血缘家族（舅家），这就是白族传统婚俗普遍通行的姑舅表婚。这种通婚习俗就是俗话说的"表姊表妹表上床"，其目的也是使财产不外流，亲上加亲。由于女子是家庭用来交换的财产和人质，所以丈夫死了妻子就须转给丈夫的兄弟，妻子死了由妻子的妹妹来顶替。此外，还有嫡子继承父妾，弟妇转给兄长，伯、叔母转嫁侄儿等。它既保证了家族财产的继承，又保证了原来的家族系统和姻亲关系的不变。也就是说，男女之间的结合，只是父权血缘与财产延续的必要形式。白族普遍存在婚姻论财、门当户对的习俗，也是缘于父系家长制社会视子女为私有财产的私有观念，个人依附于家庭，没有自由。

二 扩大家族和财团势力

在白族民间，婚姻关系一经缔结，两个家庭、家族就从此紧密联系，以姻亲为纽带的家族成员间的经济互助及生产协作日益加深。生产协作是姻亲之间临时的、零星的人力互换或牛力互换，如在建盖房屋、农忙时节、与外人纷争等大小事务上互相支持、互相帮助。这种经济互助及生产协作往往带有一定的强制性，不出力相助的成员，会受到族人的谴责和孤立。经济互助是姻亲家族成员内部的赈济，当遇有红白喜事，须根据家庭经济、亲疏关系，按常规礼节来往；如遇到老病残疾孤寡等特殊事故发生困难时，在经济上进行互助。所以对于双方家庭来说，父母早早为儿女定下一门"娃娃亲"，目的是尽快与另一个经济条件较好或条件相当的家庭建立社会关系网络，这样就可以明确确立、加强两个家庭之间的稳定联系，人多势众，起到提高自家经济实力和社会地位的作用。

在商界，喜洲商帮"四大家"即"董、严、杨、尹"四姓，与"八中家"之间不仅有经济来往，而且有紧密的亲族、亲属关系。从喜洲商帮的四大家来看，严家与杨家的主要号主严子珍与杨鸿春之间不仅是永昌祥早期的合伙人，而且还是儿女亲家；董家与尹家是甥舅关系，董澄农曾给予尹家资金援助。在主要商号的高级雇员中，普遍存在着血缘地缘关系的重叠。曾先后担任"四大家"之一严家永昌祥、"八中家"之一杨家"成昌号"的信账先生，杨一泉是杨家的女婿。"八中家"之一"成昌号"的杨显成，曾任"永昌祥"下关经理，与四大家杨克成是族兄弟，杨炽东之女是他的侄媳。"复顺和"的尹卓廷娶杨达成（地主）妹为妻，"永昌祥"严宝成之女系其媳妇，与尹辅成是族兄弟；尹佑廷娶杨炽东妹为妻。"光明号"杨品相任"鸿兴源"丽江、上海经理，"鸿兴源"杨鸿春之妹是其母。"源慎昌"杨用勋是"锡庆祥"昆明号经理，他的姐姐嫁给董澄农为妻子，与"鸿兴源"是家族关系，"鸿兴源"通过他与"锡庆祥"存有联系。赵应庚是"四大家"之一"鸿兴源"的老股东，他的妻子是"鸿兴源"杨鸿春的姐姐。从喜洲商帮大商号提携、扶持小商号起家的众多例子不难看出，这种帮扶往往发生在同姓同宗内部，或是有姻亲关系的商号号主之间。喜洲商帮借助宗族势力经商，大大增强了其竞争力。喜洲商帮的商号中也不乏通过熟人、亲戚关系建立的雇佣关系，建立在经济利益之上的人际关系与宗族血缘结合，既使家族、宗族内部关系更加紧密，也是大理商号发展的坚实保障。[①]

第三节 大理白族传统婚俗文化的价值导向

民族之所以成为一个共同体，最根本的原因在于运用象征符号，创造了本民族独特而相对稳定的文化，同时塑造了民族自身，表现出区别于其他民族团体的性格特征。对本民族共有身份、形象及风俗习惯等在内的文化持有强烈认同，是民族文化发展的动力。白族人民在婚俗活动中通过本民族民间文化的集中展演强化民族文化认知，生成民族归属感和认同感，进而强化了民族认同，并有效地填补了代际鸿沟。

一 民族品格的培养

民族品格是民族发展最宝贵、最有价值的财富，是人的良好意愿和人的尊严方面的财富。爱默生说过，品格是通过个性所表现出来的道德秩序。它极尽所能地展现出人类最美好的天性。高尚的品格能够为民族提供源源不竭的动力，也是民族屹立不倒的基石。

民族品格通常与时推移，荀子说："习俗移志，安久移质。"[②] 强调人

[①] 陈延斌：《大理白族喜洲商帮研究》，中央民族大学出版社2009年版，第153、165页。
[②] 《荀子·儒效》。

的品质由各种具体环境所塑造，并且随着社会环境的不同而改变，即社会生活的价值观念会经过人们理解、接受并内化为自己的行为准则。古代礼学家认为，"礼义是人的本质，是人区别于禽兽、脱离自然状态的根本标志"。"为了使人成其为人，就要借助一系列的行为规范来约束和克制人性中野蛮、卑劣的成分，通过教化使人具有文明、高尚的品行。"通过礼仪教育使民众由恶向善，[①] 民族、国家发展才有希望。

（一）积德行善的礼仪教化

据考，白族先民是北方氐羌游牧民族，既剽悍又尚武。据史料记载，南诏军队每攻占一地，都会肆意掳掠。《新唐书·南蛮传》也称白族"喜相仇怨"。唐贞观末年，唐将梁建方《西洱河风土记》记载，当时洱海地区的白蛮十分剽悍好斗，如果有家人被杀，"其家即报复，力不能敌，则招其部落举兵相攻，从而引发更大规模的冲突"。[②] 而自元朝开始，对白族的表述则多用"人皆善良"、"杀心差少"之类词汇，两者形成鲜明的对照。这种民族性格是如何改变的呢？

在南诏大理国历史上，白族曾全民信佛，这极大地影响了白族人的文化观念、民族心理及行为。南诏晚期，统治者要求每家供养佛像一堂，诵念经典，手掇素珠，口念佛号。每岁正、五、九月持斋，禁宰牲口。从此，佛教礼仪逐渐成为白族生活习俗的一部分。从唐代到明代的500多年间，大理的佛教信仰一天盛似一天，"民俗家无贫富，皆有佛堂，旦夕击鼓恭礼，少年手不释珠。一岁之中，斋戒几斗"。道教思想也广泛渗透在白族的思想信仰、生活方式、传统习俗和情感之中。"其剽悍之俗开始发生变化"，从尚武逐渐转向尚文的社会风气。[③] 点滴行为、想法和感觉的改变，新的秉性、习惯的积淀，对白族日常生活行为举止不可避免地产生影响，潜移默化地养成良好的民族性格、行为习惯。在白族人民之间即使有纷争冲突，也很少使用武力。所以在西南少数民族之中，白族比较温和的性格非常突出，白族男子也逐渐改变了佩带刀或剑的习惯。有钱的乡绅可以不建住房，要把钱财施舍给穷人或捐建佛寺，即使是凶恶的土司官也"遇佛无不顶礼，如流"。

---

① 张自慧：《礼文化的价值与反思》，学林出版社2008年版，第194页。
② 刘小兵：《滇文化史》，云南人民出版社1991年版，第205页。
③ 同上书，第206页。

元朝在云南大力推行汉文化，使儒家的重德修身、道家的修道积德、佛家的去恶从善，逐渐成为白族人民生活的法则。虔诚的信仰，逐渐形成了白族尊重高远目标、高尚动机、纯洁思想的民族特征，真善美的信念成为白族精神而世代相传，成为个人、家庭乃至民族福祉不可或缺的要素。这种反对暴力、崇尚和平的思想本质，使原来桀骜成性的白族，被安定和谐的精神生活所感化，逐渐趋向明事理、树道德、施德化，为形成淳朴向善的民风、达到社会安定和谐起到了重要作用。

当白族生产力发展水平和认识水平还较低下时，无法解释和改变各种自然、生理、社会问题，人们自身的防御和抗病能力较弱，人生社会角色的调适与转换缺乏系统的理论指导。于是为了保障种的繁衍和人生的顺利，规避自然的灾厄和社会的打击，白族先民通过各式仪礼敬天避鬼，祈求子嗣，去病消灾，逐渐形成了包括结婚仪礼在内的各种祭拜习俗。在传统社会由于制度和科技的落后，所以非常注意各种人生仪礼的特有祭拜传统。白族致力于投资民族品格的培养，在生活中尊重美德和善行这些高尚的品德，赢得了其他民族的尊敬和赞誉。

（二）包容感恩的民族情怀

信仰是道德教育的出发点和归宿，对本主的崇拜成为白族的集体意识和民族文化的基本内容，作为白族生活中一种普遍的社会行为准则和公共秩序的象征，神圣的活动使白族社会生活秩序化、固定化并绵延传承。

本主崇拜虽然没有系统化、理论化的教义教规，但已经形成全民族统一的信仰和系列的祭祀活动。本主意为"本境福主"，是每个村社的保护神。白族本主祭祀仪式作为一种象征体系，体现着白族文化的多元特征，具体体现在：一是本主神多。每个村落都有自己的本主，不尽相同。也有一个本主庙供奉几个本主神的情况。二是白族本主神系非常复杂，有祖先崇拜、生殖崇拜、自然崇拜、英雄崇拜、王崇拜和外来神佛崇拜等内容，构成了"儒、道、佛、巫、本"多教合一的信仰体系。三是本主既有本民族英雄，也有其他民族的历史人物。这种带有原始宗教色彩的信仰，其开放性铸造了白族兼容并蓄的民族性格。

白族对本主的信仰，源于对现实生活的追求、对幸福和欢乐的信念、对世间真善美的赞美。这种信仰不仅塑造着白族人民勇敢、自信、勤劳、开放的民族性格，也通过婚嫁时的各种口头传承、文化表演形式和实物相融，展现出白族社会历史上的重大事件和重要人物，用生活中最高尚的传统和天性充实着人们的心灵，使生物学意义上的男女结合富有了神性，使祭拜者得到心理上的慰藉，并增强精神动力。在白族民间婚俗文化的熔炉里，白族青年天然的可塑性，使他们经过白族先辈有意识地调教，通过模仿、训练，日复一日、年复一年地积累，不仅提升了年轻人的生活目标与道德追求，也为后世营造了一个良好的道德环境。

"感恩"是白族传统社会基本的伦理规范与道德意识。尽管各村落祭拜的本主不尽相同，但一般都是有恩于民、降福于民的人、神、物。正如徐嘉瑞所说："本主庙之神，祀有功德于民者，正《祭法》所云：'以死勤事则祀之，以劳定国则祀之，以能大灾则祀之，能捍大患则祀之。'"[①]白族本主都有传说故事。故事中的本主既有神的智慧和力量，也有人的喜怒哀乐，是白族人民的道德和理想楷模。本主故事都曲折生动，富含劝人行善、正直大义的道德意义。白族人民都相信本主能保佑子民逢凶化吉，实现美好愿望。所以在人生重要的婚礼仪式上，男女当事人都要按规定对本主进行跪拜，祈祷婚姻幸福和生活美满。白族注重对身边人的感恩，也贯穿在婚俗活动中，如对媒人非常尊重，有"先拜媒人，后拜母舅"、"三代不忘媒"之说。在婚宴中媒人始终都是吃独席，分量与其他客人餐桌的一致，有的甚至是双份，以表谢意。在凤羽，新娘迎出门外后，新姑爷还要专门返回给丈母娘磕头拜别，意为"回马谢亲"。拜堂完毕，新郎在陪郎的带领下向厨房、饭房、茶房、账房及所有帮忙者作揖答谢。客人送礼表示祝贺，主人家要"回礼"。礼尚往来是白族"不能还人空碗"的感恩思想的表现。这种代代相传的婚俗仪式，不断熏陶、感染人们的内心，培养民族道德情感，确立对道德价值的自觉判断，并积淀、内化为自身素质的行为规范和意识品格。

白族婚俗以各种外显的仪式活动体现和延续白族文化的精神血脉，成为一种有形的教育载体，潜移默化地启迪着人们对自然、生命、物质、生活的思考，打造了包容、感恩、善良的民族情怀，牵引出白族社会生活的和谐之道。

二 社会道德的彰显

婚俗在社会生活中是普遍存在而又潜隐不露的一种文化规范，与婚姻

[①] 徐嘉瑞：《大理古代文化史》，云南人民出版社2005年版，第249页。

道德和婚姻法一样,具有规范人类婚姻行为的社会功能。不同的是婚俗文化通过隆重的仪式宣示民族价值意识,以庄严的典礼彰显道德标准,以肃穆权威的礼仪途径,靠舆论群体压力、宗教势力、民族心理等社会因素来约束人们的婚姻行为。作为一种普遍公认的社会模式,它是一种便捷而有效的规范手段。

(一) 勤俭平安多子的幸福观

幸福观是人们对幸福的看法,集中反映人的价值观。幸福作为人的一种心理体验,它既是对生活的客观条件和所处状态的一种事实判断,又是对于生活的主观意义和满足程度的一种价值判断。它表现为在生活满意度基础上产生的一种积极心理体验。白族传统婚俗通过各种仪式,将勤劳致富、平安是福、长寿之福、多子多福的观念,融入群体的价值追求中。

白族是西南少数民族中较早从事稻作生产的民族之一,白族先民在长期艰苦的劳作过程中,养成了热爱劳动、勤俭持家的道德风尚,总结出了无数的家法族规,强调治家要以勤俭为先,"诫虚荣奢侈"。白族谚语:"虎骨酒是泡出来的,好日子是苦出来的","最粗壮的菜粪最多,最幸福的人工作最忙",反映了白族人的幸福观。白族不以酒醉饭饱为满足,所以在白族婚庆上,无论兴致多高,或有多大的冲突,很少有酗酒、斗殴事件发生。同时讲求居处的舒适整洁,白族新婚夫妇要早起清扫庭院、挑水做饭或上街买鱼做饭等带有象征性的劳动,就是教育新婚夫妇要勤劳、脚踏实地才能使家业兴旺,让新人懂得天道酬勤,不能游手好闲、懒散怠惰的道理。只有勤劳节俭、积极上进的人,才对他人、社会有用,才会拥有真正的幸福。

白族特别赏识有才学的人,考察对象也要选择知书达理的家庭,文化人最受青睐。在凤羽,读书人家门口的拴马石是身份地位的象征、家族的荣耀。在婚事的操办中,首选族内或村内德高望重、才华卓越的长者做主持或证婚人,吟诵贺词,请文化人中书法优良者写对联、喜匾、记喜簿;娶亲者若是有功名的读书人,迎亲队伍还要抬着写有功名官阶职衔的高脚牌坊、旗帜和红罗伞,有乐队唢呐大号,吹吹打打为新郎鸣锣开道,备感荣光。婚庆中才思敏捷的读书人往往能在对歌、猜谜等方面显示其学识而备受民众赞赏、推崇,成为众人的学习榜样和典范。

在白族民间传统的幸福观中,最希望平安、健康、长寿。白族传统婚俗活动中的许多仪式细节,都体现了白族的这种幸福观,如要请健康长寿、幸福的妇女来为新人钉被子或做媒人，凤羽女子换头礼要请高寿妇女为新妇梳头。希望能借有福之人使幸福降临到新人身上，表现了白族将幸福追求与生命价值紧密联系在一起的民族心理。在白族婚庆中，还常用不同的避邪方法、仪式，为新人祈求平安。一是各种吉祥数字（双数或以6为尾数）和用品的运用。如白族传统婚俗中新娘要佩戴坠满银饰、有彩色绒球的帽子，白族语叫"登机"，意思是"戴吉利"。传说这是美丽的白族女子素花战胜黑面妖、与心上人过上幸福生活的制胜法宝，所以白族妇女都把"登机"当成喜爱的装饰品和吉祥的象征。[①] 青年女性在不能自由选择如意郎君的社会背景下，希望以此吉祥物带来好运。白族祈福文化的这份安全感与鼓舞性，将人们对美好生活的向往充分表现出来，实现心灵的安定、精神的满足。二是用物件，如动植物、器具等辟邪驱鬼。三是通过行为驱邪，如婚礼中的安喜床、压喜床、搭"彩棚"、吹唢呐、燃放鞭炮、闹洞房、送喜神、贴对联等行为，通过人——童男、未婚男人的阳气，目的就是驱邪祈福。这种为维护生命健康延续而采用的方式，能流传久远而保存至今，主要是白族民众集体的心理需求，这种看似非理性的思维、行为，潜藏着民族理性的人生追求。每个民族坚守一种群体性的祈福祭祀传统，目的在于寻觅生活的有序与精神的圆满。

白族传统婚姻追求传宗接代、香火永继，人丁兴旺是民众对幸福的一种理解。为此，新娘下轿双足不能触地，事先要铺好花席或红毡，由人牵引徐徐前行，旁边有人不断交替向前铺设毡席，俗称"传席"。后改为用布袋铺路，俗称"传袋"。"袋"与"代"谐音，"传袋"有传宗接代之意。另外钉新被要在被子的4角装上4粒红枣、松子和核桃，利用这些果物的谐音和意义，祈望新婚夫妇早生贵子；新房点"七星灯"也因"灯"字含有添丁之意。这些谐音都表达了白族多子多福的幸福观念。白族传统观念认为，迎喜神可以保佑婚姻美满、家庭幸福、人丁兴旺。在白族婚礼前一天，吃生、吃素、吃生皮，寓意姑娘的纯洁。新媳妇过门后的第一件事便是上街买鱼，以示自己的生养能力。白族崇拜鱼的繁殖能力，把鱼作为女阴象征，希望多子多福。新婚之夜新人必须要吃一道特殊的菜，这道菜用肠肚和粉蒸肉做成，故意将其形状做得像男女生殖器，要新人用手撕开吃。看似粗俗，却寄托了白族先民对种的繁衍的期许。

---

① 毕坚：《云南少数民族婚俗录》，天地出版社1988年版，第50—51页。

(二) 仁爱团结互助的道德选择

仁者爱人，体现在对待身边至亲、处理日常生活的点滴琐事中，体现在困境和苦难面前，诚实、勇敢、守信、有责任义务感。"仁"的价值理想，是要把人类社会中的仁爱精神和仁爱要求，转化为每个人的内在自觉。白族婚姻缔结过程中的各种仪式，就是朝这个方向努力。

结婚是少男少女人生角色的重要转折点，意味着从此将告别少不更事、无忧无虑的生活，自立门户，担负起家庭和社会责任。白族婚礼上，当青年男女即将步入独立、成熟、肩负责任的新的人生旅程，在这种人生历史转折的关键场所，白族婚俗通过对婚姻当事人这一关键人群的婚事缔结的程序安排、要件的规则，通过亲友的祝愿和老人的交代，庄严而郑重地行使他们训导、教育后代的职责，在特定的场所实现对婚姻当事人角色转换的道德教化和伦理素质的塑造，进一步推进着年青一代的社会化。可以说，白族传统婚礼仪式就是一次特殊而又重要的心灵成长教育。它让当事人通过一系列烦琐的礼仪磨炼，明白仁爱美德的魅力，在于它最大限度地满足人们日常生活的要求而永恒和持久。白族传统婚俗对成亲的男女当事人的教育和训导，通过反复展演，促使人们不断反省，不断地唤醒对人格价值的追求，使他们能继承本民族发展史上最为宝贵的财富，从而胜任崭新的社会角色，为未来的人生顺利发展做充分的思想道德准备。[①]

团结互助是白族人民在家庭生活及社会生活中处理人与人、个人与群体关系的行为准则。白族传统中团结互助的原则，不只局限于家庭、村落内部的互助关系，同时也包含家庭、村落之间以及社会中人与人广泛的互助关系，这种行为准则已经化为一种行为习惯。白族人民历来都把帮助别人看作自己的义务，把个人与群体视为一个整体，来解决生产生活中的困难。白族谚语"一根麦秆编不成一顶草帽"、"有花才有蜜，有国才有家"、"不怕巨浪再高，只怕划桨不齐"、"一根藤容易断，十根藤比铁坚"，表明了白族团结协助的理性生存认知。这在生产力发展水平相对较低的情况下，是民族成员能够战胜各种灾难、克服各种困难而生存繁衍的适应性选择。在白族乡村婚礼的组织、进行中都能感受到民间的自组织力量。

---

① 王飞、杨玲：《云南少数民族传统文化与道德教育研究》，云南大学出版社2009年版，第42页。

白族婚礼的举办就是亲朋好友团结互助的最佳体现，白族民间常常把办事期间亲朋好友是否愿意鼎力支持，作为一个人做人如何的评价标准。如举办婚礼中，远方的客人因路途遥远需要住宿，仅靠主人家准备的被褥是不可能解决一时之需的，这时就需要向村里的乡亲借。有时遇到远房亲戚人多，还需要借宿。如果没有这种互助，婚礼中的难题就很难解决。这种乐于为他人排忧解难的互助行为是白族社会生活中历史悠久的最基本行为规范选择。据村民回忆，到民国时期已经发展有专门为此提供服务——帮助办事的人家借被褥和张罗借宿事宜的民间组织。

　　白族在婚俗活动中不断把亲朋好友、男女老少集聚在一起，为民族成员之间在思想、情感等方面的互动与交流提供了重要的沟通平台；也使情感表达的文化形式得到进一步认同、表现和传承，以此强化民族成员的文化记忆。在白族婚礼中，人们既达到了庆贺新郎新娘的目的，各种仪式活动或各种民间组织对本民族相关秩序和程序的遵循，也不断清晰地呈现出各成员共同的价值理念、道德规范和行为模式。诸如此类的礼俗活动很多，民族婚俗以人为中心，活动最终指向人的全部生活体验，引发人们对生命的感悟。这是民族婚俗所体现出来的教育品性和意义，这也恰恰是民间习俗活动能发挥其独特教育意义的个性所在。①

　　婚俗是民间围绕终身大事形成的社会关系的交会点，实现了人与人之间的相互尊重与关爱，使民族成员在交往过程中进一步强化了民族共同体所认同的价值观，进而促进民族共同体的进一步整合。

（三）重品行遵孝道的伦理准则

　　以道德评判为准绳缔结婚姻关系的精神，渗透于白族传统婚俗文化的价值取向、思维方式中。选择配偶重"品行"，是白族传统婚姻的一大原则，白族无论贫富，强调有道德原则的人才值得信赖，是婚姻长久的重要基础。白族择婚既看个人品行，又看父母德行、家教家风，这种价值取向无形中成为白族民众修身养性、为人处世坚守诚信、正直的重要尺度。促进白族形成重情操、讲修养的优秀品德，铸就了白族社会的道德文明。

　　白族从原来普遍允许婚前和婚外性关系，演变为逐渐只允许婚前性关系，发展到仅个别较偏僻地区和特定节庆容许婚前和婚外性关系（如

---

① 田夏彪、黄丽：《民族礼俗的教育内涵、价值与启示——以大理白族礼俗为个案》，《学术探索》2009年第3期，第136—137页。

"绕三灵"），无疑都是婚姻道德观的一种进步。一夫一妻制的婚俗对于婚外情和重婚行为有重要的约束作用，如南诏时期规定"既嫁有犯，男子格杀勿论，妇人亦死。或有强家富室责资赎命者，则迁徙丽水瘴地，终弃之，法不得再合"。①虽有富豪之家用巨资赎命，但也要流放到缅甸伊洛瓦底江一带。处罚十分严重，使违俗者承受着内心自责和社会谴责的双重压力。性道德已经成为白族处理两性关系的基本观念和准则，对婚姻和家庭的稳定有重要意义。

孝的思想观念是传统家庭伦理的首要精神和核心观念，渗透在社会生活的各个方面。据明天启《滇志》记载，包括白族地区在内的云南全省礼制有冠礼、婚六礼、丧礼、祭礼。在这些礼制的影响之下，明代白族知识分子普遍有着强烈的忠孝仁义思想。杨楠金在《居家四箴》中提出："子孝父心宽，斯心诚为确"。杨黼在《山花碑》中写道："恭承当母天地，孝养于子孙释儒。"②清代，白族地区封建家长制经济逐渐成熟，白族民间开始把儒家的"孝"、"悌"等思想吸收过来，结合本民族的习惯，订立乡规民约，要求阖村遵守。尊老敬老是孝的首义，它隐含在日常生活的行为规范中。白族青年恋爱秉持不在长辈面前谈情说爱、打情骂俏，不在村头巷尾对唱情歌，只能到野外或特定场所，如公房等才能有所亲热的习俗。

白族传统婚俗活动不仅是孝道的宣讲场，也是践行孝道的重要表现。主要体现在：

一是白族青年谈情说爱自由，但要缔结婚姻关系，就要得到父母的认可。父母之命不可违，尊重父母的选择就是尽孝。

二是在整个婚姻缔结的过程中，要反复进行"告主"祭拜，祈求本主和祖先的保佑。新人在长辈的指导下按照民族传承的仪式程序逐一完成。个体通过亲身践行，将外在的行为和观念等内化，是一种重要的学习方式。无数次地跪拜，实际就是一个复杂的、反复的输入—接受—反馈的内化过程。通过量的不断积累、变化，在其他要素的共同作用下，使新的孝道内化生成。成婚的男女当事人逐渐领会到对祖先的敬重、老

---

① 张昭主编：《觅籍阅史看白国——白子国研究古籍文献选》，云南民族出版社2005年版，第54页。

② 杨政业、施立卓主编：《杨黼论丛》，云南民族出版社2007年版，第67页。

人的尊重，需要通过世俗的尊称、虔诚的态度、自觉的行动得到具体体现。

三是婚礼中，认亲过程中称谓的习得，也是生动的礼仪、孝道教育过程。白族非常讲究礼数，认亲也是从老到小的先后排序，要按辈份称呼而非完全按年龄大小。"称谓，并不是简单的荣誉称号，而是一种负有完全确定的、异常郑重的相互义务的称呼，这些义务的总和构成这些民族的社会制度的实质部分。"①

四是白族婚礼中还通过各种曲目的演唱进行孝道教育，如《嫁女歌》中白族对即将出嫁的女儿的教导："第一夫妻要和睦，第二孝敬父老双亲，尊老爱幼好风气，我女要继承。"② 与汉族片面强调孝不同，白族强调儿女要处理好婚姻关系，夫妻和美，家庭稳定，是孝敬父母的前提和表现。这种面对面的口头传播方式，在特定的文化空间和时间里，由群体创作和群体传承，对于白族这样一个有白语而用汉字书写的民族，是十分重要的文化传承方式。听着老人的智言慧语，会将年轻人的思想带到新的境界，并且强有力地影响今后的生活品质。

白族普通民众用自己的生存智慧和品格，巧妙地在婚礼中生动地安排生活的百科全书式教育。正是历朝历代无数传统的白族人民，通过代以相继的身体力行、忠实践行，使优秀的传统文化不断传承、光大和创新，铸就了白族传统婚俗文化的社会品质和民族文化精神。

第四节　大理白族传统婚俗文化的社会作用

白族传统婚俗在缔结婚姻活动的文化场，集聚着白族传统民间文化，让人在美乐、美居、华服、美食的享受中，生物性需求与社会性规制都得到满足。在美轮美奂、有声无声的人言物语中，不知不觉地接受社会道德的教化，使社交礼仪得到规范，等级划分得到明确，社会秩序得到稳定维护。

---

① ［德］恩格斯：《家庭、私有制和国家的起源》，《马克思恩格斯选集》第4卷，人民出版社1972年版，第24页。

② 《中国歌谣集成·云南卷》（上），中国ISBN中心2003年版，第54页。

一 礼仪陶冶情操

白族的民族民间文化在婚俗中得到集中展示，主要由礼乐、服饰、建筑等组成。礼乐享受在满足精神需求、承载民族情感宣泄的同时，成为维护宗法制度、等级秩序与陶冶情操，促进社会和谐的一种教育手段。民居建筑在追求宜居、与自然万物相合的过程中体现伦理要求；白族服饰中的审美偏好是对民族优秀品质的追求和赞赏，也建塑着伦理秩序。

（一）礼乐中的怡情养志

中国古代的乐包含了诗歌、音乐和志，自古以来主张乐必须要受制于"礼"，既要体现音乐的规律，也要宣扬仁德、仁政、和谐，表现一种有节制的、社会性的情感，保持着一种理性的人道的控制性质，着眼于人和人类的基本存在及健康发展。[①] 这种有节制而合于天地之性的美乐思想影响着白族的审美倾向。

过一种礼乐文明的生活，成为白族的喜好，所谓"三斋抵不过一曲"就是这种精神追求的最好写照。大理的许多村镇在礼乐文化的影响下，形成乐和礼顺的社会风尚。在清代中期至民国初年，喜爱戏曲和兴建表演场所的习俗在大理一带蔚然成风，洞经乐会也十分普及。在白族婚礼上，从迎亲到宴客都要奏乐，乐曲有《迎宾曲》、《迎新娘调》、《催妆调》、《一杯酒》、《龙上天》各种曲调，按时吹奏。在众多村寨的婚俗中，《吹吹腔》、《大本曲》和众人参与的歌舞，白族人民借助肢体语言与声音的魅力，搭建起民众祈求大自然、与神沟通交流的桥梁，并实现对文化的调适和再造。在大理州洱源县凤羽、炼铁等白族聚居村里，当地的白族人家每逢婚嫁等民俗活动，都要举行板凳戏演唱会，以营造热闹气氛，祈保平安，表达情思。所谓板凳戏是演唱者坐在板凳上，围着"果酒席"，在锣鼓、唢呐、二胡和笛子等乐器的伴奏下，扮演各种角色的人相互配合的一种地方传统戏。各角色的唱词除了传统的以外，大部分由演唱者根据现场情景临时发挥，让主办的东家和来捧场的观众在思想上发生共鸣，起到娱乐和教育的作用，深受白族人民的喜爱。本主神话、历史故事、民间传说为白族传统婚庆文化的传播与继承提供了丰富的素材，白族传统的宗教精神与艺术情趣相契合，能歌善舞的民族情趣与根深蒂固的宗教精神形成的

[①] 蔡仲德：《中国音乐美学史》，人民音乐出版社1995年版，第93页。

心理基因，构成了独特的人文品格，成为白族世代传承、发展的社会文化条件。

在白族婚礼中，诗歌的运用主要表现在：一是客人对新人的祝福词。二是酒席中通过民间谚语、猜谜语等打趣的方式进行"闹席"，作为社交聚会的游戏方法和娱乐手段，可以烘托气氛，既交流了思想心得，又能锻炼才智、提高修养。三是喜联，"它既能表达'阳春白雪'的高雅情趣，也能陈述'下里巴人'"的情感需要。它高度的概括性以及简练的表达形式充分地展示了汉字的魅力。它集汉语、音韵学、美学、书法艺术、建筑美学、民俗学、社会学等知识于一身，欣赏对联既可以增加人文知识，了解风俗人情，又能享受审美乐趣和陶冶情操。而且喜联多是传达当时社会的主导价值观的，其教化作用不言而喻。[①]（见附录图2.1）因此，白族传统婚礼无形中成为维护宗法制度、等级秩序与陶冶情操、促进社会和谐的一种教育手段。

（二）服饰中的伦理艺术

哲学家卢梭说过，工艺是最古老的教育方式。服饰是一个民族区别于其他民族最原始、直观的特征，同时服饰是一种无声文化，"一个社会的性别制度是该社会将生物的性转化为人类活动的产品的一整套组织安排，这些转变的性需求在这套组织安排中得到满足"[②]。在公共场合，已婚者和未婚者被差异化的服饰所区别。服饰表现为一种道德律令，明确昭示着应该怎么做和不应该怎么做。这种服饰权利上的变化标志着未成年向成年过渡的实现，并在伦理的意义上获得恋爱与婚姻的权利。

白族服饰在男、女两性区别的基础上，按不同年龄段与婚姻状况构成相对统一的服饰模式，其款式变化不大。白族按不同年龄段，黑、青、红、白诸色各有侧重。服饰款式的相对趋同性延伸为款型制式的连续性，深刻地浸透着对本民族尊严、信念、习俗文化的自我认同，维护着本民族伦理观的完整性。

头饰是民族识别最形象的标志，也是一个民族在文化崇尚、审美心理和风俗习惯等的表现，与民族称谓、民俗心理、生命礼俗等社会文化现象

---

① 柳红玲：《论楹联与我国传统文化的继承发展》，《山东青年政治学院学报》2011年第1期，第159页。

② 王政、杜芳琴主编：《社会性别研究选译》，三联书店1998年版，第23页。

相连。① 大理白族妇女头饰有一定的地域差别。以生活在洱海周围的白族为例,未婚姑娘衣着较艳丽,头戴色彩鲜艳的绣花头巾或花手帕,形如满月,发辫盘于头帕外,缠以大红绒线,一侧垂下雪白的缨穗。已婚女性的服饰趋于朴素,色彩趋于稳重、典雅,这是对已婚妇女行为、情感节制的要求与表达。

白族女性头饰从结婚开始改变。婚礼正席以前是长辫,结婚出嫁这天梳头除发辫插着红花以外其余与平时一样。正席第二天,梳新娘头,把原来的发辫梳成燕舞八格提篮棒式髻、头两额分出两扇髻扇。戴上绣花凉勒帽,帽上佩戴有银制凤头。鹤庆甸南白族新娘装则在原有白族服饰的基础上在袖口、帽子、围腰、鞋子上缀绣精美图案,在婚后两三年间于庙会、喜宴上穿着。

到了 40 岁左右,就将头髻捆扎成垂于脑后的一捆长方形髻,再将黑色生丝巾裹起来。中年妇女"头帕靠额头边沿露出扎染布桃花和针刺绣花,头帕五层花布各层在头前额露出边沿叠压在一起,其余三边留出短抽纱边。头帕上裹上裹巾,裹巾的白色流苏聚在脑后,头帕在脑后自然折叠扎拢。有人戴白色长流苏,有人无长流苏,只留出裹巾一端的白色短流苏"。老年妇女头饰则肃穆、庄重。老妈妈黑头帕(有紫色须)、黑褂褂、黑围腰,另外还有深蓝底白色小花的扎染头巾,头帕在脑后扎成一团花似的,较高耸。②(见附录图 2.2)

服饰是白族妇女心灵手巧的具体表现。在不同年龄段为自己制作不同的服饰,这个制作过程就是对妇女社会年龄的暗示,也是妇女接受、认同并自觉融入社会规范的过程。

由此可见,白族妇女服饰具有强烈的礼仪表征作用:在人生的各个不同阶段,白族妇女均有其相适应的服饰规范来指导其装扮。通过每天的穿着打扮,以色彩、款式,通过视觉无声地传达民族的传统行为规范,以此潜移默化地规制妇女的言行,维护家庭、社会的道德秩序。与女性服饰这种不同年龄段穿着打扮的差异性要求不同,白族男性服饰则仅有白、蓝、黑三种色彩,款式上并无婚姻状况的明显区别,似乎印证了恩格斯关于一

---

① 管彦波:《少数民族头饰中的图腾遗迹》,《云南民族大学学报》1995 年第 3 期,第 46 页。

② 郝翔、朱炳祥主编:《周城文化——中国白族名村的田野调查》,中央民族大学出版社 2001 年版,第 351 页。

夫一妻制仅是对妇女约束的观点。女性服饰的差异性也在于方便男性准确判断，而不去沾染有夫之妇，不去触犯民族的道德底线。

（三）民居中的人伦美育

歌德把建筑称为"凝固的音乐"，建筑积淀着民族的性格与审美心理。白族民居以其独特的视觉语言给人素雅稳重、科学合理、协调美观的享受，表达了白族建筑风格的适应性和民族性。

南诏、大理国时期白族民众在建筑民居时开始广泛采用彩绘，经历元、明、清三代的创新、发展，白族民居彩绘内容更加丰富，工艺渐趋完善，至20世纪三四十年代臻于成熟。民居彩绘在以其独特的色彩和图案装饰房屋的同时，含有祛邪避灾、祈祥求福等意义。如多子多福，反映白族生殖崇拜文化，常用鱼纹、蛙纹这种女阴崇拜的象征，鸟纹、龙纹这种男根崇拜的象征，以及龙凤图案，暗示着伴水而居民族神性的心理投射和审美信息。从白族照壁上也能见到庄重严肃的人伦秩序教化题材，如同家规家训，劝诱功能已经超出了作为书法艺术自身所具备的审美愉悦功能，是白族传统精神指向和情怀释放。

白族认为住屋也是人神共居的空间。首先是住屋的出入口均有门神。家门无论宽窄，门口都要有敬香处（参见附录图2.3）。迎亲回来拜门仪式的寓意也在于此。白族传统民居体现了长幼有序、内外有别的家庭伦理文化。正房也叫堂屋，大多位于西方，是接人待物的中心，也是婚事达成的重要场所。堂屋左右两间作为卧室，右侧是长辈居住，左侧常做长子新房，意味着父母权力的转让。院落布局曲径通幽，私密性强，围合具有安全防卫性强的实用功效，也是护卫封建等级秩序的象征。由婚姻制度所确立的家庭结构与住房的空间结构之间，存在彼此对应的同构关系，即建筑的空间布局反映了白族的社会特征、家庭结构和严格的伦理秩序。

文化的传承需要创造一个能够把自然人塑造成社会人所必需的物化环境，以规范行为和表征人生价值，实现其行为指向与控制。白族婚姻缔结的各种仪式主要都是在白族民居中进行，家居的人文设计就是最好的陶冶场所。白族民居建筑把对美的兴趣和追求与人伦秩序完美结合。在云南其他民族主要讲求服饰之美时，白族就十分注重人居环境的舒适、美观。白族民居既有四合院的形制，又有江浙木工精细的风韵，与徽式建筑的色调相仿，也有自身的特点——用大理石、园林装点，并用彩绘、碑刻、对联、雕刻等精心装点，重点突出门头和照壁，一座房屋就是一件精心创造的艺术品。① （参见附录图2.3）色彩选择白底青蓝和朱紫色来作装饰，将白族"清清白白最高贵"的观念投射到建筑艺术中。这种恬静、优美的生活方式得到了民族大众的文化认同，成为地方文化的特征。

"艺术是经人蒸馏过的自然"②，大理白族婚俗中所承载的艺术形态由于贴近民众、体现了民众的心理渴求、生活需要和社会秩序的稳定要求，使得这些艺术形态得以更多地保存了下来。

二 家长制社会秩序的延续

有学者认为白族民间有着源远流长的尊崇母系、敬重女性的传统观念，白族妇女独当一面的家庭角色和独立的劳动者形象可以作为佐证。笔者认为在中国封建王朝影响白族地区之前和较偏远山区，这种情况是存在的。但在洱海周围的坝区，受内地思想影响比较明显，白族传统社会父性家长制是主体，尊母赞母的文化心理仅是补充和微调，无法与父性家长制相抗衡，发挥制约作用。白族传统婚俗活动也说明了白族传统社会父性家长制的性别特点。

（一）男主女从性别关系

受封建伦理道德的影响，白族社会将父为子纲、夫为妻纲、父慈子孝、兄友弟恭作为家庭成员的基本要求与准则。白族家庭是典型的父权制家庭，一般家庭由辈分最高的男性做主，他在家庭中享有至高无上的地位与权力。如父亲在整个婚事的允诺、认可、操办、司仪选择、请客人数的定夺等方面都是轴心。

在白族的本主中，尽管有女性本主，各种祭祀本主的活动也不排斥妇女的参与，而且妇女还是祭祀本主的主体。但从本主神的性别数量和功能上看，女性主神只是处于从属地位，绝大部分是配神——眷属或生育神（三霄圣母、子孙娘娘、送子观音等）。"这是白族现实生活中女性社会地位和作用的一种折射与反映。"白族的女本主神中，著名的白洁圣妃是女性偶像，在大理一些地方都将她作为本主神。她是邓赕诏主之妻，不仅美丽、聪慧，而且不畏强暴、忠于爱情，"重要的是她为夫守节、抗暴节烈

---

① 杨政业：《大理文化管锥》，云南民族出版社2004年版，第9、12页。
② ［美］R. W. 爱默生：《自然沉思录》，博凡译，上海社会科学院出版社1993年版，第19页。

的行为符合儒家封建礼教'从一而终'的伦理道德"。同时，从参与者角色的重要性看，女性地位相对较低。如在白族婚礼中，"莲池会"的中老年妇女是家庭祭祀本主的主要主持或担负者，但婚礼中新人到本主庙敬拜本主的任务，无论嫁娶，都由男性完成。由此可见，"白族本主神灵世界相关体系的建立，同样也遵循着现实社会的传统和规范。白族现实生活中的社会性别观念、对妇女的偏见等，在其宗教文化的建构中同样打下了烙印、留下了痕迹"。①

（二）男尊女卑价值定位

深受汉族思想侵染的白族也认同"早发财不如早得子"、"不孝有三，无后为大"，白族传统婚礼几乎所有的仪式都隐含着生子的寓意。在家庭内对妇女生育都很重视，盼望人丁兴旺。家族中容不得不生男孩的妇女，更不容不会生育的妇女，民间常以"养个母鸡不会下蛋"来讥讽不孕妇女，妇女被当成性和生育工具。白族民间普遍认为"姑娘是贴钱货，白替人养"，养姑娘是"母鸡抱鸭空欢喜，猫抬猪尿一场空"。所以流传有"妇女无喉咙，说话不算数"、"母鸡做不得三牲"等说法。传统社会将男性偏好的社会向度作为对女性评价及地位的标准，将生育的性别责任凌驾并归咎于女性。这种道德标准的社会性别差异性，显示传统社会对白族女性在婚姻家庭中价值定位的缺失。

白族女性的勤劳、聪慧、独立、能干是有口皆碑的。俗话说："丽江粑粑鹤庆酒，剑川婆娘到处有"、"讨个民家婆，抵得骡子驮"。20世纪30年代，英国社会学家费茨杰拉德到大理考察，在《五华楼：关于云南大理民家的研究》一书中这样描述白族妇女："除了犁地这项艰苦的活由男人来做之外，女人和男人干一样的农活。女人在田间除草、锄地、插秧，还协助男人收割，并把收割来的谷物运回家里。赶集通常也是女人的事，她们背着要到集市上出售的商品到城里，在那卖上一整天，直到夜晚来临时才带着钱返回村子。已婚和未婚的女性都要从事这些工作。民家的女性非常强壮，在中国其他地方只有男人做的苦力活，她们也都干。"② 剑川的妇女成批外出打工，吃苦耐劳，从事赶马、做生意、负重等粗活，

---

① 金少萍：《宗教文化中的社会性别建构——白族女性与本主崇拜》，《中央民族大学学报》2008年第1期，第78—81页。

② [澳]费茨杰拉德：《五华楼：关于云南大理民家的研究》，刘晓峰、汪晖译，民族出版社2006年版，第36—37页。

随处可见她们的身影,因此有学者认为白族传统社会,性别分工和社会角色分工不明显,似乎就能证明女性的地位不低。而这恰恰忽略了"决定两性间的分工的原因,是同决定妇女社会地位的原因完全不同的"。① 家庭成为男性免费使用和支配女性劳动力的场所。日常生活中白族妇女是"管家婆",在衣服上常常挂着家里的钥匙。但在极有尊卑象征的饭桌排位上,根本没有家庭妇女的位置。白族社会中要求媳妇不能和公公对面吃饭,只能在厨房吃饭,只有给主桌添菜饭的权利。婚宴中男女不同席,待女客也不需"安席",各席自行相让。这种看似随意的安排与隆重的"安席"形成明显落差,无形中流露出男女有别、男尊女卑的价值观念。女子一般无继承权,所谓"嫁出去的女儿,泼出去的水"。只有无子有女时,可招上门女婿,才有继承权。② 这些规制都折射出白族女性家庭地位的低下。

历史上大理是文人辈出的"文献名邦",但白族社会似乎更重视对男性的学校教育,而不是全民族男女的学校教育。在白族社会,再穷的家庭也要把男孩送到学堂里上几年学,而只有极少数富裕家庭的女性有这种机会。20世纪初大理陆续办起了4所初等女子小学校,"女子能与男子同样就学,在当时实属革新创举,而一时即成立很多的女子学校,全省各地更属罕见"。③ 到20世纪30年代"大理县城约有70%的男孩和30%的女孩就读村办学校",④ 大多数白族女性接受的主要是家庭教育,就是学做家务。白族女孩干活的年龄有时比他们的兄长还早,自小受到的教育是要学会撑起一个家庭,要学会干所有的家务事和农活,否则将来就有可能嫁不出去,嫁出去后也要受婆婆小姑的气。受女权运动的促进,到清末民国初年,古城大理有近十名留日女生。在洱源县凤羽坝,到新中国成立前,只有一家姐妹读到高中,高小毕业的女子寥寥无几,90%以上的妇女都是文

---

① [法]恩格斯:《家庭、私有制和国家的起源》,《马克思恩格斯选集》第4卷,人民出版社1972年版,第44页。

② 杨宪典:《大理喜洲十六村的白族家庭和宗族调查》,载《白族社会历史调查》(三),民族出版社2009年版,第346页。

③ 罗纶:《大理解放前的学校教育简史》,载《大理州文史资料》1987年第4辑,第22页。

④ [澳]费茨杰拉德:《五华楼:关于云南大理民家的研究》,刘晓峰、汪晖译,民族出版社2006年版,第75页。

盲。是"女子无才便是德"的社会价值观的真实写照。

白族女人做了媳妇后，在不停劳作的同时，还要接受村落、家族家庭的评头论足。① 白族成立家庭后，通常不退婚或离婚。媳妇过了门，生为男方家的人，死为男方家的鬼。妇女均无权提出离婚的要求，俗话说："男人不给一张纸，女人只有等到死。"丈夫有权随时休妻、可以纳妾，也有寡妇"转房"的习俗。丈夫去世，妇女得守寡扶持子女，开门立户沿袭香火。这种家庭文化一直束缚着白族妇女的身心，在白族聚居区随处可见贞节牌坊，随时可听到节妇、烈女的故事。据清《鹤庆州志》记载，元明清以来当地"节妇"就有"烈女"40人，"孝女"14人，"贞女"24人。②

（三）性别差异明显

白族妇女从小受男尊女卑、三从四德规范的教育，婚庆中娘家人给即将出嫁的女儿装箱，即把准备好的衣服、鞋、包头等物品装进箱柜里。并由两位事先请好的年轻已婚妇女，把用红纸包好的白云石和糖块放在箱柜的四角，称"压胸已"（压箱底）。同时家长教导女儿到婆家要顺从，无论对待来自长辈、晚辈的指责都不能回嘴。有一首民歌唱出了娘家人给女儿白云石的寓意：锦鸡叫道"洪塔塔"，你的羽毛盖身上。娘家陪嫁"白云石"，摸它它不软。俗话说白云石变软，媳妇才有答话的权利，石头怎么可能变软？实际上就是说媳妇永远不能为自己辩解。

明人杨楠金《居家四箴》是白族伦理道德教育的代表作，它明确提出"夫以义为良，妇以顺为令，和乐祯祥来，乖戾祸殃至"。强调遵守敬长、事亲、从兄、尊贤等规范就是好丈夫，而妇女以服从、顺从为天职，这样就能阖家和乐，否则灾难就会降临。并且认为妇女没有发言权，如同母鸡不能啼叫一样天经地义。白族谚语就反映了"夫为妻纲"的思想，如"丈夫是头上的天，妻女是洗脚盆里的水"，"妻女是门背后的鼓，出去擂三响，进来擂三通"。说明白族传统婚俗认同家庭暴力，认为丈夫可以随便打骂妻子，丈夫打妻子如同"打泥打土"，妻子被打，既不能还手，也无处诉说，人家还夸丈夫"有汉子气概"。正如剑川白族民歌《青

---

① 王元辅：《白族女性人生的悲剧色彩》，《白族文化研究》（2005），2006年，第345—347页。

② 施立卓：《大理白族妇女古今谈》，《大理师专学报》1995年第2期，第87页。

姑娘》所描述的:"挑水几担要计数,讨火迟回骂连声。身子打成破竹杆,胆战又心惊。""做人媳妇受人管,天还不亮就起身。听见邻家公鸡叫,身上冷汗淋。豆豉罐上贴封条,吃点酱菜祸临身。饭甑子上记暗号,饿得头发昏。南阶打到北阶台,北阶挨打躲南坊。三天要挨九回打,如此受熬煎。"① 新娘被迎至男方家,拜堂后,饮合枕酒,吃"狗剩菜",也称团圆饭。吃"狗剩菜"的意思是要新娘像狗一样的顺从,不嫌家穷。"结蜡"是妇女再嫁再娶的代名词,白族社会称再嫁的妇女为"二婚猪头"②。语言作为民族形式的第一要素,它最为准确、生动形象地表达着民族情感、传递着丰富的民族历史文化信息。从这些民间俗称,也不难看出白族传统婚俗的性别歧视。

性别歧视最隐蔽、最具有欺骗性的形式就是神化和歌颂女性。其实质是通过神化"母性",颂扬女性无私奉献精神和顺从、忍辱负重的传统美德,使"母职"成为女性生存的唯一意义。③ 只有女性被限制在传统的生活方式之中,才能实现两性等级关系的永久化,以保证家庭婚姻的稳定和社会的有序。

第五节 大理白族传统婚俗文化的生态观念

生态观是人类自然观的组成部分,是对人与自然关系的客观规律的认识和基本观点。白族传统婚俗的生态观已经成为白族可持续发展的重要思想基础。白族传统婚俗通过婚仪的进行,实现自然与人之间的和谐、群体之内的和谐以及身与心的和谐。

一 人与自然和谐相处的生态观

白族的传统婚姻习俗体现了白族先民敬仰自然、尊重自然、顺应自然、道法自然的和谐生态理念。力图按照人类社会在生态系统中的适当地

---

① 李维斗、杜德威、董永存主编:《大理风俗》,云南美术出版社1994年版,第55—56页。

② 杨铠:《鹤庆白族婚俗调查》,《白族社会历史调查》(三),民族出版社2009年版,第341—342页。

③ 杨凤:《当代中国女性发展研究》,人民出版社2007年版,第112页。

位，按照生态系统的整体运动规律来认识和处理人与自然的关系。

（一）敬仰自然

人类社会早期对各种自然现象和过程所知有限，面对广漠而变幻的自然界，充满了无知与恐惧。这一时期，人是自然的奴隶，只能被动地依赖自然而生存，只能寄希望于自然的眷顾与恩赐，于是对自然万物顶礼膜拜，相信自然万物有灵。白族本主崇拜中自然物也是人们信奉的本主，并以拟人化的形式赋予自然万物以价值主体的地位。如白族村都"把本主庙会的大青树奉为'神树'，把花椒树奉为'花椒娘娘'，把木兰花奉为'龙女'等，风水树被视为神树，严禁砍伐，以求得人与自然的和谐、风调雨顺、人宅平安、生产发展"。[1] 这种"朴素生态伦理、生态哲学思想"，以宗教神灵的形式，深切体现了人对自然的敬仰之情，渗透在白族的现实生产和生活中，成为"民族地区保持相对良好的生态环境，进行环境教育的珍贵文化遗产"。[2]

传统白族婚姻观念认为，男女婚姻乃承天地阴阳之性配合而成。婚姻大事能否缔结，必须看双方五行八字的配合，力求五行相生，八字和谐。所以"合八字"在传统白族婚俗中是非常重要的仪式，是一种根据天干地支推命的方法，分析男女双方所行的各种运气节律有无严重的冲克等，由此推导出两人的婚姻生活吉凶，并对此提出合理化建议。它综合了传统成婚过程中的问名和纳吉，是白族"天作之合"的婚姻观的集中反映，表明白族对天意的敬仰与顺从。

（二）利用自然

白族人民在与自然接触过程中，逐渐了解了一些自然特性，对动植物某方面的超强自然力十分崇拜，就非常希望人具有类似的能力，避免灾祸不幸的发生。在这种意愿的驱使下，经过千百年的积淀，白族借助各种自然物，逐渐形成一套避邪文化。在白族婚庆中，就会采用各种物件辟邪。如利用植物、食物、动物、器具等避邪，常有火、石灰、松、鱼、花瓶、升斗与谷豆、墨镜和镜子、青刺枝、桃弓柳箭、篙香、篙子水、葛蒲、艾枝、彩帕、红线、松明子等，驱赶隐伏在屋内的各种凶神，借助自然物件

---

[1] 张金鹏：《白族文化与现代文明》，《云南民族大学学报》（哲学社会科学版）2009年第4期，第23页。

[2] 者丽艳：《云南少数民族传统文化中的生态伦理观》，《云南民族大学学报》2010年第1期，第55页。

的神秘力量来保佑人的平安。另外就是用图像避邪。针对"邪"的不同类型，所使用的避邪图像也有所不同。为了避免"魑魅"进入居住空间，白族民居建筑首先在大门运用门神、狮子、大象、蝙蝠、鹿马、龙凤、麒麟、篙香等图像避邪。墙体外围运用彩绘的各类避邪装饰图像和瓦当、泰山石敢当、偷鸡神、独角兽（瓦猫）、陶鸡等图像构成民居外部的驱避保护体系。屋内家具陈设上都有避邪图像，厨房内要贴奏善堂（灶君），二楼明间的祖坛上的图像也是如此。

在白族婚俗中，茶叶文化浸透在白族说媒到举行婚礼的过程中。男方请媒人到女方家提亲，茶是聘礼必备之物，有所谓"三茶六礼"之说。聘礼除了实用以外，还讲究其象征意义。茶一方面是生活的必需品之一，另一方面还由于茶的生物学特性，被人们赋予了文化内涵。如茶的繁殖以种子为主，移栽就难以成活，故在聘礼和婚礼中，茶的使用象征着新人对爱情的坚贞不移，尤其隐喻着妇女从一而终的道德观念；其次，茶籽多数，象征着多子多福；由于茶树是常绿植物，白族语中"茶"和"长"为谐音，白族聘礼中用"茶"的谐音含有婚姻亲事"长久"之意，用来象征婚姻美好、长久，家族繁盛。

诸如此类富有生动性、具体性的联想，彰显了白族对人与万物平等共生的生态价值观念，使白族始终保持着良好的精神生态。

（三）热爱自然

白族人爱花，不仅喜欢在庭院种花，而且是"杰出的业余花匠"[1]，给女孩取名喜欢用花名，男孩名字则与植物象征有关。新人结婚要戴红花，新娘要头上戴花、穿绣花鞋，服饰上绣花。还喜好在婚庆中，用松枝装点彩棚，用花装点喜轿、坐骑。这种贴近自然的装饰美心理已经成为白族的特点。

在悠久的历史发展长河中，白族创造了灿烂的口头文学体系，包括俗语、谚语、歇后语、故事、传说、歌谣等，融入了白族群众保护生态的思想观念，并以白族婚俗的形式，使人与自然和谐相处成为一种民众的生活习惯和内在要求。

在白族看来，在家中唱情歌是没有家教的表现，而大自然是抒情

---

[1] ［澳］费茨杰拉德：《五华楼：关于云南大理民家的研究》，刘晓峰、汪晖译，民族出版社2006年版，第46页。

的最好舞台。青年男女唱情歌都要到郊外田间地头、山上或者集会上，以弦子伴奏，边弹边唱。每年3月的剑川白族梨花会间，年轻人相邀成群到梨园里游玩，尽情地舞蹈、对歌，野梨花会活动贯穿于整个花期，有心人则往往借此机会倾诉爱慕之情。白族情歌既有淳朴的直抒胸臆的表达，又有借助意象、营造意境的温婉表达，不拘一格。如《月亮出来照山花》《蜜蜂见花嗡嗡叫》《鲜花还要绿叶配》《一心要采花》《好花不在朵数多》《蜜蜂要采花》《爱花不归家》《采花莫胆小》《为雀恋窝蝶恋花》《芍药对牡丹》《采花不怕悬崖陡》《牡丹花开柳发叶》《为花生来为花死》《兰星跟着北斗走》《劈不开的扭松树》《妹是桂花香千里》《蜂想花花想蜜》等。① 这些情歌歌名都让人感觉自然、清新。这种围绕大自然展开联想、含蓄表达情意的艺术方式，试探性地表达爱意的音乐情话，是生态艺术趣味的生动显现，歌声里不仅景美、人美，人的心情也美。无数良辰美景所营造的审美意境，不断激发白族青年的艺术潜能和美好情感，既抒发了白族人民热爱家乡、热爱自然的情怀，也刻画了白族人民追求自由、和谐、诗意的心境，成为生态艺术的典范。

（四）尊重自然

随着生产力的发展，人类逐渐摆脱了对自然的盲目崇拜。随着对自然规律认知的增加，白族强调人与自然的协调与适应，尊重自然。

儒家历来强调身体的义务性、道德性，对身体欲望问题始终持严格节制的态度。白族传统婚俗则有所保留。大理地区"绕三灵"、剑川石宝山歌会、洱源茈碧湖歌会等形式多样的民间盛会，都隐秘地为恋人们提供了相会、互诉衷肠的特定场合和时机，注重身体和精神的和谐。

如前所述，在白族民间传统的幸福观中，健康长寿之福是最受重视和推崇的，珍爱生命是白族自然生态观的本质内容。白族婚俗活动中的各种仪式细节，都体现了白族对长寿幸福的追求和对新生命的向往。如在选择新人的房间布置、喜被的缝订、媒人的人选方面，健康长寿是首先要考虑的标准尺度。目的是希望这种长寿健康福气能够降临到本家。白族满心欢喜地为婚事张罗，按照传统婚俗安排各种事宜，殷切期待着新生命的孕育

---

① 杨亮才、陶阳记录整理：《白族民歌集》，人民文学出版社1959年版，目录第5—7页。

和诞生。

白族宴请丰盛而不浪费，每桌荤菜就上一次，每盘荤菜都有定数，每盘里的肉每人能分一份，分完即止，不再添加。因此常用的都是大块肉片或坨，以便分拣。客人都用干净的菜叶子将荤菜打包带回去，餐桌上主要就吃素菜，素菜可继续添加。大理白族饮食素有"食不厌精，脍不厌细"的传统，不习惯"大碗酒、大碗肉"的吃法。这与云南其他民族开怀畅饮、不醉不归的饮食习惯有很大的区别，这种有节制的饮食习惯既反映了儒家的养生之道，也反映了白族饮食文化的精明。将荤菜打包的习俗，是白族人民节制人类需求以适应生态观念的具体表现，对白族地区有节制地饲养、屠宰家禽家畜，减少碳排放和生态保护起到了明显作用。勾勒出白族汲取儒家注重天人和谐、取舍有度的中庸之道，不违逆自然，实现主客互融的"天人合一"，"仁民"而"爱物"，对普天下生灵和万物都存在怜悯爱惜之心，取用有节，不暴殄天物，合于礼义，厚德载物的生态道德。

（五）顺应自然

婚姻缔结的目的在于建立新的家庭。家是人们心灵的避风港，作为家的实物形态，住所也需要避风。大理市下关镇是著名的风城，风向常年偏西。为避免大风进屋，白族院落往往坐西向东，大门布置在东北角上。西边的墙壁所开窗洞较小，而在东边是连排的门窗，大且多，可以全部打开。门窗基本是镂空的，这有利于采光，使房屋内日照充足而暖和。照壁一般对正房，每当下午至傍晚阳光照耀在这一墙壁上再反光到院内、屋内，把整个院落、正房照得明亮，故称"照壁"。白族民居按东西轴线布局房屋，与大理一代的地理状况极为协调。《蛮书》卷八："凡人家所居，皆依傍山，上栋下宇，悉与汉同。"民居布局含有背靠点苍福山、面临玉洱寿海之意，也是白族风水观的写照。

大理坝子的白族传统民居，几乎都是土木结构的单家独院。建筑的材料也是就地取材，利用当地盛产的山石。白族人民用一块块不同形状、不规则的石头砌成结实的高墙，形成了"大理有一宝，石头砌墙不会倒"的奇特景致，显示了白族人民高超的建筑技术。院落的地面，有用青石板铺砌成的，有用碎石铺成的，有用石灰、砂子等夯实的。每家院落里都会种植一些果木，既可观赏、纳凉，还可有所收益。按照白族"树大分枝，人大分家"的习俗，儿女一旦成家，原有的家庭就该分家了，既有的庭院通常留给父母和尚未成家的弟妹,兄长则迁出另行建盖规模相似的新宅院。①

白族房屋建筑在形式和艺术方面都受到汉族建筑的影响,与我国传统的汉族民居建筑有着一脉相通之处。李京《云南志略》记载,白人"居屋多为回檐,如殿制"。张家颖的康熙《楚雄府志》卷一也描述"居室器用与汉人同"。主房下层有宽敞的前廊,前廊上平时置有矮桌和小凳,供主人与客人品茶、下棋、做女红使用。白族的"四合五天井",大小共有五个庭院天井。它规模较大,由四坊房屋围合而成,无照壁,但和北京四合院相比又有不同之处:除当中有一个正方形的大院子外,四坊交角处各有一个小院,亦称"漏角"。这种庭院天井是由房屋和墙壁围合而成的空间,是民居中各部分使用功能延伸和不可缺少的补充。居住在院落式的民房之中,不但享受着围墙内空间自主的满足,而且也能时时感受清新的空气和阳光雨露,欣赏着庭院山石树木的艺术,感受人与天地自然的亲近与融合。

白族传统民居在坐向、空间布局、建造技术、建筑装饰等方面,透露出白族生态因子的朴素运用,顺应自然、天人合一的传统哲学生态观念,契合了现代建筑生态的理念,是白族顺应自然、利用自然的能力和水平的生动写照。

(六)道法自然

根据生命的发展规律进行活动,达到培养生机、健康精神、增进智慧、延长寿命的目的,从而将疾病消灭在萌芽阶段,达到中医所说上医"治未病"的境界,就是养生。中医养生内容丰富,核心是协调人与自然的关系,强调人要顺应自然环境、四时气候的变化,主动调整自我,保持与自然界的平衡。

白族订婚结婚都要专门挑选"黄道吉日",这样的活动隐含着白族视自然与人为一、和谐整体的世界观。俗话说:"女子伤春、男子悲秋。"看到秋季树叶枯萎,常常会让人内心惆怅。为了避免这种沮丧的心情影响男性阳刚之气的生发,白族传统订婚大都选择秋季,希望借助定亲的喜悦调动阳气。订婚后男人就要做各种准备,迎接新的生活。心里踏实且有成就感,可以冲淡秋天带来的惆怅和悲戚感。而且秋收时节物产丰富,订婚

---

① 李维斗、杜德威、董永存主编:《大理风俗》,云南美术出版社1994年版,第194—196页。

送礼的物件多少也是男人身强力壮、男方家实力的证明。秋收后一旦订婚成功，进入冬季正是农闲，双方家庭都有充分的时间采买、筹备婚事。婚礼一般选择在春节之前举行。等到春天来临、万物生发复苏之际，恰恰是女子最易感伤之时。正所谓年年春天花相似，岁岁年年人不同，女子青春短暂，所以每看到各种花卉竞相绽放，就会联想自己，不知花落谁家，内心感到空虚。新婚之后怀孕的踏实感，正好可以解除女子的伤春之情。

环境保护心理学认为人的心理状态、思维活动及行为等，与自然环境和社会环境有着密切的关系。环境会影响人的情感、思想、心态、愿望等心理状态。大理白族人民生活在依山傍水、环境优美的苍洱地区，自古以来重视与大自然的和谐相处，对自然的保护与热爱的情怀，在白族传统婚俗文化中得到自然展露，对生活其中的人有陶冶情操、建构人格、促进社会和谐的美育功能。

二 礼仪规范与社会秩序的互动

从家庭层面来看，婚姻礼仪的举行是为了使新成立的家庭确立起在社会中的合法性。无论对于举办婚礼的家庭还是对于参与婚仪的个人，婚姻礼仪都具有组建社会网络的作用。从社会层面来看，婚姻礼仪作为一种民俗文化，具有传承社会文化、强化社会秩序的功能。

（一）藏礼于器的饮食文化

人类的饮食活动，包括就餐规则、就餐过程中使用的器具及食材。饮食和用餐习惯既满足人维持自身基本生命活动的生物性需求，又担负着协调人际关系、维护长幼尊卑伦理秩序，以及沟通交流、处理邻里纠纷、村社关系等功能。

婚宴中的就餐规则充分彰显了礼仪规范。白族婚宴有专人负责安席。席口正中一桌为首席，其左一桌为二席，其右一桌为三席、四席、五席，以此类推。安席，就是请某某、某某，坐到上八位椅子上。做法是，迎宾拿着事先排好的名单宣读："首席请×老、×老"，这时，新郎父亲和叔父一人（或新郎）身穿礼服到他们面前揖请他们入座，二席、三席……照样进行，请上座的必须是双方至亲中的长者和村里年高德重的人。安席后，迎宾大声宣布："桌席不恭，各位请入席"，大家便自由入座。[①] 入席

---

① 李文笔、黄金鼎：《千年白族村——诺邓》，云南民族出版社2004年版，第209页。

顺序,也必须是长者先就座,其他人才能就座,以示尊重。就餐的座次也是长辈坐首位,晚辈依次坐在两旁或对面,随时为长辈添饭加汤,目的在于"明贵贱,辨等列"①。从生活细节入手,让民众学礼、明礼,个体在这个过程中实现对自身角色、关系与社会地位的认知,并逐渐形成遵守社会等级制度、礼仪规范的习惯,然后"由习惯而成为自然,最终自觉自愿地去遵守和维护社会等级制度和礼仪规范,以达到保证社会稳定和统治长久之目的"。进而使饮食"这一维持生命存在的基本活动成为一种有意味的形式,一场文化改造与传承的盛宴"。传统文化的等级与和谐伦理,通过润物细无声的教化方式,"在这场盛宴中得到了最为充分的诠释和彰显"。②

(二)人与社会和谐的茶文化

夫妻和睦、家庭和谐是社会和谐的基础。关注原本几乎完全陌生的新婚夫妻如何磨合与相处,成为婚姻缔结的重要内容。"三道茶"白族语为"绍道兆",最早起源于长辈对晚辈的一种嘱托,通常在子女婚娶时使用。所谓"三道茶"指饮茶时按顺序先后上的三杯茶:第一杯(道)为"苦茶",它是由主人用陶罐烘烤茶叶到黄而不焦时冲入滚烫开水制成的。由于茶浓味较苦,所以这道茶只有小半杯,不以冲喝为目的,以小口品饮,在舌尖上回味茶的苦凉清香为趣,此道茶其味酣苦,具有生津止渴、醒脑提神的功效。第二杯(道)为"甜茶",是把原陶罐烤茶重新冲水,再加入乳扇、核桃仁、芝麻和红糖等配料冲泡而成。第三杯,即第三道为"回味茶",是用蜂蜜加少许花椒、姜、桂皮,冲入半杯沸水而成,此道茶甜中带有麻辣味,喝后回味无穷。当子女婚娶时,父母长辈端上自己亲手制作的"三道茶"给新人喝,这既代表了长辈对新人的美好祝愿,也是通过物语表达:生活就像喝"三道茶"一样,要先苦才能后甜。婚姻是需要辛苦经营,才能幸福甜蜜。

新娘进入夫家,给客人敬茶以认识新的群体。在建立这种关系的社会交际过程中,相互之间的称呼语就起着微妙独特的润滑剂作用,称呼语的运用不仅能看出人们彼此关系的深浅远近,而且能体现出一个人谙熟人际

---

① 《礼记·乡饮酒义》。

② 付小平:《藏礼于器——中国餐具的礼仪教化功能研究》,《西南民族大学学报》(人文社会科学版)2009年第9期,第229—230页。

交往规则的程度。在白族婚礼上的认亲环节，长辈向新娘介绍亲戚朋友、到邻居家拜访，熟悉称谓是新娘进入夫家社交圈的必修课，称呼不得体就会失礼，就会影响新娘的形象和今后的交往。在认亲这个过程中，新娘一面熟悉称谓、一面敬茶，以茶敬人，既缓解了陌生带来的紧张与尴尬，又学习了社交礼仪。在此，茶作为社交礼仪的重要文化载体，在寒暄中成为消除陌生障碍的重要媒介，迅速拉近彼此的距离，以对他人的尊重来赢得众人的认可。

白族婚俗是物质文化与精神文化、政治文化与经济文化、生态文化与人伦道德、观念文化与仪式文化的混合体，这种多层次、多类型的特点使其功能多样，满足民族发展不断增长的各种需求而日益完善。

第三章

大理白族传统婚俗文化的现代变迁

民族的发展受变迁法则支配，它是一个不间断的动态过程。同时民族的发展总是处在一定的时点上，相对于一定的参照系，在横向上呈现量的扩展，体现民族经济、政治、文化、社会、人口等方面的全面发展。① 为了较为客观地反映和探究现代大理白族婚俗文化的变迁，本书以新中国成立前大理白族结婚人群作为传统样本，以十年为一个时期进行统计，重点与改革开放后结婚人群进行比较。调查主要在大理州范围发放问卷 640 份，问卷调查分布的具体情况：一是在大理州范围内，洱源 100 份、祥云 60 份、剑川 60 份、鹤庆 60 份、云龙 60 份；二是在大理市对来自大理州范围的农村白族的抽样，主要是通过在大理市六家中小企业、超市发放问卷 100 份；三是在大理市郊区农村，主要在大理市经济开发区满江办事处发放问卷 150 份、大理镇龙康村公所发放问卷 50 份。重点在大理市经济开发区满江村委会下庄村进行入户深度访谈，掌握第一手材料，为本书的写作、思考提供实证资料。调查采用半封闭式，有单项选择和多项选择。问卷调查时间从 2008 年 8 月至 2010 年 4 月，最后收回 604 份，回收率为 94.4%。有效问卷为 572 份，样本的有效率为 94.7%。所获数据资料，使用 Microsoft Office Excel 软件进行分析。

本次问卷调查的对象基本情况是：白族占调查总数的 93.7%，其他民族占 6.3%。调查对象涉及 20 世纪 50 年代至 2010 年结婚、大理州范围内的白族群众，以改革开放后结婚的人群为调查的重点，占调查对象的 60.32%（详情见附录表 3.1），其中男性 308 名，占总数的 53.85%；女性 264 名，占总数的 46.15%。从调查对象的文化程度来看，小学及以下文化程度的占调查总数的 23.07%，具有初中和高中文化程度的占调查总

---

① 谭明华：《试论民族的发展及其度量》，《民族研究》1992 年第 5 期，第 4 页。

数的 66.26%，大专及以上的占 10.62%（见附录表 3.2）。

1950 年新中国将男女平等、恋爱自由、婚姻自主写进了《婚姻法》，为大理白族追求理想的婚姻生活提供了法律依据。十一届三中全会开启了改革开放的航船，为大理白族提升婚姻生活质量奠定了现实基础，也使白族婚俗文化发生了变迁。为了便于分析这种变迁，本书主要着力于纵向比较，从白族传统婚俗观念变迁、传统婚俗程序或制度变迁、传统婚俗礼仪变迁、传统婚俗功能变迁等四个方面，考察大理白族传统婚俗文化变迁的深度和广度。

第一节 大理白族传统婚俗观念文化的转化

观念乃看法、思想，是人们思维活动的结果。[①] 白族在恋爱婚姻观念方面的变迁是恋爱婚姻作为客观事物变迁，经过人们思考的结果和反映。本书从白族传统婚俗观念的继承、弱化、新价值观确立三个层面，对现代化进程中大理白族传统婚俗观念的变迁进行考察

一 传统婚姻价值观的影响

婚姻价值观具有一般文化的相对独立性、稳定性特点。作为深层次的文化，并不会随时代变迁迅速变化，而会在一定程度上延续、传承，逐渐发生改变。

（一）传统价值观的延续

传统社会以家为出发点来维系人与人、人与群体关系，时至今日，白族家庭生活的自然亲情仍然受推崇。调查中访谈者大多数都将家庭和睦作为评价幸福的标准，传统的家庭和谐观念是幸福感最直接的来源。虽然大理州也同全国一样，经历了现代家庭模式的嬗变，但千百年来白族对家的依恋与亲和要求、对人的归宿感的追求依然浓烈，心理需要的满足对幸福感产生极为显著的作用。传统的幸福观，依托传统白族婚俗仪式的进行，仍然是白族人的主流价值观。从传统的安床、订喜被等仪式的保留，到本

---

① 辞海编辑委员会编纂：《辞海》（1999 年缩印本），上海辞书出版社 2000 年版，第 606 页。

主庙求子或婚礼仪式中祝福新婚夫妻多子多孙的吟唱多项内容，可以看出传统的长寿多子的幸福观和对生命的渴望；从白族新婚夫妇早起清扫庭院、挑水做饭的习惯依旧，说明勤劳致富的价值引导没有改变；祈福驱邪的传统仪式照常进行，表明白族传统的"平安是福"的观念仍然延伸。茶依然是聘礼的重要物件，依然是人际交往的媒介，追求人际和谐、婚姻和谐传统观念仍然是主流。新娘梳头仪式、认亲、婚宴打包等充分体现白族和谐发展智慧的习俗仍然沿袭。

白族多数婚礼仍然在乡村院落举办，靠亲朋互助完成，浓浓的人情味还是白族乡村婚礼的特点。白族婚嫁过程始终接受家族和亲戚的帮助（出工、出钱），也要在适当时候帮助别人，这种乡村社会互助的典型形态依旧。白族婚俗重社会关系建构的传统依旧。大理白族举办婚事是一次人缘、社会关系的总结。办事时要借桌椅、请师傅，主人家人缘好大家都会鼎力相助。经常进行人情来往走动是保持社会脸面、维持社会生存的基本。这种"熟人社会"里通过血缘、姻缘、地缘、业缘等构建稳固的关系网，不断通过婚事的操办、宴请得到巩固，在礼物交换中形成了人际交往的互惠循环圈。张锡禄讲："白族婚礼请客往往是有请必到。如果不爱去做客，以后全村人都知道，他家有红白喜事就没人去了。民家俗话说'只要人情在，顶着锅去卖'，宁可穷得卖锅，也要有人情。老百姓常说'天天请客不穷，日日做贼不富'。"①

白族办婚事的超前消费依然明显。白族平时省吃俭用，但婚嫁基本都要大操大办。无论是彩礼、嫁妆、宴席规模，还是迎亲工具、新房布置，都要紧跟时尚。如照彩色婚纱照，20 世纪 90 年代一套婚纱照 500—1000 元，2000 年以后一套婚纱照要 2000—8000 元。与同时期大理州城乡人民收入相比，90 年代中期农民人均纯收入为 500 元，2004 年农民人均纯收入 2091 元（见附录表 4.2），基本是农民一年的人均纯收入。操办婚事的超前消费也依然明显。如 20 世纪 50 年代在白族结婚当事人现金年收入仅 50—500 元时，筹办婚事各项现金开支约为 200—2000 元，相当于结婚当事人 4 年现金收入的总和。20 世纪 60 年代移风易俗不请客，后期人民生活水平低，结婚也勤俭办理，结婚当事人现金年收入基本在 300—500 元，筹办婚事各项现金开支一般为 100—5000

---

① 张锡禄口述，作者笔录整理。

元。70年代结婚当事人现金年收入基本为10—100元，筹办婚事各项现金开支一般为1600—5000元。80年代结婚当事人现金年收入为300—3000元，筹办婚事各项现金开支一般为1000—10000元。90年代结婚当事人现金年收入为500—4000元，筹办婚事各项现金开支一般为1500—20000元。2000年后结婚当事人现金年收入为500—10000元时，筹办婚事各项现金开支一般为7200—85860元（见附录表3.10、表3.13）。

传统对人们接受新观念会产生一定的过滤作用，这种作用因受众的社会阅历、文化程度而呈现差异性。对婚姻习俗的遵从程度，也是婚姻相关主体之间相互"博弈"的结果。尽管法律将领结婚证视为合法婚姻，而民间仍持双重标准；虽然在结婚当事人新婚服饰和对象的选择上，年轻人有了更多的选择和发言权，但即便提亲也要临时找个媒人，说明传统心理仍然在影响当代白族的谈婚论嫁，选择佳期要看八字等习惯仍然保留，订婚、要彩礼、办嫁妆、讲究婚期红火排场、大摆宴席、收贺回礼等习俗仍普遍存在。

（二）择偶标准的扩展

年轻人的喜好，往往最能直接反映时代的价值取向。因此择偶作为婚姻建立过程中的一个重要环节，它是缔结婚姻、建立家庭的前提，直接反映婚姻价值取向。择偶标准是择偶的条件和依据，是个体婚姻动机的具体体现，通过考察民族评价标准：认为什么样的人值得追求和相处、可以相处，它既能反映传统观念——对家族血缘延续、生产能力的重视，也能体现婚姻当事人的审美观、价值观，表露文化传统的影响程度，刻画出所属民族文化心理的变化。

据调查，在择偶标准方面，白族始终都很重视个人的人品条件、健康状况和文化学识。如附录表3.3所示，在20世纪50年代以前传统的"门当户对"择偶标准中，重视人品（父母和本人）、关注身体健康状况比较明显。在新中国成立前，白族青年无婚姻权，一切听从父母之命、媒妁之言，缔结婚姻要讲究门当户对。在择偶标准方面，白族始终都很重视个人的健康状况和人品条件，不能有遗传性疾病。

新中国成立到20世纪70年代以前，在生活水平大体相当的情况下，总体上多数人选择政治上有追求、生产上有体力有能力、生活中会体贴的人，仍是以满足婚姻家庭两种生产的需要为主。民间认为找对象是"施肥不如选种",身体健康是底线,强调男人健康是干农活、繁衍后代的基础条件,女子身体好才能支撑生养后代的责任,在农耕社会以种的繁衍为目的的婚姻价值观十分明显。传统有上进心、有文化的择偶标准,在新中国成立后具体化为政治面貌和职业选择,而对个人的相貌关注度不高。如在凤羽,女方选男,要求忠厚老实、勤耕苦作,认为"手捏锄头把,犯法也不大"。有的要选能读书的,以后可以当干部。有的老人说:"找个敲钟吃饭、盖章拿钱的人,生活安定,地位清高。"有的想嫁驾驶员,图来往搭车方便;有的要嫁解放军,做光荣军属;有的想嫁工人,认为工人没有农民苦;有的想嫁地方干部,公余可耕地,公私兼顾。女方选男,也是各有所取。[①] 由此不难看出,大理白族传统的择偶标准,占首位的是"身体健康";其次是人品,包括对方父母和对方本身。男方要求"贤妻良母",女方则要找"党团员"、"军人英雄";再次是家庭背景,在当时的政治环境下,主要是看家庭出身;然后考虑的依次是对象的性格、相貌、年龄等因素。这表明白族传统婚俗文化对当事人思想素质的影响较大,在择偶标准上白族具有一些共同的观念和准则。

改革开放以后,在农村主要还是以手工劳动挣饭吃,身体条件作为考察的基础性条件未改变,明显的变迁是重视综合考察个人各方面的条件。考虑对方的经济条件、学历者的比重呈上升趋势,而政治意识明显淡化。找对象首选的仍是身体健康——满足生存需要,其次是人品——满足安全需要,然后是性格——满足沟通需要,之后依次是年龄和相貌——满足审美需求的因素。而90年代随着农民工进城打工增多,身体健康的重要性逐渐弱于性格、人品。多数人选择有上进心、有能力、生活中会体贴的人,无论男女,很多人认为"只要人好就行",重视对方家庭背景和条件分量也有所增加。也有少数人追求金钱,见异思迁。

改革开放后总体上选择标准更趋全面,更注重情感和实际。这表明以体力劳动为主的农业生产,在大理白族地区的比重逐渐下降,白族地区经济水平提高,基本生存不成问题,所以更高更多的需求在择偶标准中显现。同时也是当事人对结婚意义的认识有一定变化,结婚不仅是生存、繁衍、生理的需要,安全的需要,更是情感交流的需要——归属与爱的需要,总体向个体幸福需求转变。毕竟任何一桩婚姻的达成都有某种交换的

---

① 云南省编辑组编:《云南民族民俗和宗教调查》,云南民族出版社1985年版,第30页。

存在，包括情感、生理、经济、政治、文化等各种交换。总体以传统择偶标准为基础，并逐渐向多方面需求延伸。这种认识的进步是社会进步、白族主体意识增强的表现。

二 传统价值观的弱化

白族传统婚姻价值观的弱化，主要通过婚姻当事人对本主的信奉程度、对神性的认同度得以诠释。

（一）信仰多样化

民族信仰总是受一定社会的历史传统文化影响。白族历史文化传统体现了民族成员对待世界的特定的生活方式和独特的认识视角，是民族成员在长期的生活实践中经验教训的积淀，源自内心自发的需要，是社会中民众的真实要求。随着社会变迁的加快，社会信仰从原有的相对单一向多样方向转变，信仰的分层化现象比较明显。同一地区、同一群体的人们也因发展的不同而过着不同层次的精神生活。[1] 伴随这种社会差异性的出现，在所调查的不同年龄组之间价值观有差异，在同一阶层的同一代人中间也有差异，说明价值观不仅是变动的，而且出现了多样化趋势。据调查，改革开放后的结婚当事人都接受过历史唯物主义教育，在对本主的跪拜过程中，不再像先辈那样虔诚，对宗教仪式的敬畏感有所降低。一般仅局限在特定婚嫁场合跪拜，节庆祭拜的主要是40岁以上的人，年轻人尤其是男性虽然认同本主，但很少跪拜，主要是觉得不好意思，怕被人认为迷信。

在白族地区信教的群体性、年龄差异性比较明显。一般来看，中老年人中男性多参加道教的洞经会、女性多参加莲池会，还有一些不完全归属宗教的，如家族信仰、图腾崇拜、白族的本主崇拜等。这些信仰已经深深融化在民族地区民众的生产生活中，时刻影响人们的行为和价值选择。随着社会对民间社会信仰的宽容与弘扬，民间信仰的影响力有所扩大，有助于增进社会凝聚力。

在白族日常生活中，本主崇拜的传统依然保留，形成了白族善恶美丑的心理定式和良好的道德规范。白族常借本主之名教育后人积极向上。这些不成文的教义在本主崇拜的传承中，又融进了时代的道德观、

---

[1] 王伟光主编：《中国社会价值观变迁30年（1978—2008）》，中国社会科学出版社2008年版，第35—36页。

价值观，成为"村规民约"，为人们所遵守。① 白族的本主庙大多建在村中，凡是民家生儿育女、婚丧嫁娶、起房建屋、升官发财、出门远游、灾祸疾病等，都要到本主庙中磕头献祭，祈求本主神保佑，带有很强的功利色彩。

（二）神性影响弱化

1. "合八字"的影响度

在白族传统婚俗中，"合八字"是缔结婚约的重要一环，直接关系到双方缔结婚约意愿的达成。考察对"合八字"行为的遵从度，可以分析出传统婚俗在现实生活中的实际影响程度，以此进一步了解婚姻当事人是否具有明确的婚姻自主意识，是相信或借助"天命"来保佑和实现婚姻幸福，② 还是认为自己能掌握婚姻的心理。在回答"找对象请人看过八字吗"时，20世纪80年代以前"合八字"的人占一半以上，而没有"合八字"的占20%—45.45%。改革开放后发生明显变迁，"合八字"的人下降为36%—48%，而没有"合八字"的人上升为一半以上（详情见表3.6，个案4）。

那么，"如果八字不合，是否会对结婚当事人最终选择对象产生影响呢"？在1980年以前结婚者回答"未考虑过"为0，笔者分析，当时父母包办占相当比重，如果八字不合就不会有婚约。"影响不大，但会考虑"与"影响大，会重新选择"的比重在20世纪50年代大体相当。随着时间的推移，回答"影响大，会重新选择"的比重逐渐减小，从50年代的30%下降为2000年以来的4.65%，下降幅度较大。改革开放后，"未考虑过"的人群呈上升趋势。这表明立足于自身感情、价值认同选择对象而非相信"天意"被动的人群明显增加。同时，由"合八字"习俗对当事人的影响可以看出，虽然"合八字"的影响呈逐渐递减趋势，但"影响不大，但会考虑"的比重仍占调查人群的51%，说明白族中仍有相当比重的人对"合八字"持肯定的态度，这表明"合八字"的传统婚俗对白族择偶心理仍有一定影响，相信"缘分"和"天意"之间联系的人还有相当比重（详情见表3.7）。

总体而言，今天"合八字"习俗虽然存在，但它不再是白族传统的

---

① 金聪：《从白族民俗文化看民族凝聚力》，《今日民族》1995年第10期，第46页。
② 鲍宗豪：《婚俗与中国传统文化》，广西师范大学出版社2006年版，第202页。

父母包办婚姻条件下必经的程序，而仅为成婚能否顺利进行的辅助条件，这一习俗已经发生了巨大的变迁。

2. 传统择期的影响

作为一个民族、地区的嫁娶习俗，选择什么季节、吉日婚嫁，反映了该民族的社会心理。[①] 在大理白族地区，结婚日期的选择是比较讲究的，民家认为结婚这一天选好了，以后会事事顺利、家庭美满、人丁兴旺。男女双方选择的吉日多在农历十月至第二年春节前后这段时间，一方面是因为时处农闲，大家有时间参加婚礼；另外从经济方面考虑，这段时间正好是秋收之后不久，家中经济条件比较宽裕，有能力操办婚事。同时，民家一般选双月双日，且嫁娶月份一定不能犯男女双方的属相忌讳，一般忌讳7—8月。通过调查对比选择良辰吉日的依据，改革开放前主要就是看双月双日和看八字。而改革开放后随着白族的非农化比重增加，空闲时间不一致，因此选择"有空闲、方便和节庆"的比重增加，但看双月双日和看八字的习俗仍然是主要的。因为结婚选日子求吉利、喜庆的心理是主要的，人们都想找一个有意义或喜庆热闹的日子举行婚礼，所以"看八字"这种传统"佳期"、"吉日"的选择办法仍然是满足人们这种心理需求的重要依据，因而看八字的比重，到2000年后结婚人群中仍占40%（见附录表3.8）。

白族择期依据有所变迁但变迁不大，究其原因，同结婚选日子的决定权有很大关系。如附录表3.9所示，在择期问题上父母一直都有较大的决定权。因为在婚事的操办上，大多数白族家庭是父母承担较多费用甚至全部费用。结婚当事人因年轻，收入和积蓄都不多，往往需要父母支持，以减轻结婚开支对婚后生活的压力，这从表3.10和表3.18的对比中也可看出，结婚开支对婚后生活没有影响的人，大部分是父母资助、家庭条件较宽裕。如改革开放前50年代结婚当事人的年收入不到100元，而仅办婚事的开支就约有500元。这一点在"你结婚选日子主要是由谁做决定"的选项中，也可得到进一步的认证。虽然《婚姻法》已经于1950年颁布实行，但在20世纪50年代的大理白族地区，传统习惯不可能一下子就改变，50年代婚姻仍然不自由，基本是父母做主，父母请算命先生决定吉日的占54%的绝对优势。从60年代开始父母与子女协商、自己决定的比

[①] 鲍宗豪：《婚俗与中国传统文化》，广西师范大学出版社2006年版，第219页。

重逐渐加大，约占总数的71%，而父母请算命先生决定的比重下降为约28%。70年代父母决定和父母请算命先生决定的接近52%，父母与子女协商的比重约为17.95%，子女自己决定的接近30%。改革开放后80年代由父母决定和父母请算命先生决定的比重仍占53%，父母与子女协商的比重上升为37.5%，子女自己决定的下降为9.09%，但父母与子女协商和子女自己决定的比重之和，与70年代基本持平。而到90年代，父母决定和父母请算命先生决定的比重首次降到约37%，子女自己决定和父母与子女协商的比例也达到历史新高的64.28%。2000年后父母决定和父母请算命先生决定的比重约为45%，子女自己决定和父母与子女协商的比例也达到55%。这说明在"请期"上，婚姻当事人自主的话语权随着社会进步也在增长，同时尊重父母的建议仍然是重要的因素。对"黄道吉日"习俗的遵从，很大程度上是从自身利益来考虑的。由此不难看出，传统婚俗通过家长在各种细节问题上的影响仍在延续。

(三) 传统道德观趋弱

白族青年恋爱仍秉持不在长辈面前、公共场所过于亲热的习俗，同时婚姻忠诚度、贞洁观有所松动，对孝的看法也有所改变。

1. 婚姻道德观

白族从原来普遍容许婚前和婚外性关系，到逐渐只容许婚前性关系，近代发展到仅较偏僻山区还保留一定程度的性自由（如剑川西山、大理西罗坪山一带的"采百花"风俗[①]），以及特定节庆容许婚前和婚外性关系（如"绕三灵"）。它既反映了道德的民族性特点，也表明性道德作为白族生活方式中用以处理两性关系的基本观念和准则，是白族"物质资料生产发展的水平和人口生产的实际需要。同时随着科学和文明的提高，而提出相对一致的性道德准则"。[②]

随着《婚姻法》在白族地区的广泛宣传、贯彻，一夫一妻制、男女平等的思想深入民心，特定节庆的性自由也逐渐不再被白族民间所推崇。崇尚贞洁、相互尊重和忠诚，成为民众普遍认同的婚姻价值观。如凤羽男方选女，首先要求贞操。多数人都反对在恋爱中的越轨行为，要求严格区

---

① 吴瑛：《大理西罗坪山白族传统婚姻与家庭的文化生态阐释》，《云南社会科学》2012年第1期。

② 高力：《民族伦理学引论》，新疆人民出版社1998年版，第140页。

分恋爱与结婚的差别，认为恋爱的朋友绝不等于夫妻。"在凤羽，对不守贞的姑娘，称为'半边姑娘'、'残次品'不是原装货，只能削价处理。对那些一时感情冲动，失于检点，以致被始乱终弃的人，为人所不齿。"[①]

改革开放后，尤其是20世纪90年代以来，受西方文化的浸染和社会控制的放开，社会包容度不断扩大，婚前性关系也逐渐被当作个人的隐私，社会舆论压力减弱。恋爱期间保持亲密的性关系已经不再是个别情况，贞洁观念开始逐渐淡化。在调查中认为"两性结合是结婚的确认形式"的观点出现在改革开放以来结婚的人群中，虽然不到总数的12%，但说明"性自由"观念也对白族地区人们的思想观念产生了一定的影响（见附录表3.11）。

婚姻不仅具有生命延续、性满足的合法性，同时也意味着夫妻双方相互的责任和义务，是对伴侣的道德承诺与规制。白族传统以贞洁为荣、以忠诚为美的婚姻道德观仍是白族社会的主流，也有部分人受个人主义、享乐主义思想影响，将爱情神话，片面强调个人的喜好和情感的满足，忽视对婚姻的责任与子女教育、抚养的义务；似乎只要给予家人经济上的资助就是尽责，忽略了对婚姻、家庭、子女的情感投入和经营。有的人以"婚外恋"、"一夜情"来体现自身魅力并以此为荣，暴露了婚姻价值观的模糊与荣辱观的颠倒。如果这种风气像病毒一样蔓延，就会败坏党风、民风，任其发展就会腐蚀人的心智，造成民族道德沦丧。

2. 孝道

在传统社会中，婚姻和家庭的伦理道德是在以孝道为主的家庭伦理观念下发展而来的，婚姻的缔结对子孙不绝、香火永旺的需要高于个人的情感需要。新中国成立后，婚姻文化鼓励、支持、赞许和期望有情人结成眷属，为两性和谐的婚姻质量提高奠定了社会基础。虽然白族婚姻构成的家庭仍旧履行着生养后代的人类延续之任务，蕴含多子多福的传统仪式仍然进行，但传宗接代已经不再是缔结婚姻的唯一目的。因此，对孝的理解也不再局限于传宗接代。传统的孝道意识随着现代社会的婚姻、家庭结构、功能变迁逐渐改变。从结婚当事人对象选择和择期的决定问题上，"合八字"的影响度在很大程度上也是尊重和听从父母意愿、感恩父母的表现。尽管自由恋爱是主流，但父母考察的意见仍然重要。父母考察儿媳妇主要

[①] 云南省编辑组编：《云南民族民俗和宗教调查》，云南民族出版社1985年版，第29页。

看操持家务的能力，如做饭时男方父母就会看似随意地请女子帮助舂花椒。如果花椒舂撒了，就认为这个人泼泼洒洒搞不成；如果舂得慢，就认为女子做事不麻利、手脚不灵活。要有节奏而不泼洒的女子才是能干的人。考察姑爷主要看男子的体能，主要看劈柴劈得好不好。随着炊具的电器化程度提高，考察的形式也逐渐多元化。

访谈中，结婚当事人都表示让老人过得开心就是孝。在婚俗活动中，即便有的年轻人不理解仪式的内涵与象征，不喜欢仪式的安排，但出于尊重老人或祈求喜庆和幸福的愿望，也被动地听从、服从传统白族婚俗的礼仪和安排。在这个过程中潜移默化地表达、建构传统的感恩思想和孝文化，促使当事人不断反省自己的孝行。

白族婚俗中依然保留着跪拜礼。跪拜礼通过跪拜者与受拜者体位的高低，将"礼"的要义——自卑而敬人、敬天的"敬"之心具体、形象地呈现出来。跪拜者必须放下自己的骄傲，才能真正体会敬重的精神状态。通过一次次的祭拜祖先仪式，这种量的不断积累、变化，使孝道内化生成。而在受访的结婚当事人中，一半以上的结婚当事人都对传统婚仪的程序表示习惯，但也感觉太累。2000年后结婚的当事人，认为仪式过于烦琐的增至15%，不习惯、感到难以忍受者达8%。这在一定程度上表明传统的祭拜仪式对当事人产生孝敬的教化影响逐渐减弱。

三 新价值观的确立

社会主义制度以实现人的全面发展、人民幸福为目标，建构社会主义新的价值理念。与人民幸福密切相连的新的婚姻价值观也逐渐确立，在此过程中，新旧观念的博弈相伴而生。

（一）婚姻自主意识

意识是人们对自身、对外界的环境以及自己与外界关系认识的统称。意识使人们的活动得以持续，并使自己的行为朝向这一目标。同时不断将活动中反馈的信息与活动目标比较，以保持或调整自己的行为，从而达到预期的目标。

考察当事人对婚姻的自主意识，以及家人是否尊重当事人的合法权利，主要看配偶选择的方式是自由恋爱还是父母包办。自由恋爱是指在没有他人的支配和控制下，婚姻当事人依据自己的意愿选择配偶；而父母包办则是当事人对于配偶的选择出让选择权,听从父母的安排。新中国成立以后,父母包办婚姻的惯性仍然存在,之后逐渐降低。20世纪50年代"父母包办"为26.67%,60年代为18.18%,到2000年以后仅为1.47%。相反的是"自己做主"的比重明显上升,由50年代的32%逐渐上升,到2000年约64.34%。父母与子女协商的比例逐渐增加,这表明绝大部分父母已经开始理性地正视并接受子女自由择偶这个现实,并将自己的人生经验与子女分享,因此,他们的态度也变为有限度的干预。而越来越多的子女能够自己做主,自我意识明显增强。

虽然20世纪50年代父母包办仍然存在,但情况已在变迁。有的用对歌作为相互认识和感情交流的方式。用调子对歌来代替媒妁之言。[1] 由父母单方决定逐渐改变为父母与子女共同协商,在调查者中约42%是父母与子女协商决定,同时自己做主者也有32%。此后父母包办的比重逐渐下降,而父母与子女协商的比例逐渐增加,自己做主的结婚人群达近一半以上。说明婚姻自主权由父母向当事人的代际转移明显,结婚当事人的自主意识明显(见附录表3.5)。同时寡妇再嫁、老人再婚等习俗也逐渐被白族人民所接受。

择偶方式多样化。考察婚姻当事人双方是自己认识还是别人介绍,这主要是考察婚姻当事人双方的主要活动范围和场所变迁,同时考察婚姻当事人自主恋爱的意识和能力。毕竟自己认识恋爱受他人主观意愿影响的程度弱,当事人可以完全依据自己的意愿来选择、表达和追求配偶的方式。经别人介绍的婚姻当事人,其自主选择性、活动范围都相对弱于自己认识的人群。

现代社会的人际关系具有从血缘、姻缘、地缘向学缘、业缘扩大的特征。本次调查不但印证了上述倾向,而且进一步发现,择偶空间正在从以家庭为中心的生活领域向以学校、职业场所为中心的生活领域、以余暇生活为中心的第三生活领域伸展。白族传统社会青年人接触主要局限于村落内部或借集市贸易、节庆集会扩大交往面。随着新中国成立,青年人集体劳作、学校集体活动、朋友聚会增多,也在一定程度上扩大了交际范围。在改革开放以前,恋爱双方主要是通过别人介绍认识的,而介绍人往往是

---

[1] 云南省编辑组《中国少数民族社会历史调查资料丛刊》修订编辑委员会:《白族社会历史调查》(一),云南人民出版社1985年版,第29页。

自己的亲戚、邻居和朋友；自己认识的部分，交际圈主要也是邻居、同学，所以基本是同一社会阶层的人员接触。而改革开放后，恋爱双方主要是自己认识的比重明显增加，原先关系为邻居的比重大幅下降，由朋友、同事和同学关系所取代，在自由恋爱方面表现出了更大的自主性。介入择偶中的介绍人角色，也从亲属、邻居拓展到了朋友、同事和同学关系。这些变迁反映出改革开放后大理白族婚姻当事人的"社会网络经历了一个从亲属关系到亲属关系与非亲属关系共存的状态"[①]，这也反映出白族人际交往重心和生活环境的变迁。联系择偶标准的变迁，白族婚姻的交换功能正向情感依托方向转变。

(二) 婚龄逐渐后移

婚龄是指一个人结婚的年龄。法定婚龄，是指法律规定的男女结婚最低限度的年龄。男女双方必须达到法定婚龄方能结婚，这是构成婚姻关系的必要条件之一。未达婚龄而自行结婚，国家不予承认，原则上不能发生法律效力。[②] 调查显示，在20世纪50年代初，男性初婚年龄一般在18—22岁之间，20岁结婚的占调查者总数的63%。女性初婚年龄一般在17—18岁之间。早婚的主要原因是家庭安排结婚。新中国成立后，由中央人民政府颁布的《中华人民共和国婚姻法》规定："男二十岁，女十八岁，始得结婚。"法律的强制性及其广泛宣传，对于反对早婚有积极的作用，此后婚龄逐渐后移。60—70年代男性初婚年龄一般在20—24岁之间，20岁结婚的占调查者的比重，60年代下降了近18个百分点，到70年代下降为26.92%。女性初婚年龄一般在19—23岁之间，同时晚婚现象也开始出现。1980年我国新《婚姻法》规定："结婚年龄，男不得早于22周岁，女不得早于20周岁。"20世纪80年代以后白族男性初婚年龄一般仍在20—28岁之间，20岁结婚的占调查者的比重下降为11.36%，比1950年下降了近50%（见附录表3.17）。但不满法定结婚年龄结婚的情况仍然存在，如个案10、个案16。

(三) 平等与差异

从新中国成立至今，大理白族婚姻自主和夫妻平等意识逐渐增强。择偶观的变化中，一方面大多数人仍然延续男强女弱的社会性别意识的认

[①] 吉国秀：《婚姻仪礼变迁与社会网络重建》，中国社会科学出版社2005年版，第116页。
[②] 陈平：《论婚龄》，《内蒙古社会科学》（汉文版）1984年第2期，第64页。

同，传统思想观念对女性潜移默化的影响，最终使女性在观念上认同、且甘愿处于较低的等级，同时在婚姻期待、家庭角色分工上又希望平等。这种认识的进步与局限，是社会发展、男女两性主体意识强度的差异性表现。价值取向影响着评估系列，在新的道德观念中隐含着原有社会性别的遗留问题，从而促使婚姻习俗发生局部改变。

新中国成立后，随着白族妇女经济、政治、社会地位的提高，白族妇女通过婚姻改变经济状况的依赖性逐渐减弱，经济因素不再在婚姻选择中起主要作用。婚姻目的的变化，联系着婚姻期待的变化。改革开放之后，白族社会经历转型，婚姻观念也发生了一些变化。白族女性个人权利意识的苏醒，白族女性对自我发展的看重，对婚姻质量的满意程度也不再是单纯的生儿育女的成果所能衡量。与此同时，传统的"上门"数量逐渐增多，而寡妇转房的习俗逐渐消失。

白族传统婚礼通过烦琐的仪式，为建构和谐的家庭环境营造良好的氛围。家庭环境包括家庭居住环境和家庭成员之间的人际环境。按照白族传统婚俗，新婚第二天，新婚夫妇就要早起清扫庭院、挑满水缸。这一仪式传递给新婚夫妇一个重要信息，就是男主外、女主内，家务劳动是家庭生活的重要组成部分，从此二人要合理分工，共同承担起繁重的家务劳动，以营造舒适清洁、和谐幸福的家庭环境。

改革开放后大理白族城乡生活基础设施改善，自来水管进入家庭，不再需要挑水。而清洁卫生的家务劳动社会化程度不高，于是这一仪式中男子的家务活——担水只是象征性地进行，而女子清洁卫生的家务却随着白族家居庭院的扩大、房屋的增多有增无减。仪式中男女双方实际承担的家务劳动发生了苦乐不均的变迁，这也是当代白族现实家庭生活中家务分工义务承担不均的表现。在白族乡村，年轻男性外出打工，要么早出晚归，要么远离家人。女性由于怀孕、生育、赡养老人等原因，常年留守家庭，"男主外、女主内"的传统家庭分工模式，在白族家庭里占据着主要位置。在白族乡村，女性生育的经济成本包括孕育期间不能从事生产劳动所带来的收入减少、生育费用以及与此密切相关的养育及家务等，仍然由女性负担，社会关注度不足。如个案17，由于白族乡村女性滞留于以家庭为中心的狭窄交往圈，所获得的发展机会和资源相对于男性少，客观上拉开了男女的发展差距，反过来又影响女性机会和资源的获得，这样就形成了女性发展的劣势积累，因循固化传统的性别分工，使女性发展受到一定限制，而处于被动、从属的地位。①

访谈中，男性基本都表示"家务劳动谁有时间谁就干"，但实际生活中对妻子传统角色的期望，与传统家庭相比，并未发生根本的变化。女性则用"凭什么"来表示对现状的不满，但感觉要改变很难。受传统"养儿防老"观念的影响，白族男性拥有家庭财产继承权的同时，也是老人的主要经济承担者，传统社会性别分工又习惯性地把女性——儿媳而非儿子作为家庭照顾者。而女婿在家庭中，基本没有被寄予家庭照顾者的期望，表现出家庭照顾角色的性别差异也较为明显。

总之，大理白族婚俗的最大变迁就是社会主导的婚姻价值观占据主要地位。结婚目的从生存的需要逐渐转移到了生活和爱的需要，择偶标准不断地从阶层相当、重门第的物质层面向打破门第观念、重人内在素养的层面过渡，恋爱方式也逐渐从父母包办、亲友介绍向自由恋爱转变，有了更大的自主性，白族婚龄随着国家法定婚龄的提高而逐渐后移，晚婚优育成为新时尚，婚事去繁就简的观念对白族婚俗的变迁产生了重大的影响。

第二节 大理白族传统婚俗程序文化的变化

传统白族缔结婚约要按照说媒、订婚、置办彩礼、嫁妆、举办婚礼的顺序进行，目的在于使婚姻的缔结合乎社会规范，以维护当事人权益。当社会制度发生历史性变迁后，社会规范也有所改变，在这种情况下，白族传统婚俗的大多数程序在延续中都有所变化，新增程序也逐渐得到认同。

一 传统延续中的嬗变

在"男女授受不亲"的社会道德要求下，传统白族婚姻的缔结中，媒人是举足轻重的角色。从议婚、订婚到完婚的全过程，都由媒人全权操持，缺少了媒人的参与，婚姻的达成就"名不正，言不顺"。随着社会主义制度对封建婚姻制度的否定，包办婚姻从20世纪50年代后逐渐减少，白族订婚习俗中，媒人的地位和意义也随之改变。无论当事人双方事前是

---

① 杨凤：《当代中国女性发展研究》，人民出版社2007年版，第97—98页。

否已经认识,媒婆提亲只是男方及家人向女方及家人传递其恋爱意向,创造一个双方进一步认识和相处的条件。媒婆提亲已经失去了原有的道德意义,只是"作为一种文化观念,作为双方进一步交往的手段"①,媒婆虽然仍是婚姻的介绍人,却仅是两亲家关于婚事操办具体事宜的中间协调人。其意义在于可以避免双方当面沟通发生不愉快或不必要的尴尬,影响以后亲家之间的关系。如个案6,这个案例当事人双方都是白族,但因不同地方的白族婚俗在礼金的多少、来客的规矩等方面有差异,险些因媒人的缘故而使两个情投意合的年轻人平添几分疑窦。由此不难看出今天媒人的协调功能远远大于伦理功能。

新中国成立后,在婚礼举行的过程中,一些仪式的删减主要也在于当事人的主观意愿。一般父母等长辈不在场时,许多程序就会被年轻人酌情简化,"怕麻烦"、"轻松些"是年轻人的共同认知。

二 新旧婚仪的冲突

当新制度确立,除旧布新是一个日渐积累、沉淀的过程。传统习俗往往与新习俗并驾齐驱、共同发生作用,其冲突也就难以避免。

(一) 订婚与聘礼

白族传统的礼仪婚是聘娶婚,它以男方父母交付女方父母一定数量的聘礼、聘金为成婚的必要条件。"聘则为妻"、"无币不相见"是大理白族传统婚姻不可动摇的原则,也是传统婚姻礼仪中不可缺少的一种仪式。所以直到国民党时期的政府旧法还规定:订婚或结婚须有媒妁之婚书或收聘礼才合法有效。订婚、彩礼从最初的礼仪规范上升为法律规范、礼法并用,订婚、彩礼具有合法性。

1950年《婚姻法》没有就婚约问题做出规定。1950年6月26日中央人民政府法制委员会《有关婚姻法实施的若干问题及解答》中规定:"订婚不是结婚的必要手续,任何包办强迫的订婚一律无效,男女自愿订婚者,听其订婚。一方自愿取消订婚者,得通知对方取消之。"1953年3月19日,原中央人民政府法制委员会在《有关婚姻问题的解答》中再次指出:"订婚不是结婚的必要手续,男女自愿订婚者,听其订婚。但别人不得强迫包办。"1980年《婚姻法》包括2001年修正案遵循了1950年《婚

---

① 鲍宗豪:《婚俗与中国传统文化》,广西师范大学出版社2006年版,第186页。

姻法》的立法体例，也未对婚约的效力问题做出规定。从以上法律规定可以看出，订立婚约并无法律强制力约束，不是婚姻的必经程序，仅具有道德约束力。

《婚姻法》的颁布实施，彻底否定了买卖婚姻。彩礼在白族婚俗中的地位也随之改变，不再具有法律的强制性和约束力。尽管如此，白族民间依然延续这种习惯。赠送彩礼是一种比较复杂的礼物交换形式。在彩礼运作的过程中，彩礼在什么时间交付女方以及分几次交付，都有具体的安排。彩礼的减免或延期交付，彩礼的折算与增加，彩礼与嫁妆的关系以及彩礼在不同地区、社会阶层中的差异等，仍是白族谈婚论嫁的主要内容。彩礼运作规则的松动折射出了当代大理白族的价值观念、思维方式乃至社会分层的状况都有所变迁（参见个案7）。

(二) 婚姻的社会认可形式

在现代社会，国家认可的婚姻成立和生效是一种对当事人亲密关系的认可和保护。领取结婚证就是获得法律的认可，说明由婚姻缔结而带来的一切义务、责任和权利也相应地得到表达。

在《婚姻法》实施以前，大理白族结婚的社会认可形式就是举行婚礼。只要举行婚礼，婚姻就能够得到传统社会的认可、家族势力的强制力和舆论道德的维护。随着新中国成立，传统的家族势力受到遏制，这种传统的认可方式对婚姻当事人的实际权利维护，局限性就开始显现。随着《婚姻法》的颁布实行，大理白族接受这一新仪式是一个逐渐习惯的过程，传统的力量和影响是巨大的。调查中改革开放前结婚者大多数认同"领取结婚证书"的选项的同时也选择"举办婚宴"（附录表3.11所列选择"举办婚宴"仅是单选此项的）。改革开放后情况有明显好转。由此不难发现，婚姻关系的缔结，白族在心理上对长期传统社会形成的仪式婚俗的认同度，高于对法律的认同。直到21世纪的今天，白族对合法婚姻的认可仍然在很大程度上参照了"仪式"的因素，而不仅仅是依据一纸结婚证书来确定。白族婚姻行为同时受到礼俗和法律这两种规范的调整和约束。如在2008年8月8日北京奥运会开幕，到大理市民政局登记结婚的人有167对，其中农村白族54对，白族与其他民族通婚的46人。[①] 而笔者在下庄村的访谈中问这一天是否有人成

[①] 资料来源：大理市民政局。

亲，结果都是摇头，回答都是："（选择在奥运会开幕日结婚）那是城里人的事。"由此可见大理白族一定程度上还存在对结婚形式双重认同的民族心理。

三　新增程序的认可

1986年3月重新修订的《婚姻登记办法》规定对申请结婚的当事人，认为有必要婚前检查的，应到医院进行婚前健康检查，并提交医院检查证明。婚前检查是为即将步入结婚圣殿的情侣提供的一种健康检查，通过婚检可以了解结婚前男女双方的健康状况，并且可以发现一些身体的异常或疾病，包括：有无男性或女性生殖系统发育异常、慢性病、传染病、性病、遗传病等。这对维护婚姻双方的知情权、对人口质量的提高都有一定的帮助。1994年10月27日颁布的《母婴保健法》明确规定，男女双方在结婚登记时，应当持有婚前医学检查证明。2003年8月8日颁行的《婚姻登记管理条例》第五条规定，在结婚登记时，不再查验婚前体检证明，取消强制婚检。但按照法理，《母婴保健法》是法律，而《婚姻登记管理条例》是行政法规，法律的效力高于行政法规。

在"你认为结婚前有必要做婚检吗？"的选项中，改革开放前结婚的人群中，选择"完全有必要"的比重，占被调查人群的10%—41%，选择"有必要"的占35.29%—72.73%，选择"没必要"、"无所谓"、"根本没必要"的分别为11%—15%、9%—11.76%、0%—9.09%。改革开放后选择"完全有必要"的比重稳定在32%—41%，选择"有必要"的占36.36%—50.39%，呈逐渐上升趋势。选择"没必要"、"无所谓"、"根本没必要"的呈明显下降趋势，分别占被调查人群的1.47%—11.36%、5.88%—11.36%、0%—3.88%（见附录表3.12）。这表明随着社会进步，白族对生殖健康的认知水平也在不断提高。但也有一些白族依然认为"我们过去未做体检，生下来的孩子还不是健健康康的"，而青年人则往往嫌做全套检查麻烦，心存侥幸，生殖健康风险意识还不太强，说明新婚俗的形成有一个过程。

总体而言，白族传统婚俗程序得到了最大程度的保留与继承，只是在一些仪式的内容、组成上有所改变，隐藏在其后的传统婚姻价值观仍然根深蒂固。

第三节　大理白族传统婚俗礼仪文化的更新

礼仪作为一种行为准则，承载着一定的文化内容。婚礼的主题就是创造隆重、热闹、喜庆、吉祥的气氛，为此在活动的内容和形式上时有变化。这种变化反映了新的社会环境下，民族的经济状况、需求层次、价值取向等的变化。为了较为客观地反映和探究当代大理白族婚俗的变化，本书试图从物质文化、精神文化方面探寻当代大理白族婚俗的变化。

一　物质场景的现代表现[①]

婚礼作为普遍存在的人类特定喜庆活动，无论是新人的居所、婚宴物品的采买，还是嫁妆、礼品的准备，都以一定的物质为基础，并对这些物件有约定俗成的习惯要求，形成与其他民族不同的文化现象。随着大理白族生活水平的提高，仿效城里人的生产生活和消费方式成为共同的追求。与新中国成立前、改革开放前后比较，虽然各家经济条件不同，物品的多寡档次有差异，但总体来说，大理白族婚礼呈现出明显的城市化趋势这一共同特征。改革开放后，大理白族婚嫁中逐渐掺插了现代社会的时尚文化元素，出现多元融合、兼容并蓄的状况。

（一）婚宴中节俭丰盛并行

结婚作为人生大事，婚宴是婚礼的重要组成部分。大理白族喜事宴客中的八大碗是白族"食不厌精，脍不厌细"传统饮食文化的集中表现，吃"八大碗"的习俗依旧。改革开放后白族婚宴的菜肴更为丰盛，传统的"八大碗"在品质上又有所提高，主要体现在拼盘由小变大，花色品种数量都增多，并增加了一些新式菜肴。同时在传统白酒的基础上增加了饮料、啤酒。尽管白族群众日子好过了，但打包习俗仍然沿袭，而且大多数白族还是习惯在家办婚宴，只有少部分人家到乡镇饭店包席。

白族十分重视婚宴，讲究排场，因为它是表示婚礼隆重程度的一个方

[①] 这部分内容在作者所著《大理坝区白族婚礼的当代变迁及影响》中，发表于《云南民族大学学报》2010年第5期，本书有所增改。

面。① 改革开放前虽然经济条件不宽裕,白族都希望把婚礼办得风光一些。因为人们普遍认为人生就此一次,一定要竭尽全力,哪怕负债也在所不惜。据调查,1950—1957年白族结婚的请客数为6—15桌,1958年"大跃进"开始,群众都不开小灶,全省共办了98572个公共食堂,② 当时每逢大理白族办喜事,社里的干部就在食堂主持结婚典礼,对结婚当事人的特殊照顾就是,可以把食堂里的饭菜带回家吃。到60年代因经济困难,国家号召勤俭节约、移风易俗,于是婚礼也在去繁就简范围,结婚都以糖果待客,且尽量减少请客的亲友数量。70年代恢复后平均为20—25桌,80年代请客数平均为30—50桌,90年代以后结婚人群的请客数平均都在50—100桌。大理白族自办酒席请客的规模在不断扩大,这就使婚礼的开支也一路上扬(附录表3.18)。

婚宴规模扩大体现主人家人缘好、人缘广,而婚宴丰盛的菜肴则是经济实力强的显现。这既反映了白族人民物质生活的改善,也反映出白族对传统婚礼的重视依旧。当然,其中也不乏攀比的现象。

(二)新房民族风格与现代需求结合

白族自古以来就对住房条件非常重视。曾有民谣形容白族是"大瓦房,空腔腔",意思是说白族不管怎么省吃俭用,也要想办法建造结实漂亮的住宅,而且这种"华造"意识,决定了白族民居绚丽独特的建筑风格。③ 一个新家庭的组建总离不开一个可以遮风挡雨的住所。所以无论贫富,白族父母都会尽心尽力为新人提供资助。从《五华楼》、《在祖先的庇荫下》的描述中都可看出,尽管白族传统民居建筑注重外饰,但为数不多。由于百姓生活拮据,无论是新房布置还是室内空间的利用,都无法与光鲜的室外装饰相提并论。笔者在调查中,从今天尚健在的70多岁的老人的口述中也证实了这一点。

白族一般都是在原有的住房内设新房,当然要提前一年半载对老房粉刷、翻修,房子还是土墙瓦顶。一般新房就选择在堂屋旁,在原有的房子中用木板隔出一间,具体如何隔,要看各家的家庭经济情况和住房条件。之所以选择用木板,是因为既美观又结实。20世纪50年代白族结婚,男

---

① 赵婧昶、易耶编:《民俗礼仪》,中国世界语出版社1999年版,第14页。
② 《云南民族工作四十年》(上卷),云南民族出版社1994年版,第184—185页。
③ 袁铮、王炎松:《大理周城白族民居建筑文化特征》,《华中建筑》2001年第6期,第82页。

方家要在新房备一张新床、草帘子、席子、红毡子、被子两套（新郎新娘各一套）、烧水用的水壶、火盆、老式柜子等，有的还在墙上围上一米左右的红棉纸。一般新床都是雕花的，自家有现成木料的就请工匠做，没有的就到集市上去买。20世纪60年代结婚因经济和政治环境的制约，新房与50年代没有太大变化，当时人们喜欢用报纸或白纸裱屋顶和墙壁，起到一定的遮盖、装饰的作用。到70年代结婚除了粉刷、翻修外，就把正对着院子的这面墙改成水泥的。同时白族新房也有革命化元素，新人都会摆放毛主席语录、毛主席像章，两个人的被子合在一块就成家了（参见附录案例8）。

20世纪80年代大理白族地区经济开始复苏，当时流行的家具、沙发、弹簧床，白族新房也一应俱全。90年代村民开始模仿城市建盖外墙贴瓷砖的小洋房，白族民居建筑逐渐被一些五花八门的方盒子建筑取代。新房里婚床的摆放也有了变化，习惯上是将婚床摆放在屋子的一角，床头和床身一边靠墙。这种摆放格局一方面反映了夫妻生活的隐秘、安全的文化心理需求，另一方面也有夫妻地位内外不同的方位象征。这种摆放格局逐渐变为仅床头方向靠墙、放在屋子中间，两边摆放床头柜。这种变化一方面方便起居，也是夫妻双方平等地位的象征，另一方面突出了婚床在婚房中的核心地位，表明夫妻生活在婚姻生活中的地位上升，也反映了西方审美观的影响和现代价值观的隐秘生长。

随着大理旅游事业的发展，1994年大理州委、州政府对保护民族特色建筑的旅游资源有了进一步的认识，明确提出村镇民居在充分满足现代功能的同时，要突出白族建筑风格，形成苍洱风光、历史文化、白族特色与现代文明完美结合、交相辉映的独特风格，为此开始对白族民居建筑风格进行整治。在向社会宣传推广优选出的大理白族民居建筑方案的同时，强化了对临街房屋建筑设计的审查和规划。在这种趋势下，90年代中期以后，大理白族民居逐渐朝融传统风格、地方特色、现代功能、优美环境的现代白族民居建筑方向发展[①]，照壁、门楼也越来越讲究。同时大屏幕电视、VCD、DVD也先后进入白族新房，席梦思床、家具也更加新潮。村民说，改革开放前我们结婚的费用加起来还不够现在买张床呢！2000

---

① 杨仲强：《走特色城镇建设发展之路——大理白族自治州开展白族民居建筑风格整治》，《小城镇建设》2002年第9期，第70—71页。

年后结婚拍婚纱照装点新居、婚礼录像刻成光盘做纪念成为大理白族的新婚仪。新人的大幅婚纱照悬挂在新房中央，可以看出两性关系和睦变成婚姻的主题，女性在婚姻中的地位相对提高。

总体来看，改革开放前白族父母也就是为新的小家庭提供最基础的条件，提供一个能保护个人隐私的私人空间。① 改革开放后，白族家庭住房建设能力不断增强，室内陈设的现代家电家具增多，新房摆设在传统规制中有变化，既反映白族生活的殷实富足程度，也满足了人们呈现民族特色与时尚的需要。

（三）嫁妆彩礼的升级

从经济层面来考察，彩礼作为缔结婚姻关系过程中男方送给女方亲属的钱财或物品，② 是白族生活中的一项重要消费支出，其种类包括食物（猪和鸡、大米、粉丝、茶叶、红糖、酒等）、服饰、货币以及日常生活用品等几大类。彩礼反映出作为地处滇西的农耕民族，白族的生产经营方式、日常消费习惯和消费观念、消费水平。在新中国成立以前，"对民家来说，稻米是衡量贫富的标准。用稻米和其他商品直接地以物换物，在这里是司空见惯的，连房租也是用稻米来衡量和支付的"。③ 因此，聘礼中大米的分量很重。新中国成立后，大理白族彩礼的种类没有大的改变。改革开放后，随着温饱问题的解决，彩礼实物结构、比例逐渐发生变化。大米在白族人心中的分量变轻了，货币的重要性凸显出来，且数量扶摇直上。

嫁妆的变迁主要体现在种类增多、需求层次上升，主要是传统要件与现代家电结合。白族受祖先崇拜思想影响，沿袭严格的男子继承家产的规矩，姑娘出嫁所陪嫁妆，是娘家人对嫁出去姑娘的一次性物质馈赠。20世纪50年代白族传统的嫁妆主要是生活必需品，如行李一套、衣服两套、以玉和银为主的首饰（耳环、镯头等），箱柜一两个，以及大米和现金、鞋袜等。这些物件与男子可继承的房产、地产相比少得可怜。

---

① 尹旦萍：《当代土家族女性婚姻变迁——以埃山村为例》，社会科学文献出版社2009年版，第209页。

② 于晓青：《传统文化中的彩礼及其流变》，《河南省政法管理干部学院学报》2008年第2期，第178页。

③ [澳] 费茨杰拉德：《五华楼：关于云南大理民家的研究》，刘晓峰、汪晖译，民族出版社2006年版，第23页。

随着新制度对男女平等的重视，白族妇女逐渐走向社会，获得一定的政治经济待遇，在婚姻问题上有了自己的自主话语权。因"破四旧"、"树四新"、新事新办的政治要求，20世纪60年代大理白族嫁妆中陪嫁的大米数量减少为1—2升，这与当时粮食紧张、物质匮乏有关，同时开始出现手表、收音机。70年代大理白族嫁妆中手表、收音机、自行车等逐渐增加，而这些在当时都是属于奢侈品、稀罕物，拥有这些嫁妆的毕竟是少数，一般人家也只是压箱钱有所增多，大多数人的嫁妆还是传统的生活必需品。80年代随着物质生活水平的提高，"三转一响一咔嚓"（手表、缝纫机、自行车、录音机、照相机）成为时髦的嫁妆，压箱钱也增至2000多元。80年代后期冰箱、彩电等家电同新式的衣柜、沙发等其他家具大量出现在嫁妆中，而老式的箱柜、大米的数量明显递减。90年代又增加了摩托车和黄金首饰，2000年后增加了电脑（见附录表3.14）。至此嫁妆已经远远超越了基本生活用品的层次，开销也由原来的几百元升级到上万元。虽然改革开放前后，大理白族的嫁妆都有明显超前消费的趋势，但改革开放后升级变化明显，既是白族人民物质生活水平提高、生活富裕的一个缩影，也是青年人小富即奢的消费观的写照。

（四）迎娶中传统热闹与现代联系

迎娶是婚礼中最热闹、最烦琐的一项活动，是男女双方在选定的吉日内，以兴师动众的热闹方式把新娘接到男方家成亲的过程[①]。大理白族传统迎亲是打锣开道、抬高脚牌、骑马、坐花轿的，新中国成立后逐渐取消。20世纪50年代白族迎亲，如果两亲家距离较近就步行，迎亲的人也就控制在十多个。[②] 这样迎亲得事先准备好绳子并染成红色，把黑色粗木杠扎上两道红绳，用来抬箱抬柜。在新中国成立前，帮人抬嫁妆的都是一些乞丐，帮人迎亲敲锣打鼓的都是下等人。新中国成立后，白族迎亲都是请朋友来抬嫁妆，敲锣打鼓的都是民间艺人，收入高。如果路途较远就骑马或坐马车，马和马车也要用花草装扮一番。60—70年代大理白族迎亲的工具主要还是马车。到80年代迎亲的工具有马车、拖拉机，90年代有了摩托车、出租车后，迎亲的工具就开始升级为使用摩托车、出租轿车。随着白族人民生活水平提高，拥有私家车的数量不断增加，轿车普遍成了

[①] 赵婧昶、易耶编：《民俗礼仪》，中国世界语出版社1999年版，第13页。

[②] 张奋兴：《海东白族婚俗谈》，《白族学研究》2004年第14期，第218页。

迎亲的工具，迎娶新娘已不再为费力抬嫁妆发愁了。利用现代交通工具不仅省时省力，而且气派（见附录案例9）。虽然交通便捷，加快了迎亲的进程，但迎亲过程中的仪式基本保留，仍然热闹。

总体来看，改革开放后白族婚礼上这些物质要件与传统相比，发生了明显变化。这些变化是在改革开放的时代背景下发生的，因而同其他民族婚礼的变化有共性的一面。既反映了白族个人和家庭收入水平提高，也反映出人们对城市生活方式的向往和追求。婚姻当事人在尊重传统白族婚仪的基础上，不断地掺进城市婚仪的流行元素，显示自己融入现代化的程度，呈现出现代与传统融合的特点。以上"物世界"的变化，都反映出人"心世界"之融入。①

二 精神礼仪的影响弱化

白族传统婚嫁仪式在隆重而热闹的气氛中，通过烦琐的仪式充分体现了白族的人伦规范与性情的节制，为民族的共同目的和价值观念提供了基础。随着新中国成立，新制度对伦理道德的新规制，改革开放后的大众文化、商品化的冲击，使白族谈婚论嫁的一些仪式改变，其内在的文化内涵也因此发生改变。

（一）传统婚嫁仪式的消失

仪式是将群体的文化价值根植于现实生活，通过创设规制，逐渐形成群体成员共同遵守的程序、行为、场景设置，表达社会的伦理道德要求。而仪式中一些形式、要件的改变，折射出社会性别关系改变的不同状况。

在大理白族婚礼中，像"哭嫁"、"传席"、"掐新娘"、"闹席"等白族婚俗已逐渐淡出人们的视野。据调查，20世纪50年代大理市经济开发区满江村委会下庄村还流行有"跨火盆"、"传席"、"掐新娘"、"闹席"等婚俗，但到60年代开始移风易俗，有的地方就不再有"掐新娘"的习俗，有的还保留到70年代末。改革开放后这些传统婚俗就逐渐消失了，只有大理周城镇、湾桥镇的向阳溪、中庄村、古生村、石岭村等地至今还保留着这些传统婚俗。

白族新娘"哭嫁"也是白族传统的婚仪。新娘"哭嫁"的说辞一定程度上表达了新娘社会角色变化中的心理：主要是对陌生夫家的恐惧和自

---

① 钱穆：《文化学大义》，九州出版社2012年版，第9页。

身命运的担忧，毕竟包办婚姻条件下女性对丈夫及其家庭的了解极其有限。"女性处于非自主活动状态，她们的存在和发展作为一种异己的东西与自身对立，不受主体意志的支配，不以主体的本性要求为准则。女性只能放弃自己的意志，压抑自己的本性，被动地听任自身进入已规定的生活方式。"①

新中国成立后，废除了包办婚姻制度。调查发现，20世纪60—80年代大理白族还有一些"哭嫁"现象，既有父母与女儿感情深，双方都伤心的情况，但也出现"离别难过是假，要钱是真"的情况，是因为嫁妆不理想而伤心。这种情况下"哭嫁"成为女儿对娘家提出更多要求的渠道和重要方式，哭嫁者的哭诉心理已经发生变化。改革开放后哭嫁现象逐渐减少，因为交通便捷可以常常回娘家，而且女方当事人个人收入增加，可以自己增加嫁妆而不需全靠父母。随着女性有了自由恋爱、自主婚姻的自主权利，对配偶的选择、对自己在未来家庭的地位有了一定的思考。由此，尽管对娘家人有依恋，现代的交通、通信解决了与娘家人联络的难题。所以，这种大喜之日哭别的情景逐渐减少，重在临别告诫。这种改变反映了当代白族女性对自己婚姻、家庭的自信与个人的独立。

白族女性自我保护意识的增强和权利意识的主张，在这个过程中，"掐新娘"、"哭嫁"习俗逐渐从民间消失，而仅仅成为白族民俗旅游的一个表演项目，也就不足为奇了。当女性拒绝采用传统婚俗话语赋予的意义时，她实际上就拒绝了传统夫权社会对她思想和行为的控制。②

（二）民族民间文化的传承

民族民间文化是民族心理产生、发展的刺激物，也是它的主要表现形式。白族传统婚嫁仪式主要运用民族歌舞、民族语言，一方面制造热闹的氛围，另一方面实现民族文化的熏陶、展示与传承，民族道德规范的教化与实践。以这种较为含蓄、婉转的形式，将生活美、情感美、意境美、形式美和社会美融于一体，实现对人的化育和生成。随着时代的变迁，白族婚礼中场景设计的民族特色逐渐淡化，民族文化传承、伦理教化功能受到影响。

1. 民族舞乐影响有所萎缩

民族传统婚礼上的歌舞表演、各种乐曲的演奏，是民族民间文化的重

---

① 杨凤：《当代中国女性发展研究》，人民出版社2007年版，第135页。
② 同上书，第137页。

要传承场域。随着改革开放的发展，20世纪80年代录音机的出现及其方便携带的特点，使白族婚礼奏乐，无论是迎亲路上还是在院落中，有些地方、有些人家就不一定再请人演奏。在白族婚礼中，青年人对传统民族歌舞表演的兴趣、参与度都呈明显下降趋势，而更钟情于流行歌曲的卡拉OK。白族青年通过白族情歌对唱表达情感找对象的方式，被语言所取代，"音乐情话"所蕴含的生态美也减弱了。流行音乐作为大众文化的产物，它能够彰显时代气息、放纵激情，释放现代社会的压力，更符合年轻一代的心理、精神需求。但它缺少传统音乐的历史文化底蕴以及陶冶情操、节制欲念的功能。与此相伴的民族民间神话传说等，对年轻人的吸引力下降。民间故事内隐的具体道德观念也难以转化为青年人的自觉行为要求。20世纪90年代中后期，随着白族村民生活水平的提高，为了增加喜庆氛围，请2—3人奏乐吹拉弹唱的情况又逐渐增多，表示"不省这点钱"。家庭条件好的人家甚至请8—10人的乐队、跳霸王鞭，民族歌舞文化的氛围再度浓厚。对传统文化的吸收、传承，中年以上人群是主要的承载者。民间民族文化生长的力量仍然存在且比较顽强，但传承中出现了一定断层。

2. 部分婚礼场地迁移

白族传统婚礼是在颇具民族特色的白族民居院落举行，具有十分重要的象征意义。有道是：一切景语皆为物语。家不仅是传统社会大一统国家权力的基础，也是传统礼教建立的人伦基础。因此家也是乡村社会道德伦理规范的载体，一个新的小家庭的诞生，在原有家的院落举办婚礼，一方面感受乡土社会浓郁亲切的人伦之情，另一方面也象征着要遵循原有社会的道德秩序。同时白族院落不单纯是人身体的栖息地，也是心灵净化的殿堂。白族民居是白族人民富有精美艺术鉴赏力、创造力的表现。无论在民居的任何角落歇息，都能欣赏到极具白族文化特色的精心设计与装饰。这种生活的艺术化、艺术的生活化时刻熏染着其间的白族群众，使人摆脱生活琐事与人生愁苦的纷扰，感受丰富的艺术世界的美好和生命的充盈，孕育新生命的同时孕育了勃勃生机的民族性格。

改革开放后，在大理州喜洲镇、周城镇一些经济条件较好的家庭，开始把婚礼选择在酒店举行。这一是为满足心理需求。由于城乡差别较大，在乡村人们生活的目标就是希望像城里人一样生活，所以有条件就想上酒店办婚礼。二是可以省事省心。操办传统白族婚礼，往往需要提前半年准备，还要请人帮忙，既操心又劳累，也并不能节省多少开支。

第四节 大理白族传统婚俗文化的功能变化

白族传统婚俗的基本功能，是婚俗能够满足人类在经济、政治、文化、社会、生态发展等现实和潜在需求的属性，是白族传统婚俗存在的主要理由。新中国成立后，有的仪式虽然未变，但内涵却已经有新意，功能发生了改变。一些表面看起来的裂变，仍然具有深层的延续性。在现实生活中，传统婚俗仪式的功能在不断更新，但传统的影响并未完全消失。

一 传统婚俗功能退化

婚姻不仅是两性生理结合的开始，也是男女双方社会关系联盟的开始。[①] 这种联盟在"文革"武斗时期，曾经使一些具有白族姻亲关系家庭的孩子，能够在远离动乱的城镇后，得到白族乡村社会的安全庇护。而随着民族团结、社会稳定，白族传统婚俗的政治功能隐退，白族历史上利用婚姻关系实现政治目的的功能逐渐消失。通过婚约，与其他民族的日益融合、促进民族关系的功能仍然存在，但已经属于纯粹民间的个体行为而非统治阶级的功利目的和需要。

白族传统婚俗对新婚服饰都相当重视，往往以"盛服"待之。白族传统礼服是服饰文化、礼仪体系、价值观念三位一体、有机联系的整体。服饰是一个民族审美意识最集中、最形象的表现。变服改饰常常是适应新的文化环境以及制度的历史性变更所致。

20世纪50年代大理白族的新婚服饰虽然不像苗族、瑶族、藏族那样极显奢华，但都是特制的，一般新婚大喜之日穿着之后，就珍藏起来，仅在重大节庆时节或参加重要活动时才拿出来穿。白族新郎穿传统的白色长衫、黑马褂、戴毡帽，新娘穿白族传统的姊妹装，佩戴玉或银的镯头、耳环，脚穿红色绒布或土布绣花鞋。尤其是要在上衣右衽结纽处佩戴三须或

---

① 孟昭华、王明寰、吴建英编著：《中国婚姻与婚姻管理史》，中国社会出版社1992年版，第11页。

九须银饰，这套银饰链子一般都是男方家订婚时所送的信物。新婚第二天换下第一天新婚装（大红色），换上另一套（水红或粉红色）姊妹装，脚穿绿色绒布或土布鞋，寓意成为新媳妇了。到20世纪60年代因当时"破四旧"，要求新事新办，所以衣着也就简单化了。这个时期白族男子以穿绿色军装上衣、深蓝色涤卡裤为荣，能穿上混纺（含毛）的海军服且口袋是暗包的，那就是身份、地位的象征，充分体现带有革命热情、革命斗志的英雄情结和时代价值观。20世纪70年代新娘仍然主要穿姊妹装，而新郎服饰已经变为日常生活中的中山装，颜色以黑、灰、藏青色为主，出现了日常服装与婚衣没有区别的状况，白族传统新娘"登机"帽的佩戴，也因白族青年逐渐实现婚姻自主及服装的改变逐渐减少，服饰的审美观和价值观都发生了变化。

改革开放以后白族的新婚服饰，民族类服装的比重急剧下降。婚服的改变同改革开放后白族地区日常生活中妇女的白族服装逐渐隐退几乎是同步的。人们从这时开始更愿意购买价廉物美、款式逐渐多样、色彩日益丰富、面料花样不断翻新的时装。民族服饰的伦理功能与审美观念都逐渐淡化。从20世纪80年代白族新婚服饰大面积与日常生活服装混同的情况依旧延续，同时婚纱类在20世纪80年代后开始出现，之后呈现快速上升趋势（见附录表3.19）。到20世纪90年代，仅在个别地区如大理周城镇、湾桥镇等地能见到穿着传统白族服装结婚的场景，日常生活类高达76.47%，与婚纱相伴的是旗袍的流行而非白族传统的姊妹装。笔者在下庄村调查时，一对新人到本主庙前举行告祖仪式，虽然是在寒冷的2月，旁人都还穿着棉袄（见附录图3.1中的伴娘），但新娘却穿着露肩背的婚裙。

色彩是服饰中最明显的视觉语言，红色依然是白族婚俗中喜庆的主色调。据调查，从白族新婚服装颜色上看，新娘服装传统的红色至今仍然是首选，但原来喜庆日一直忌讳的白色也随着婚纱的流行成为新娘的礼服进入白族婚礼，这不能不说是一个巨大的变化（见附录表3.20）。不过，在身着白色婚纱的同时新娘会手捧或戴上红色的鲜花或红绳，或者会在宴客时再换上一套红色的旗袍，传统审美观依然起作用，中西合璧是婚礼的流行趋势。

功能作为满足需求的属性带有客观物质性和主观精神性两方面，物品是功能的载体。一种功能的实现不可能没有载体，所以功能与其载体必须结合。当功能与原来的载体分离,新载体的创设所发挥的功效,是其产生、更新的内在动力。民族传统服饰的伦理规范,随着功能载体的消失而逐渐消失。同时随着白族生活条件的改善,婚礼礼服的独特性要求再度凸显,但以含蓄为美的传统审美观被开放、个性、时尚的审美追求所取代。传统的民族服饰不再是新婚人群的唯一选择,以洋为美而又不离传统的价值观,讲究时尚、求美、求个性张扬的心理,透过婚礼服装消费得以尽情展现。

二 传统婚俗功能的渐变

由于个人利益、家庭利益的存在,白族传统婚俗的经济功能依然存在。新中国成立后,在计划经济条件下,白族婚俗交换劳动力的功能有所削弱,延续财产、扩展家族势力的功能仍然保留。在建构社会主义市场经济体制的同时,市场经济的规律,如等价交换的原则、利益最大化的原则,也不同程度地渗透进人们的评价标准中,礼品的馈赠、彩礼和嫁妆的升级,在一定程度上也是传统婚姻经济交换功能的延续和拓展。同时婚姻交换的功能呈现多样化趋势,反映出婚姻价值需求的多样化。

（一）彩礼与嫁妆

新中国成立前,由于婚姻是一种男女双方的交换关系,彩礼与嫁妆在经济方面的交换功能十分明显,在归属和使用方面,彩礼在传统社会是出嫁女的身价钱,子女是父母的,彩礼归出嫁女父母所有和支配是天经地义的。"民家极不愿意同自己的女儿分开。他们将彩礼视为不得不分开的补偿,而非视为一笔商业买卖。出于相同的原因,他们从不愿意把女儿嫁到遥远的地方,而且民家没有像汉人那样与外族通婚的习俗,因此,他们不必要在自己的熟人或亲戚圈外找儿媳或女婿。"[1]

现代意义上的彩礼,已经发生了巨大变化,集中反映在彩礼的归属和使用上。一般归女方自己或归小家庭,女方往往利用男方彩礼的货币部分去购置嫁妆中所需的物品,通过这样的变通减少开支,同时实现双方父母积蓄的代际转移。这种变迁是白族传统婚姻习俗变迁中一种变相的延续。只有一部分归女方父母所有,在这种情况下,彩礼的意义仍然具有聘娶婚

---

[1] ［澳］费茨杰拉德:《五华楼:关于云南大理民家的研究》,刘晓峰、汪晖译,民族出版社2006年版,第138页。

的特点。

按照白族传统婚俗,聘礼是男方家送给女方家的,是对女方家出嫁女儿后劳动力的一种补偿,女子嫁到男方家也就成为男方家财产的一部分。而至于嫁妆,则由双方父母订婚时协议决定各拿出多少。改革开放前由于白族收入水平低,彩礼以实物为主,主要归女方父母,现金部分较少,仅提供给新娘买嫁衣。彩礼论身价的现象仍然存在,有按出嫁姑娘的外貌,如双眼皮、漂亮讨价还价的,也有以出嫁姑娘的体重论价的。在"文化大革命"期间,还有以出嫁姑娘的政治资本,如党员、团员论价的。改革开放后彩礼中的货币量增加,甚至出现将实物折算成现金,女方用来购置嫁妆中所需的物品。

嫁妆的升级变迁既是白族人民物质生活水平提高、生活富裕的一个缩影,同时也是女性要求受尊重的反映。通过嫁妆的升级变迁,女性既能获取娘家的一部分财产,又能作为娘家代表在婆家享有一定的经济地位。嫁妆逐渐从生存性需要的满足上升为受尊重的社会性需要满足。但习惯的改变并非易事。这一点在调查中也得到了证实。在"你认为嫁妆是什么"的选择中,20世纪50—60年代结婚当事人多数认同嫁妆是表达为女儿建立良好婚姻关系的意愿,20世纪70年代开始的结婚当事人主要认同嫁妆是娘家长辈对女儿的重视,比重稳定在30%—44%,表明女性要求受尊重的普遍愿望;认为嫁妆是表达娘家对婚事的看法和对婆家的态度的选项,在包办婚姻条件下基本不存在,而此后这个选项到改革开放后逐渐攀升,到2000年后接近10%。在计划经济时代结婚的白族当事人都不认为嫁妆"暗含家庭内部的互惠与责任",改革开放后有11%—25.85%的人认同嫁妆包含对从己方嫁出去的女性的关注与相关利益的期待,认为嫁妆能让女儿在婚姻关系中处于有利地位(见附录表3.15),希望它能给新娘婚后的小日子增添幸福。这种认为嫁妆的有无和多少会影响到女儿的生活幸福,更重要的是会影响到"面子"以及联姻双方的姻亲关系,是一种基于社会文化意义上的经济交换。这种交换可以促使双方的关系更加和谐、长久且稳固。[①]

嫁妆不单纯是男方财产的转移支付,也是女方当事人为赢得男方家庭

---

① 刁统菊:《嫁妆来源及象征的多样性分析》,《广西民族研究》2007年第1期,第62—63页。

尊重的一种支付。从附录个案7不难看出，按照两家订婚时的协商，新娘已经用彩礼支付了嫁妆的所有费用，为了获得婆家的认同和尊重，在处理和婆家之间的微妙关系时，儿媳妇嫁妆的开支超出了彩礼。这样也导致嫁妆不断攀高。一方面是女方父母希望以自己的经济实力和社会地位，使女儿在将来的家庭生活中占有一席之地；另一方面是女性有了独立的收入来源，用自己的积蓄来置办嫁妆，也是比较普遍的情况。这表明白族历史上那种女性靠别人创制和规定的生活、男人是女人生活靠山的非独立性状况得到了改变。所以一些白族的嫁妆超过男方所送的聘礼原因是多重的，嫁妆已逐渐从生存性需要的满足上升为受尊重的社会性需要满足。

（二）通婚圈的扩大与缩小

通婚圈就是择偶范围，是人们婚姻行为特征的重要方面，它表明人际交往范围的大小，往往受习俗、观念、生产方式的影响。通婚圈一般可分为两类：一类是等级通婚圈，即指把择偶范围限定在一定的阶层、种族、宗教和教育标准之内；另一类是指地理通婚圈，即通婚的地域范围。[①] 白族传统婚俗没有族际之间通婚的禁令规则，为白族通婚范围扩大提供了前提。但婚姻关系的缔结直接影响到家庭的物质生产和人口生产这两件大事，所以白族的通婚范围始终主要以同一阶层的通婚为主。在同一阶层内通婚，往往选择家庭社会经济条件大体匹配、健康状况良好（没有家族病史）者。为了便于全面了解对方的情况以降低婚姻的风险，白族通婚半径并不大。同时大理白族长期所具有的地理和文化优越感，以及多年来积淀下来的"大理姑娘带不走"的"家乡宝"观念，都是影响择偶范围的重要因素。再加上农村社区社会发展水平尚低，交通不便、未婚男女（特别是不同乡村之间的未婚男女）社交机会稀少等原因所产生的推动力较小，使体现为这二者交集的择偶通婚范围拓展不大。

改革开放前白族地区农业占整个经济结构的比重大，广大农村青年和祖辈一样，生活方式单一，过着"日出而作，日落而息"的生活，社会交际圈相对比较狭小。虽然能在周末到城镇看电影或闲逛，但严格的城乡二元结构使绝大多数农民的社会生活主要就在本乡，所以青年人找对象的范围十分有限，一些个人条件或家庭条件不好的青年更是择偶困难。据调

[①] 严由健、吴信学：《社会转型背景下农村社会通婚圈变迁刍议》，《中国农业教育》2007年3月，第62页。

查，20世纪50年代择偶范围往往局限在本乡范围内，20世纪60—70年代随着国家计划下的人口流动，多数人的通婚范围由乡扩大到本县范围，在20世纪70年代与外县人通婚的比重约占21%。20世纪80年代随着大理白族地区家庭联产承包责任制的推广，计划经济条件下以集体为物质生产单位的基础被打破。为了不使自家承包的土地流失，择偶范围出现了一定程度的回归，本村人约占35%，而外县、外省人所占比重仅约为11%。姑舅表婚的习俗在20世纪80年代还存在，杨国才老师在洱海区域许多村寨作调查，发现有的村寨中有弱智、痴呆、哑儿，究其根源，几乎都是近亲婚配的结果。在实行家庭联产承包责任制后，白族联姻范围越来越小，方圆很少超过几十公里，大多就在几里内。调查证明在本村落内联姻的现象也突出出来。尤其为保留一份土地，即将自己的份额土地带到婆家，出现了同村恋、村内转的封闭式婚姻，使本来的乡里乡亲，又亲上加亲。

随着改革开放的深入，随着农民工的不断外出，传统的地域性择偶范围出现了较大程度的松动，通婚范围中外县、外省人的比重逐渐增长，90年代约为20%，2000年约为28%（见附录表3.16）。同时也出现了对另一方家庭情况（经济、健康）和个人成长品德的情况不甚了解的状况，给婚姻稳定带来了不确定性。是满足婚姻稳定性需求，增加两种需求的保险系数，以家庭（家族）为本位，还是满足婚姻的精神性需求，以个人的两性相悦（情感满足）为前提，考虑人口质量的提高因素，选择出现了，博弈也就产生了。所以总体来看，通婚圈发生着变迁，但变迁不是一个方向的，有的扩大，有的缩小，同社会结构的变迁一样，也经历着"转型"。既有从属于家庭实力扩展的，也有着重个人发展而非单纯家庭实力扩大的。择偶圈这种行为模式的存续和演变，表明其目的有所保留与转化。传统的通婚目的——扩展家庭家族势力的传统习惯，在小农生产方式依然延续的条件下，仍然产生着一定的影响和发挥着一定的作用。

（三）礼物馈赠

婚礼仪式通过人们双向互动的情感交流，强化人与人之间的相互尊重、依赖意识，形成家庭成员、家族群体、乡村社会关系的和谐。其中礼物的馈赠就是馈赠者明确意识到自身的生存必须与周围的人，在平等交换的基础上互通有无、相互依存。通过礼物的馈赠，表明馈赠者对对方的重视，而接收礼物也就意味着对馈赠者的接纳或默认某种义务加以回馈，从而在礼物馈赠和接收者之间形成一种不可分割的道义。

白族传统婚俗中的礼物馈赠，按照礼物馈赠与接收者的不同，可分为三种：第一种是亲家之间的礼物，包括结婚的聘礼，新娘给婆婆、姑嫂等的礼物，回门时新人给娘家的礼物以及回夫家时带回的礼物；第二种是在主人家与客人之间的礼物，如新娘给小孩发"果子"；第三种是主人送给婚事操办、参与者的礼物。礼物在人们的交往中扮演着重要的情感疏通、互惠角色，这在传统社会中是比较普遍的。

随着改革开放的深化，白族传统婚俗的社会经济基础、文化意义被逐渐改变。如新娘拜客仪式，是新娘进入婆家后，缩短与男方家人、亲戚及所在社区相识距离、满足人们交往需要的重要方式。这一传统仪式依然遵循礼尚往来的传统，以便拉近新娘与人们的感情距离，使新娘在全新的环境中尽快得到认可。并通过新娘赠送礼品这一传统习俗，进行首先赠予才能得到关爱的家庭教育。礼物本身是为了表达感情，使普通物品富有特殊的意义，所以礼物的关键在于是否有情。按白族传统习俗，这些礼品（鞋或枕头）都是新娘亲手制作，既是新娘才艺的展示，也倾注了新娘的心血，寄托了新娘的一片情谊。改革开放后，白族女子展示自身才能的途径多样化。不仅仅局限于女红、家政，也表现在谋生、赚钱能力等方面。新娘礼物不再是新娘一针一线制作，而是现成的商品，新娘礼品仅需要提供货币和相关信息就能解决。随着人们对商业交换依赖的增强，传统仪式礼物馈赠中对新娘的接纳与评价，礼物馈赠过程中的情感体验、精神满足及评价标准都有所改变。"礼轻情意重"的传统观念仍然保留，对人际关系的重视传统依然延续，但体现情谊的方式有了改变。

三　传统婚俗功能的变更

（一）仪式的形式化

头饰是一种综合性的民俗文化事象，是民族识别最形象的标志，也是判定个体年龄、婚姻状况的主要标志之一。它是民族审美心理、风俗习惯等的外在集合体，与民族称谓、民俗心理、生命礼俗等社会文化现象有多层联系。新娘将头发由辫改为髻，标志着少女时代的结束。在传统的白族婚礼中，新婚第二天早上要举行新娘梳头仪式。仪式上新娘要将嫁妆中箱柜的钥匙跪交婆婆或男方家其他长辈，请她代为打开，取出另一套新装换上。然后新娘选择面向阳的位置就座，由婆婆或男方家其他长辈将新娘头发扭起小团，梳成溜溜转盘起来。梳头仪式是在新娘进入婆家成为其中一个正式成员的特定时间,通过新娘的请求——这种语言表达、婆家长辈改变新娘发型的仪式,明确和巩固长幼尊卑的家庭位序,进一步明确女性在家庭中的从属、依附地位。当新娘的发型在特定的家庭场所、由婆家人一丝一缕地改变,伴随着新娘由少女向媳妇心理、情感、角色的转变,长辈此时对新人的叮咛和祝福,对新人的影响可谓是情景交融、刻骨铭心。

20世纪50年代为了给新娘头发定型,白族人就往头发上抹些猪油或鸡油,再插花或戴花冠头饰(可租借或自备)。"文化大革命"期间人们的打扮也在政治管辖的范围内,所以新娘梳头仪式被简化为新娘自己盘发。改革开放后新娘发式逐渐跟着时代流行样式,从80年代的盘发结、抹发油、插花,到90年代开始上发廊"做头"(梳流行的发型)、烫发、喷摩丝定型;2000年后化妆、梳头都在发廊,且要头插鲜花。结婚仪式上的新娘梳头仪式仍在继续,只是已经不再需要为新娘实际梳头。商业化元素通过对传统仪式中具有重要象征意义的载体——发型操作过程的渗透,并逐渐为人们所接受,不断融入传统习俗,逐渐累积而成为一种新的习俗。同时通婚圈的扩大,不同地方婚俗的差异,也为女性改变传统婚仪中象征女性从属地位的习俗提供了条件。如有些新娘不再向男方长辈跪交柜子钥匙,而是自己开箱以保留自己的隐私权,从而在一定程度上打破了传统习俗的规范和秩序引导。随着女性自我意识增强,在婚仪的细节中不断强化女性地位,并逐渐得到男性的默许和同伴的认同、效仿而不断扩展,标志着女性对婆家的依附关系的弱化,客观上反映了现代白族社会男女平等的历史进程。

(二)仪式的庸俗化趋势

白族传统婚礼中闹婚有路闹、席闹和闹洞房几种。路闹主要是在迎亲路上嬉闹新人,出点小难题考考新人及迎亲队伍;席闹就是在宴席上出些有趣的问题考新人。朋友的这些戏闹主要是增加迎亲的难度,也是考验新人的智慧和耐性。闹洞房习俗主要是帮助新人建立感情,也隐含性教育的功能。通过形式多样的"闹",一则可以舒缓生活压力,二则可以张扬民族民间文化,三则可以营造一种欢乐、喜庆、热闹的氛围。按照惯例,新人无论如何都不能发脾气,只能笑脸相迎、求饶,否则客人会不高兴,今后没有好人缘。无论是哪种形式的"闹",都有一定的民族文化底蕴或内涵,其间对歌、对答的内容都有浓烈的民间乡土文化气息,是民族民间文化传承的重要途径。主要表现在:一是客人对新人的祝福词中，二是用民间谚语、猜谜语、地方风土人情对答等打趣的方式，作为社交聚会的游戏方法和娱乐手段，既交流思想心得，又锻炼才智、提高修养。

新中国成立后，随着自由恋爱结婚的白族人逐渐增多，闹洞房帮助新人建立感情的原始功能逐渐淡化，又派生出新的功能：白族群众通过闹洞房习俗改善人际关系，寻找精神满足与心理宣泄、娱乐功能；寓教于乐的教育功能，弥补学校、家庭在性教育方面的不足；为青年男女交往创造机会。改革开放后，随着学校教育、广播电视等现代传播方式的普及，白族青年对民族传统文化知识的兴趣递减，民族语言运用的机会减少，传统民间俗语、谜语的竞猜活动被闲聊、打麻将所取代，人们更喜欢参加悠闲中带有一定刺激的活动，逐渐疏远了优美的智趣活动。在一些地方的婚礼中，刁难新人的闹也变成明显的为难、嬉闹新人，且缺乏文化意蕴，纯粹是为闹而闹，往往使新人不好收场。面对喜庆氛围中新人不能责怪的环境，一些人的逆反心理、好奇心理、表现心理、放松心理和发泄心理纷纷显现，行为矛头直指新人，出现种种恶搞。这种情况也引起了大理州相关部门的注意，如鹤庆县委就此事曾发出行政命令，禁止党员干部参与。这种"恶搞"之风并非白族地区独有，如2012年12月《春城晚报》报道《婚礼"恶搞"投诉无门谁来管》指出，网友通过微博反映在全国一些地方，婚礼恶搞已经从家庭走向大街、从洞房走向迎亲路上，婚礼中出现这种闹的低俗化倾向，法律没有相关约束、执法部门不便强制介入。① 这样一个古老的风俗，其低俗化倾向与社会主导价值观不符，影响人际和谐。

由于分布在不同的地理空间，白族生存的自然环境和社会环境不尽相同，有不同的生活体验和感情表达方式。因而在大理州不同的县、乡甚至村落，白族婚俗也有大同小异的多样性，正所谓"十里不同风，百里不同俗"。而随着现代化、城市化步伐的加快，各地白族婚俗的变迁趋势是，城市化水平较高的地方变迁较大。总的来看，现代化进程中大理白族传统婚俗文化的变迁，绝不是单向度、直线性的，而是多向度、有起伏、曲折性的变化。其变迁可以概括为三种情况：一是形式与内容的变迁不一致。既有外在表现形式变迁趋向明显快于内在精神实质的情况，也有外在

---

① 《婚礼"恶搞"投诉无门谁来管》，《春城晚报》2012年12月26日。

表现形式未变但内在内容增加的情况。一些白族传统婚俗形式未变，但性质或功能有所变迁。二是形式和内容都发生改变，是前所未有的。如婚姻自主，婚龄后移，婚前体检，不要彩礼、新事新办等。三是变迁的程度和趋向出现一定的差异性，如通婚圈等。正如民俗学家乌丙安指出的："历代俗民的生存愿望与生活需求是民俗得以产生、传习、保存、应用的基本动因，只要人们的生存愿望得不到实现，生活需求得不到满足，他们就不停顿地动用各种民俗形式表达这种愿望和需求。"[①] 大理白族传统婚俗文化的存与变是有其社会历史根源的。那些难以在新的历史条件下实现社会整合功能、不能满足民族发展需求的婚俗势必消失或改变，而能稳定传承的婚俗则往往在于不断融入新的文化要素并得到民族的认可与接受，是新的条件下对传统婚俗的发明与运用。

　　总之，无论是观念、仪式、程序还是功能，大理白族婚俗的传统符号象征系统及样式依然保留，传统婚俗仍有其生存的土壤，还在顽强地延续和表现着自己。同时现代化进程中大理白族婚俗文化与传统相比，确实发生了一些明显的变化，主要是社会进步、时代变迁与大理白族传统婚俗主体的选择。变化是绝对的，静止是相对的，是不变与变化的集结，是现代化背景下白族人民对新的生活方式探求和意义的选择。

---

① 乌丙安：《民俗学原理》，辽宁教育出版社2001年版，第32页。

第四章

大理白族传统婚俗文化现代变迁的因素

民族是具有自身构成结构的客观实体。民族结构是民族的物质产品生产、精神产品生产和自身生产及其有关方面关系的有机排列和组合。民族结构一般包括经济结构、政治结构、文化结构、意识结构以及人口结构和家庭结构，这些方面相互联系、相互影响和制约。民族发展既取决于民族内部结构调整的合理度，也受到社会环境（经济、政治文化、社会）的影响和制约，是内外因素交互作用的结果，是民族的自身发展、民族的社会发展和民族人的发展的统一。现代化进程中，大理白族婚俗文化的变迁以大理州经济社会发展为基础，反映了大理白族经济、政治、文化、社会等各方面的整体结构、体制的演变和时代特色。[①]

第一节 政治发展是白族婚俗文化转变的客观条件

民族发展需要有合适的社会政治条件。民族发展的社会政治条件，主要是指民族关系、国家政权性质、社会政治和法律制度及其建设、政策环境等方面的状况。大理白族传统婚俗文化的变化，主要动因在于社会主义制度的确立、改革开放政策所带来的白族政治结构的变化。

一 政治秩序的建构和民族关系的变化

新中国成立、社会主义制度的确立，引起社会制度结构的变化，使约

---

① 龙先琼：《关于民族发展问题的几点理论思考》，《吉首大学学报》（社会科学版）2006年第4期，第90页。

束人们行为的一系列规则发生了革命性改变。作为上层建筑的政治通过政策、法律、制度等途径直接或间接地影响社会文化生活，改变人们的行为习惯和观念，使白族婚俗发生适应性变迁。因为"俗"往往是上之所施、下之所行，是当政者意志的曲折反映。①

（一）平等团结的民族关系

民族作为一个稳定的社会利益群体，在广泛的社会交往联系中实现自身的发展。从新中国成立初期到十一届三中全会是中国社会政治秩序重构时期，政治发展的主要目标是实现少数民族当家做主的政治平等理想。因而大理白族也相继进行了新政权建立、民族身份确认、实行民族区域自治和民族社会改革，在此过程中，白族婚俗也发生了历史性的变迁。

新中国成立后，中央高度重视边疆民族地区的发展，开展了大量的民族工作：1949年12月，大理地区和平解放，各级人民政权相继建立。首先进行了清匪反霸，安定民心和社会秩序，为民族地区人民民主政权建立、化解民族矛盾、疏通民族关系奠定了基础。其次，坚持"慎重稳进"的方针，从1951年11月至1953年3月，开展民族地区社会改革。通过土地改革，统治民族地区千百年的民族压迫、民族剥削的制度基础被消灭，有产者与无产者之间的财产鸿沟被铲除，阶级对立消弭，以阶级区隔为标志的等级婚姻观念失去制度基础，既为确立平等团结的新型民族关系奠定了制度基础，也为促进平等的婚姻关系形成起到了积极作用。最后，意识形态的建构。从1953年开始大理州进行建党、建团工作，成立了45个党支部、389个团支部，② 全州少数民族党员总数达71178人，占党员总数的50%，在县处级后备干部队伍中少数民族占56.2%。党员干部队伍的结构不断优化，使政令畅通、民情上达有了重要保障。同时通过民族干部、党团员的自觉践行，通过广播、报纸、宣传栏、宣传队等形式，进行社会主义意识形态的宣传教育，实现马克思主义的大众化。主流价值观的引导和党团员的先锋模范作用的发挥，客观上主导了20世纪60—70年代年轻人择偶标准的政治化倾向。民族党员干部成为大理州建设的骨干力量和时代先锋，拥有一定的社会资源，成为众多白族青年的追求目标，引

---

① 苑利主编：《二十世纪中国民俗学经典——民俗理论卷》，社会科学文献出版社2002年版，第241页。

② 《大理白族自治州概况》，民族出版社2007年版，第117页。

领新的择偶价值观的确立。

1957年10月中央发出《关于在少数民族中进行整风和社会主义教育的指示》,[①] 在白族社会形成破除迷信的强大社会舆论导向,使党员干部及青年人自觉地树立起抵制鬼神的观念,从而使民族信仰、社会信仰开始发生改变,社会主导价值观也随之逐渐确立。

(二) 中华民族认同加强

民族关系是民族发展不可回避的问题,民族关系即民族之间以经济为主的政治、文化等的交往关系,影响着民族内部结构的合理化、完善化建设进程。所以建立和谐的民族关系,是民族健康发展的条件和助推力。为此,中央高度重视民族地区的特殊性发展,主要从三个方面为建立平等的民族关系扫清障碍:

一是派遣中央访问团,到民族地区进行抚慰,消除民族地区对新政权的恐惧与敌视。1950年8月至1951年5月中央访问团第二分团访问云南包括大理在内的9个专区42个县,宣传民族政策,深入民族村寨调查研究,倾听各族人民的要求,疏通云南各民族与中央的联系。二是禁止民族歧视与侮辱,消除不利于民族团结的因素。1951年政务院制定了《关于处理带有歧视或侮辱少数民族性质的称谓、地名、碑碣、匾联的指示》。在广泛调查基础上,开展民族识别工作。三是大理白族自治州于1956年11月正式成立,保障白族享有当家做主的地位和权利,大大增强了各族人民凝心聚力的信心。

由于一系列民族政策的制定和民族工作的开展,使白族地区政治、经济、文化等事业得到发展,平等、团结、互助的新型民族关系得以确立。在这种政治格局中,私有制条件下影响民族生存的外部压力消失,因而白族通过政治联姻实现民族关系改善的动因也随之消除。白族婚俗强化本民族特色、民族凝聚力的同时,民族融合的趋势加强。

在社会主义时期,社会主义民族平等的结构和递进层次是由社会主义民主的结构和层次性决定的,是与社会主义民主发展的阶段性相适应的。伴随着平等、团结、互助的新型民族关系的确立,各民族间经济、文化生活各方面的交往加强,白族通婚圈逐渐扩大;带有明显民族区别的服装、习俗也开始松弛。

---

① 《云南民族工作四十年》(上),云南民族出版社1994年版,第181页。

1978年十一届三中全会召开，全党工作重心由"以阶级斗争为纲"转移到经济建设上来，改变了以"阶级斗争为纲"的社会环境，以阶级成分为基础的人际关系网被打破。人们社交中的政治禁区和心理戒备逐渐消失，这种宽松、祥和的社会环境使白族男女青年择偶的自由度增大。政治变革与发展对白族婚俗所带来的影响是全方位的。社会主义民主制度和民主政治中的民族平等、民族团结，是民族发展的重要内容和社会环境。

（三）法律制度的普及

制度文化是人类在社会实践中为规范自身行为和调节相互之间关系而制定的各种社会规范。制度文化主要是满足人类的安全、保健、自我尊重等的需求。"有关民族的法律，是对民族社会地位、自由发展权利的规定……是对民族地位、权利和发展的法律保障。"[①]

1.《婚姻法》实施

随着社会主义制度的确立，1954年新中国第一部《婚姻法》的颁布实施，大理白族地区长期恪守的包办婚姻和买卖婚姻的传统遭到制度性的否定，买卖婚姻受到社会法规的遏制。男女平等、恋爱自由、婚姻自主、一夫一妻有了现实的法律和制度保障，以传统家法处置成员的做法被彻底否定，家长对子女行为的束缚也渐渐减少了。这种制度变革所带来的是习惯和观念的变化，白族妇女在家庭的自主意识和能力逐渐增强，且出现代际累积增长的效应。

法定婚龄作为国家强制力的表现，逐渐影响到白族原来普遍接受而又世代相传的早婚习俗，并在民众婚俗生活中起着规范和调整作用。虽然时至今日，早婚在被国家强力彻底废止几十年后仍未完全灭迹，有的白族青年因婚龄小，还会先举办婚礼，后领结婚证，但仅是极个别现象。订婚虽不合法，却在民间广泛流行，说明作为一种文化还在影响人们的现实生活，与国家法对应的先进文化累积要转化为一种民间习惯和记忆，有一个过程。在此过程中，对订婚协议的权利主张出现法制规范的真空，就会使民间大量存在的婚约矛盾协调无法可依。

新中国成立后，政府大力提倡移风易俗，破除各种歧视妇女的陈规陋习，但隐蔽在婚姻生活中的社会性别歧视依然存在，致使受害者对家庭暴力多采取掩饰态度，降低了法律与社会干预婚姻暴力的力度。2001年4

[①] 金炳镐：《论民族发展的诸条件、环境》，《黑龙江民族丛刊》1989年第4期，第20页。

月颁布的《婚姻法》（修正案）增设了"禁止家庭暴力"的规定，进一步具体地否定了家庭暴力（婚姻暴力）为家庭私事的观念，支持反家庭暴力的主张。要彻底改变旧的婚姻制度对白族思想观念的影响，还需要作长期不懈的努力。

2. 妇女权益保障法规

1992年颁布的《妇女权益保障法》，是中国第一部以妇女为主体、全面保障妇女权益的专门的基本法。在该法的基本原则和精神指导下，国家相继制定和修订了《人口与计划生育法》《农村土地承包法》等相关法律，颁布实施了《母婴保健法实施办法》等100余件涉及妇女权益保障的法规和规章，使得以《宪法》为基础、以《妇女权益保障法》为主体，包括国家各种单行法律法规、地方性法规和政府各部门行政规章在内的一整套保护妇女权益和促进性别平等的法律体系不断完善。2005年8月又通过了《妇女权益保障法修正案》，突出了反对性别歧视的立法理念，除了在总则中明确要求消除对妇女一切形式的歧视外，还在各个章节中明令禁止教育、就业、财产权益享有上的性别歧视，并强调保障措施和法律责任。这些法律的出台为逐步消除婚俗文化中残存的男女不平等的陈规陋习影响提供了条件，① 有利于构建平等和谐的性别文化。

社会政治和法律制度直接推动民族发展。总的来看，社会主义民主制度使民族平等具有主体的广泛性、内容的真实性，民族平等范围的全面性、民族平等权利的可行性，使民族平等进入一个崭新境界，促进了白族传统婚俗文化的健康发展。

二 政策宣传贯彻的影响

文化的发展需要一定的社会条件，特别是政策与措施。制定切合当地民族实际的政策，形成宽松灵活的良好政策环境，是民族发展获得生机和活力的重要条件。在自然条件基本相同的情况下，政策环境优化或者优化政策的投入，会使产出的效果大不相同。随着社会主义制度的确立、十一届三中全会的召开，大理白族婚俗的变化也说明了这一点。

（一）民族政策的影响

民族政策作为党和国家管理民族事务、调整和处理民族关系的措施和

---

① 谭琳：《先进性别文化的构建》，《南开大学学报》（哲学社会科学版）2007年第2期，第25—34、48页。

方法，影响着民族发展的内部结构和外部环境。① 国家权力对私人生活空间干预的强弱、范围及其合理性，直接影响着民众的认同与传统婚俗的变迁。

1. 尊重民族风俗习惯的政策

民族风俗习惯是民族心理情感的反映，尊重少数民族的风俗习惯，实际就是尊重少数民族的平等权利，尊重民族文化发展。中国共产党一贯主张尊重少数民族风俗习惯，并把各民族都有保持或改革自己风俗习惯的自由，作为民族政策的重要组成部分载入宪法。② 在这种宽松、民主的政治氛围中，白族传统婚俗得以继续（见附录个案11）。但由于受"左"倾思想的影响，1957年以后刮"共产风"，忽视民族婚俗特点、民族差异的存在，搞"民族融合"风，实行一刀切的做法，从根本上违背了我们党一贯的民族政策，引起了各民族群众的极大反感（见附录个案12）。20世纪60年代开展社会主义教育运动，国家反对铺张浪费，红白喜事都不准宴请，只能办集体婚礼。"文化大革命"时期批判"封资修"，号召大家破旧立新，"不破不立，破字当头"，事实上是只破不立，伤害了少数民族的自尊和感情（见附录个案13）。接连的政治运动和极"左"政策，采取简单、粗暴的行政措施，将白族婚俗仪式安排进行强制删除，打破了民族正常的发展态势，中断了传统礼仪文化对民间道德秩序的浸润。

1979—1983年通过广泛深入的民族政策再教育，重申尊重少数民族风俗习惯的政策和措施，取缔了所有不尊重少数民族风俗习惯的"禁令"，中央明确提出对待少数民族风俗习惯的指导原则，强调在广大城乡积极开展移风易俗活动，提倡文明健康科学的生活方式，克服社会风俗习惯中还存在的愚昧落后的封建迷信。改革要在尊重健康民俗的前提下，在自愿的基础上，由群众自己来进行。这些规定使大理州民族民间信仰有了生长空间，为民俗文化传承、展演提供了人才培养的场所、基地和组织支撑。婚仪从原来的行政管制范围退出，在这种宽松、民主的政治氛围中，一些白族的传统婚俗得以传承。③ 切合民族实际的政策和宽松的政策环境，是少数民族发展获得主动性、生机和活力的重要条件。

---

① 黄承敏：《民族政策与民族发展》，《黑龙江民族丛刊》1994年第1期，第41页。
② 《云南民族工作四十年》（上卷），云南民族出版社1994年版，第208页。
③ 同上书，第428页。

2. 繁荣民族文化政策

文化是民族的重要特征，民族文化是维系民族生存发展的智慧总结，是教育子孙后代的重要途径。新中国成立以来，尊重文化多样性是民族工作的一项基本原则。党和政府对少数民族文化实行扶持政策，采取各种政策性措施促进和帮助少数民族发展文化，使社会主义先进文化逐渐深入民族地区。在文化事业方面，20世纪50年代，大理州、市、县新华书店各支店相继成立，接着又在乡镇供销合作社设立图书门市部，形成全州图书发行网络，成为图书发行的主渠道。中国电影发行放映公司云南办事处滇西发行站在下关成立，有线广播站从1个发展为15个，到1966年5月云南人民广播电台的节目已经可以覆盖全州大部分地区，成为全省第一座中波转播台；1980年10月开始转播中央人民广播电台的一套节目。80年代中期经国家广播电影电视部批准建立大理电视台，成为全省最早自办节目的地、州电视台，成为大理州内主要的宣传媒体之一。[①] 图书、广播、电视事业的发展，不仅开阔了白族人民的视野，也使先进思想文化、社会主流价值观深入人心，为白族传统婚俗移风易俗提供了思想保证。

在民族文化的传承与传播方面，注重专业艺术表演队伍建设，同时培养了一批民间业余文艺骨干，使民族文化深深扎根于基层。"文革"期间大本曲受到较大的冲击和破坏，改革开放后，随着党和国家对民族传统文化的宣传、保护与复兴工作力度的逐步加大，民族传统文化越来越受重视，民族传统文化意识在增强，民族文化设施建设在增多，群众文化活动日益活跃。大本曲又出现了一定程度的复兴，民间的演艺活动重新兴起，又出现了大理坝子中村村寨寨邀请艺人演唱大本曲的局面。国家级非物质文化遗产名录共计518项，大理州有2个项目名列其中；在国务院公布的第6批全国重点文物保护单位名单中，大理州申报的8项文物保护单位被列为全国重点文物保护单位。2006年5月8日，云南省第一批非物质文化遗产保护名录共计147项，大理州有13项名列其中。[②] 世代相传的民族民间文化不断滋养、熏陶白族人民，使白族传统婚俗民族特色得以保留。

[①] 《大理白族自治州概况》，民族出版社2007年版，第350—351页。
[②] 大理白族自治州地方志编纂委员会办公室：《大理州年鉴（2007）》，云南民族出版社2007年版，第268页。

（二）社会政策的影响

社会政策是通过政府行政干预，制定政策、行动准则和规定，为民众提供必要的社会保障和各项社会服务的方式。社会政策的制定及变化，关系民生福祉，影响民族生产生活的方方面面。

1. 户籍管理松弛

从20世纪50年代以来，由于国家实行严格的户籍管理制度，户籍迁移受多重因素制约，极大地影响着多数白族人的择偶范围，通婚半径较小。改革开放后国家对户籍管理制度逐步进行了一些调整，如1984年开始允许农村人口流动到城市就业，使户口和就业实现了分离；1985年实行居民身份证制度，代替了户口簿的部分作用；2001年3月30日国务院批转公安部《关于推进小城镇户籍管理制度改革的意见》，小城镇户籍制度改革全面推进。这一系列改革发展都有利于农村人口自由外出和流动。在笔者走访的下庄村，劳动力就业结构已经发生实质性变化，务农已经成为历史，村中的男青年基本都已外出打工，人口的非农化大流动，使乡村与城镇的联系日益紧密、更为迫切了。这就使适应小农经济的传统婚俗有了改变的客观需要和现实条件。越来越多的男女青年走出村庄，交往的范围、层次大大超出了过去狭小的空间，不断打破地域、民族的界限，使白族婚俗不断地发生变化：对象的选择、媒人的作用、礼钱的多少及意义、婚嫁日子的选择，等等，都随着交往方式改变、交往半径的扩大而悄悄地发生改变。不过，大理白族各地劳动力转移程度不同，社会结构分化比较明显，所以在生产生活方式变化所带来的人们观念、行为的变化也就有了较大的差异性，白族的价值观念也呈现出纷繁复杂的特点。

人口流动限制的松动，农村大量能人外出打工，使农村文化队伍人才流失比较严重，农村文艺骨干大幅度减少，影响了民族民间文化的创作与发展，也影响了民族民间文化的传承和质量提升，群众文化活动的向心力、感染力大打折扣，使受众尤其是年轻受众大幅度萎缩，白族传统婚俗中闹婚的智趣性降低，庸俗化趋势明显。

2. 人口与计划生育政策

大理州自20世纪70年代末开展人口与计划生育工作以来，经过30多年的努力，人口出生率由1972年的34.39‰下降到2006年的10.8‰，人口自然增长率由25.83‰下降到5.35‰；实现了人口从高出生、高死亡、高增长到低出生、低死亡、低增长的历史性转变，累计少出生人口约

160万人，为全州经济社会发展作出了巨大贡献。独生子女领证人数不断增加，截至2006年12月31日，全州农业人口领取《独生子女父母光荣证》的户数累计达47392户，其中2006年内领证7298户。年内符合享受"一次性奖金"5889户，兑现资金562万元；符合享受"教育奖学金"22910人，兑现资金418万元；符合享受"养老生活补助"5126人，兑现资金337万元；符合享受中考升学加分683人，被录取382人；符合享受高考升学加分83人，被省内大专院校录取57人。[①] 一方面，独生子女家庭增加、纯女户出现，客观上促使从妻居婚姻模式的增加；另一方面，女性从生养孩子的大量繁重家务中解放出来，自由支配时间增多，为婚后外出打工、拓展自己的发展空间提供了条件。

3. 男女平等政策

新中国成立以后，国家在社会生活各个领域全方位推进男女平等，各民族女性享受到了较公平的待遇，促进了妇女在社会和家庭中地位的改善。父母不再把子女，尤其是女儿作为自己的私有财产，而是重视女儿与自己的血肉情意、重视女儿未来的幸福，这种平等对待晚辈的观念正是新制度的新气象。男方彩礼的最终归属由女方父母变为新人也就不难理解。男女平等政策让女性有了受教育和就业的机会，使女性改变了单纯通过血缘、地缘关系认识异性的传统渠道，择偶观念与能力也得到提高。同时由于女性对自身价值及发展的定位，逐渐消除了对丈夫的经济依赖，使家庭婚姻的性别分工模式、决策权也开始改变，婚姻的期待提升。在社会性别的重建过程中，各种楷模使白族女性竞相效仿。男性在择偶问题上，贤妻良母的性别标准始终坚守。女性需要在社会、家庭、个人三者之间找到平衡，以实现婚姻家庭的两性和谐发展。

总之，白族传统婚俗文化根基深厚，新中国成立以来白族的婚姻礼仪发生了重大的变迁：从道义合法转向程序合法、从亲族选配到个体自主、从生育价值首位到感情价值的肯定、从女性弱化地位到两性相对平等地位等，这些变迁是国家以政策、制度建构的方式多方位渗透的结果。

---

① 大理白族自治州地方志编纂委员会办公室：《大理州年鉴（2007）》，云南民族出版社2007年版，第299页。

第二节 经济发展是白族婚俗文化变化的决定性因素

民族经济发展是民族发展最主要的内容。[①] 民族内部经济结构的状况决定民族之间经济交往的规模、形式、频率等。民族经济结构主要包括所有制结构、产业结构、消费结构等。民族结构的各层次、各部分之间比例、比重关系的调整与改革,从根本上影响着民族经济的发展。一个民族的经济结构,是该民族的政治结构、文化结构、意识结构的历史基础,同时也对民族人口结构产生重要的影响。

一 生产方式转变促进婚俗文化的演变

恩格斯在《社会主义从空想到科学的发展》中指出,一切社会变迁和政治变革的终极原因,应当在有关时代的经济学中去寻找。[②] 强调生产方式是人类全部社会生活的物质基础,是一切社会现象发生发展、变化的最终根源。人是怎样的,这同他的生存是一致的,既同他生产什么一致,也同他怎样生产一致。也就是说个人怎样,取决于他进行生产的物质条件。人随着生产的发展变化不断改变自己,不断形成新的观念、新的需要和新的交往方式,使传统婚俗文化发生改变。

(一)经济体制的变革

社会主义公有制的建立,铲除了包办婚姻、买卖婚姻存在的制度基础,为白族贫苦农民,尤其是女性,平等获得生产资料——土地的使用权,实现婚姻自主、自由提供了制度保障。社会主义市场经济的发展,社会资源主要依据商品等价交换的原则及市场规则进行分配。使白族地区各种经济活动从原来的计划经济体制下国家统一配置社会资源的模式中逐渐脱离出来,直接促进了民族的发展和民族间的交流。

体制是具体的制度,不同的体制对白族传统婚俗的影响也不同。在计

---

① 金炳镐:《民族理论通论》,中央民族大学出版社2007年版,第149页。
② [德]恩格斯:《社会主义从空想到科学的发展》,《马克思恩格斯选集》第3卷,人民出版社1972年版,第425页。

划经济条件下，所有的社会资源都集中在政府。在农村，农民的生产劳动都由公社、大队、生产队决定，分配权牢牢掌握在干部手中。在安全需要、生存需要缺乏强有力支撑的情况下，尊重的需要就只能隐退，因此个人的婚礼如何进行也无法自主。而随着对计划经济的改革不断下放资源的支配权，制约农民安全需要、生存需要的体制因素消除，婚礼的自主权重回民间，传统婚嫁形式得到恢复，同时白族在婚礼中表现出受尊重的需求不断上扬。

党的十一届三中全会以来，大理州农村家庭联产承包责任制从山区向坝区发展，从贫困地区向较发达地区发展。下庄村到1985年才正式承包，给农民以生产自主权，这极大地解放了农村生产力，既使农村经济摆脱了单一农业经济的困境，也使有外出承包工程能力的人有了大显身手的机会，白族村民走出村庄、步入城市，为创造美好生活努力，也为下一代人的发展奠定了良好的基础。家庭联产承包责任制使农户成为独立的生产单位，婚姻家庭的财产延续功能日益强化。为了有效实现自己的利益，必须自主同外界交往寻求支持和帮助，近距离通婚，为亲戚之间互相帮助和合作创造了现实条件。白族家庭的生产经济职能凸显，择偶圈也出现外展与内缩同时并存的情况，反映了小农经济与大生产之间的矛盾状况。

社会主义制度确立后，近30年农村实行集体经济下工分制的分配模式。在物质匮乏的条件下，对保障民族成员的基本生活需要有一定的积极作用，也带来缺乏活力、效率低下等弊端。改革开放以来，鼓励多劳多得，逐渐形成了以按劳分配为主体、多种分配形式并存的格局。专业户、新经济联合体、乡镇企业蓬勃发展，有效地促进了农民增收。到2004年末，大理州乡镇企业79000个，实现利润8.1亿元，上缴税金4.3亿元。大理市和祥云、宾川、弥渡三个县保持较为稳定的快速发展，为全州乡镇企业的快速发展创造了条件[①]，转移了大批农村剩余劳动力。从集体生产为主向个体家庭为基本经济单位的转变过程中，非公有制经济增加值1665354千元，占全州生产总值的比重达44.8%，在消费市场占据主导地位。到2007年，全州非公有经济实现零售额856089万元，增长26.44%，

---

① 《大理白族自治州概况》，民族出版社2007年版，第203页。

占零售总额的比重达82.7%。① 非公有制的发展调动广大群众积极性、创造性的同时，原来并不被传统观念看好的个体、私营企业长足发展，阶层分化日益明显，白族择偶观念也发生改变，从政治身份优先转变为经济实力因素的上升。

(二) 综合实力的增强

一定历史时代和一定地区的民族生活状况，受生产力发展水平的制约。生产力发展水平越低，劳动产品的数量、社会财富越受限制，社会交往受制于血族关系的支配，个性发展也会受到压制。社会生产力的发展是民族发展的量的积累和扩大的决定因素，也是民族发展质变的决定因素。

1952年大理州工农业总产值只有1.15亿元，财政收入62万元，财政支出296万元，② 财政赤字十分严重。1956年全州财政收入535万元，农业税达176万元，占总税收的32.9%，是财政收入的主要来源。而工业企业的收入仅为27万元，占总收入的5.0%，③ 当时大理州历史积累少、经济总量小、农业型社会特征十分明显。改革开放以来，大理白族自治州国内生产总值保持较高的增幅（见附录表4.1），地区综合实力增强，到1995年大理州县级财政赤字基本消除，赤字县也从11个下降为1个，财政收入首次突破10亿大关。④ 到2007年，全州完成工业增加值99.4亿元，是1978年的198倍，按可比价格计算，年均增长12.1%，占生产总值的比重由1978年的11%上升到31%，提高了20个百分点。⑤ 随着大理州综合经济实力增强，城乡公共服务支出增加，公共教育、卫生医疗条件改善，城乡基础设施建设也有较大改观。随着白族民众基础教育、健康状况明显改善，在对象的选择上，也逐渐注重对象的经济收入水平、身体健康素质、学历条件、生活环境等的考量。从白族婚宴酒席规模、档次的提

---

① 大理白族自治州统计局：《大理州2008年国民经济和社会发展统计公报》，《大理日报》2009年2月14日。

② 大理白族自治州地方志编纂委员会办公室：《大理州年鉴（2007）》，云南民族出版社2007年版，第43页。

③ 大理白族自治州人民政府：《大理四十年》，云南民族出版社1996年版，第319页。

④ 大理白族自治州统计局：《大理州2008年国民经济和社会发展统计公报》，《大理日报》2009年2月14日A2版。

⑤ 中共云南省委政策研究室、云南省统计局：《大跨越大发展——云南改革开放三十年1978—2008》，云南人民出版社2009年版，第206页。

升，可以看出白族民众生产生活水平的发展。改革开放政策使白族居民的家庭财富和生活水平呈现不断上升的趋势。随着民众物质财富不断累积，当大多数人在着装上摆脱了政治经济条件制约的时候，人们对服装量的满足必然要发展到对质的需求的飞跃，发展到对服装的舒适、方便和审美等心理上的满足，并开始尝试用服装表现自我、显现身份等。因此嫁妆、新婚礼服的变化也就成为必然。白族婚礼服饰从群体性特征的民族装扮向个性化的方向逐渐推进。

随着社会进步、民族发展，结婚所需费用增多，个人文化素养提高所需的求学时间延长、社会劳动的年限推迟，白族青年对婚姻及伴侣要求的提高，以及家庭经济供给力不足，这多方面因素综合作用的结果，客观上延缓了结婚的年龄。所以，相对而言，边远山区农村白族的婚龄比城郊更趋向于早婚早育。

（三）产业结构的转变

大理白族自治州的工业从无到有、从小到大，形成了门类较为齐全、初具规模的民族工业体系。纵向比较，大理经济从结构到数量都发生了较大变化，农业经营方式从传统农业逐渐向外向型、商品化、现代化方向转变。到2007年三大产业的比例为27.9：35.6：36.5，支柱产业主要是资源型，仍然属于传统社会的经济发展结构。因此，植根于农耕社会基础上的白族传统婚俗仍然有坚实的土壤。在观念、仪式、程序、功能等方面，白族婚俗的传承是主要的，变迁是第二位的。马克思主义民俗学认为，经济关系是民俗的最后根源。在白族社会中，尽管伴随着农业社会向工业社会的转型，社会生产力的发展大大降低了家庭作为生产单位的重要性，削弱了长辈所赖以运用权力的物质基础，子女对父母心理上、生活上的依赖和服从有所动摇，但依然存在；虽然随着子女受教育机会的增加、社会职业流动逐渐开放化，父母所拥有的传统资源的吸引力有所降低，但子女经济自主能力和社会资本的积累毕竟有限，还不足以在代际资源格局中占据优势。因此，父母对子女配偶选择的支配权、决定权尽管有所减弱，但仍然起着重要作用，婚姻决定权、婚礼操办权依然掌握在长辈手中。

随着民族地区经济的发展和产业结构的调整，2007年大理州第一产业从业人员达132.99万人，比1978年增加43.24万人，占全社会从业人员的比重比1978年下降了21.2个百分点，第三产业从业人员40.38万人，比1978年增加33.44万人。① 第一产业的劳动力不断向二、三产业转移，每天在城乡间迁移的劳动大军，其劳动方式改变，生产协作化、社会化程度提高，时间观念不断增强，促使白族的择偶条件和方式、婚期考虑因素改变，择偶范围趋向扩大。

由于大理州地处西南边疆，生产力发展水平低，在生活水平由温饱走向小康的过程中，社会还处在以金钱、物质财富来标榜和展示自身能力和价值的阶段。白族仍习惯于以婚宴的排场、嫁妆的档次来炫耀和显示自己的实力和地位，以赢得社会尊重；由于小农生产方式并没有彻底改变，传统婚俗中的买卖婚姻仍然有存在的土壤；由于民族地区经济社会发展水平相对较低，大多数白族家庭经济尚不宽裕，家政服务的承受能力有限，家务劳动社会化的需求还缺乏经济收入和思想观念的支撑。女性发展的空间扩大与水平提升，一个重要的先决条件就是家务劳动的社会化，而"权利决不能超出社会的经济结构以及由经济结构制约的社会的文化发展"②。

二　城市化进程加速婚俗的变更

（一）城乡二元结构的打破

改革开放以来，随着民族地区商品经济的发展，城乡结构逐渐打破。不仅城区面积扩大，社会商品化程度也明显提高。从1987年开始，大理州先后建成县级集贸市场19个，乡（镇）集贸市场120个，州级专业市场6个，改扩建营业面积5万多平方米，极大地改善了白族群众的购销环境，有力地促进了商品流通。③ 2007年，全州各类商品市场326个，其中农村市场276个；实现生活消费品零售额84.07亿元，是1978年的42.3倍，年均增长13.8%。到2007年全州建成区达120.5平方公里，城镇化率为27.5%，比1978年的6.2%提高了21.3个百分点。④ 城乡之间物质

---

① 中共云南省委政策研究室、云南省统计局：《大跨越大发展——云南改革开放三十年1978—2008》，云南人民出版社2009年版，第209页。

② 马克思、恩格斯：《哥达纲领批判》，《马克思恩格斯选集》第3卷，人民出版社1995年版，第305页。

③ 大理白族自治州人民政府：《大理四十年》，云南民族出版社1996年版，第320页。

④ 中共云南省委政策研究室、云南省统计局：《大跨越大发展——云南改革开放三十年1978—2008》，云南人民出版社2009年版，第209页。

流的发展，使物质匮乏时代新娘需要耗时费事的手工制作产品，逐渐被专业化、流水作业的大批商品所取代，通过货币交换就可获取，极大地改变了白族的生产生活方式。这也使人们对传统婚俗的认知和态度或多或少地发生变化，白族传统婚俗中的一些仪式也逐渐形式化、简单化了。新婚服饰、礼品都不再自己手工制作，新娘发型由传统固定样式变得逐渐多样、新潮、商业化运作，使白族婚俗传统元素被逐渐稀释，固定民族服饰的伦理性、象征性内涵也逐渐消解。

随着财政状况的改善，乡村基础设施也得到了逐渐完善。新中国成立初期，大理州通车里程仅为463公里，而晴雨畅通的只有342公里。大理州将恢复、改善与新建相结合，在第二个五年计划期间，新修公路1000多公里，为交通运输发展打下了基础。这个时期马车发展迅速，到1966年全州马车已发展到2136辆，既成为完成货运周转的主要运输工具，也成为这个阶段白族迎亲的主要交通工具。1978年开始，为扩大对外开放，所有乡镇和大部分村公所通了公路。2007年全州公路通车里程16297公里，是1978年的4.5倍，实现了村村"三通"。[①] 随着公路的增加，大理州的机动车辆也迅速发展，到1995年底，全州拥有机动车48374辆（民用汽车18269辆，其他机动车30105辆），为1956年215辆的225倍，运输船舶998艘（只），为1978年259艘（只）的3.9倍。[②] 不仅为发展商品生产及旅游业，搞活流通、振兴经济作出了贡献，也使白族迎亲的工具，从肩扛人挑到马车接送发展到今天的轿车长龙。交通状况改善情况，总体而言，城市优于农村，坝区好于山区，中心强于边远地区。因此带来的影响也不完全相同。交通方便了人们的出行，也使走亲访友变得来去匆匆，聚少离多。操办婚事过程中，留宿的情况大幅度减少。无论是亲戚或邻居，相互依赖的利益联系、机会减少，不同程度地出现人情味变淡的情况。

与此同时，邮电通信事业也得到快速发展。20世纪50年代初，全州仅有市内交换机1部，下关到昆明长途电话电路2路，少数县市通长途电话。70年代末所有县市开通了至下关的长途直达电话，绝大部分乡、村

[①] 中共云南省委政策研究室、云南省统计局：《大跨越大发展——云南改革开放三十年1978—2008》，云南人民出版社2009年版，第207页。

[②] 大理白族自治州人民政府：《大理四十年》，云南民族出版社1996年版，第313页。

通了电话。80年代末期，引进程控交换、无线寻呼、移动通信等先进通信技术。90年代中期12个县市和部分乡镇开通程控电话，[1] 到2007年全州电话普及率达到46部/百人。[2] 便利的交通和发达的通信使人们的经济文化交流日渐频繁，为农村青年的自由交往提供了方便，白族的择偶范围也不仅仅局限于本村和周边乡村了。同时方便了双方登门拜访、商谈婚嫁事宜，沟通也容易了，省去了信息传递中不必要的错误带来的麻烦。

随着乡村生活水平的提高，大众传播日益渗透到乡村社会，成为乡村社会变迁的动力之一。从1991年开始大理州12个县市相继建起有线电视网，初步形成有线与无线、调频与中波、广播与电视混合覆盖、协调发展的格局，使全州电视人口覆盖率达94.3%，2004年4月实现广播人口覆盖率达89.2%。[3] 在这个过程中，西方和港台大量文化因子涌入中国，给民族文化的发展提供了许多新鲜的血液，同时也给民族传统文化带来了巨大冲击。引起了新生代白族文化兴趣的转移和审美价值观的变化，从婚服到家居、从娱乐消遣方式到游戏方式都逐渐趋同，民族民间文化的传承面临断裂的新问题。

（二）城乡收入和消费差距的变化

随着经济发展，城乡居民收入不同程度增长。家庭收入直接影响人们的消费行为，白族历来有量入为出、量力而行的习惯，但对终身大事毫不吝啬。当然收入的多寡对婚俗的影响十分明显。主要表现在人们收入水平明显影响操办婚事的自由度。如1957年末大理州全州职工平均工资402元，城乡居民消费品购买力人均42.13元[4]；60年代吃大锅饭，大理白族农村分粮后，每年就30—40元。所以办婚事就得节衣缩食。从附录表4.2不难看出，1952—1978年城乡居民人均储蓄存款余额从7.75元上升为8.46元，26年仅增长了0.71元，这种状况下的婚礼总开支也就在1000元范围内（见附录表3.10）。随着经济体制的转轨，改革开放政策使得大理白族农民的家庭收入途径或来源多样化，家

---

[1] 大理白族自治州人民政府：《大理四十年》，云南民族出版社1996年版，第33页。

[2] 中共云南省委政策研究室、云南省统计局：《大跨越大发展——云南改革开放三十年1978—2008》，云南人民出版社2009年版，第207页。

[3] 《大理白族自治州概况》，民族出版社2007年版，第350—352页。

[4] 同上书，第164页。

庭财富和生活水平不断上升，1983年农民人均收入140元[①]，到1994年就跃升为500元。婚事的开支都在万元以上，改变了原来捉襟见肘的状况。2007年大理州城镇居民人均可支配收入为11616元，比1978年增长32.7倍，年均增长12.9%；农村人均纯收入2677元，比1978年增长49.5倍，年均增长14.5%，城乡居民人均储蓄存款余额从1978年的不足10元增加到5140元，已经进入小康。但城乡收入差距是4.339倍，大于全国平均水平的3.1倍。生活方式的都市化，仍是白族村民衣食住行的目标追求。

收入水平的提高，带动了消费水平的增长。当大多数人生活基本步入小康，白族村民的生活方式、消费观念也发生变化，消费档次明显提高，消费模式也发生较大变化，婚宴操办也随之出现差异。虽然传统互助的婚礼操办方式仍然是主流，一部分人家开始到酒店办酒席，酒水、饮料增加，但与同期的城市相比还有一定差距。汽车、住房成为消费增长和消费升级的主要拉动力，建房成为富裕起来、提升生活品质的首要需求。大理州人均居住面积，2004年城市居住面积21.22平方米，农村29.49平方米。[②] 相应的婚姻当事人的嫁妆、迎亲的工具随着时代的发展，也不断发生变化。白族对家居、服装量的满足也开始转变为对质的需要，发展到对舒适、方便和审美等的满足，并开始尝试以此表现自我、显示身份等。嫁妆也从生存性的日常生活必需品的购置，变为地位、财富的标志。城市高度发达的现代文明和优越舒适的生活、工作环境，更是乡村青年追求的样板和目标。从羡慕城里人的生活到追求像城里人一样的生活，这种强烈的发展愿望，促使白族人民自觉地改变原来的一些生活习惯，在年轻人中反映尤为明显。从白族新人房间布置的舒适度追求，可以看到城市生活方式的影响力；从嫁妆由日用必需品向家用电器的升级，拍婚纱照、迎亲交通工具的改变，可以看到生活方式的城市化转变。由此不难发现，移风易俗的基础是经济的发展，有了物质基础，才会刺激精神文化的需求，这就是所谓"正善则民足，民足则道生，道生则俗美"。[③]

总的来看，民族地区城市化进程和愿望，使各种市场化力量的持续生

[①] 《大理白族自治州概况》，民族出版社2007年版，第123页。
[②] 同上书，第164页。
[③] 乾隆《高苑县志》。

成和社会现代性的增长,极大地刺激着白族婚俗的变迁。民俗归根结底是由经济决定的。大理白族经济现代化发展是民族发展充满生机和活力的根本原因。

第三节 文化发展是白族婚俗文化变化的推动因素

民族的发展最根本的内容是民族整体素质的提高和深化。民族素质既是民族发展的重要内容,又是民族发展的重要条件。民族的基本素质包括民族的科学文化素质、思想政治素质、心理意识素质和人口身体素质。这些基本素质之间是相互联系、相互制约、相互影响的。人类正是通过教育、文化建设,把已有的文化财富内化为受教育者个体的精神财富,培养、造就其个性和创造力的发展,从而使民族素质得以更新和提升。民族的综合素养的改变是家庭教育、学校教育和社会教育共同作用的结果。

一 学校教育的发展与局限

民族发展最终取决于民族的人口文化素质,民族教育的根本任务是培养少数民族自己的建设人才。

(一)学校教育发展的支持

学校教育借助专职教师、现代教学手段,系统、集中、有计划、有目的的教学工作,进行现代文化知识和历史文化传承,有助于民族智力结构、思维结构的变迁。

由于历史和自然等方面的原因,大理白族总体受教育水平较低。1956年大理白族自治州建立时,全州仅有1所中等师范学校,1553所小学校,在校生16.58万人,适龄儿童入学率仅为49.30%。1964年7月全州第二次人口普查时,全州文盲半文盲占总人口的43.16%。[1] 在这种情况下,人的素质教育,多半是通过家庭传统教育、社会教育进行,包括白族婚俗在内的民俗活动承载着文化传承重任,社会政治氛围左右着人们的思想和行为。随着国家对民族地区教育发展的关注,大理州加大教育投入,教育

---

[1] 《大理白族自治州概况》,民族出版社2007年版,第327—329、330页。

经费支出逐年增加，全州教育经费支出1956年为251.8万元，1966年503.2万元，1976年552.6万元。随着学校数量的增多和教学质量的提升，学校教育的影响不断扩大，社会主义主导的价值观逐渐在新一代少数民族青少年中确立，科学的世界观、价值观的建构，对推进白族婚俗的移风易俗有重要作用。①

改革开放后大理州国民受教育水平有了明显提高。从1980年起大理州有11个县市兴办11所寄宿制民族小学，在大理、洱源、南涧3个县市建立寄宿制民族初中，在10个县一中设立了初中民族部，在3个县一中设立高中民族部，新建大理州民族中学和大理州师范学校，专门招收少数民族学生。这些少数民族学生95%以上来自山区，均分别享受到省、州、县市人民政府发给的助学金或生活补助费。全州初步建立起了切合大理州实际的，从小学到中学、中专的民族教育体系。1993年大理州基本普及六年义务教育，1990—1994年扫除文盲12.6万人，全州青壮年文盲率由1990年的13.2%下降至7.51%；到2004年适龄儿童入学率达99.36%。② 2004年，少数民族学龄儿童小学入学率达99.04%，全州大中小学校在校生486763人，其中少数民族学生144365人，少数民族学生比例占29.7%。民族教育质量稳步提高。2000年白族的平均受教育年限达到6.75年，高于云南省的6.32年的平均水平。③ 大理白族的经济政治发展状况以及婚俗的变迁，与文化教育结构的不断调整发展、协调密切相关。

从附录表4.3和表4.4不难看出大理白族受教育程度的提高。学校教育作为提高国民素质的一种重要手段，在使受教育者知识积累和生存技能培养的过程中，思想观念、心理和道德情操得到陶冶，并帮助白族青少年不断更新道德观念，树立现代社会必备的政策法规意识，从而使个人在处理爱情、婚姻等问题时，既要符合国家有关的政策、法律法规，符合社会公共道德规范，也要符合民族约定俗成的良好风俗习惯，从而引导他们确立科学的生产生活方式，提升生命质量。

（二）素质教育的发展与偏差

随着大理州学校教育的普及，民众科学文化知识提高，向上流动和水

---

① 《大理白族自治州概况》，民族出版社2007年版，第330页。
② 同上书，第327—329页。
③ 资料来源：2000年全国第五次人口普查统计。

平流动的人口大量增加，促使白族的交际范围不断扩大。学校教育使女性文化知识水平提高，主体意识增强，社会对女性的评价标准也发生变化，传统女红手艺逐渐生疏，白族新娘的礼品都是机织商品，手工制作的礼品逐渐稀缺。

新中国成立后的前30年，学校教育坚持德智体全面发展的教育方针，对白族的素质培养和人格健全发展有重要作用。在这个时期，学校教育政治化倾向较明显，学校思想道德教育的责任主要在于社会伦理和国家伦理的培养，在一定程度上使白族传统婚俗的改变也带有革命性、政治性色彩。同时由于白族传统婚俗的文化积淀依然深厚，因此，白族婚俗在公开场合改变较多，而私底下却隐蔽地进行传统的婚俗仪式，如合八字、给礼钱等，表明国家秩序的建构深入民间有一个过程。

改革开放后，学校价值定位主要以知识化为主，教育不同程度地存在重分数、轻人文教育的问题，尚未实现从应试教育向素质教育的根本转变。提高升学率是学校的中心工作，它不仅与老师的评价机制挂钩，甚至关系到学校的发展。与考试无关、甚至会占用考试课程时间的白族传统文化教育，学校一般不会考虑增加类似的课程。与此同时，学校德育主要采用讲授法、榜样法、宣讲法等灌输方式，以及应试型的德育评价方式，学生缺少实践的机会。尽管吸收了西方教育中的情景教育方式，但是思想道德教育与全方位、立体式、有声有色的传统生活化教育相比，教育方式相对单一，教育效果并不十分理想。学校教育一定程度上忽视了道德形成中心理情感依据和伦理文化的基础作用，导致部分学生知行不一、基本道德修养欠缺，传统闹婚习俗的民族文化内容也逐渐减少，而低俗、恶俗现象增加。

总体来看，我国的教育体系和课程体系比以往更加全面和科学。不仅在文化和科学知识体系和课程体系上，对人的素质培养和人的全面发展也给予了更多的关注。在民族地区普遍使用全国统编教材，其标准化、统一性特点，使地方民族文化内容传播不足，对民俗中富含的人文元素缺乏深度挖掘与传播，使新一代对乡土传统文化的了解处于自然状态，了解肤浅或空白，一定程度上影响了白族学生对乡土社会的文化认同，使其对自身民族文化知识逐渐疏远，归属感模糊甚至丧失，并对自己所生长的文化土壤出现一定程度的"水土不服"，对本民族传承千百年的知识体系、行为模式不解以致兴趣索然。这种兴趣的淡化，一定程度上抑制了民间传承场固有的传承体系。

白族青少年在社会化过程中，接纳、认同、融合其所处社会的各种文化，对主流文化产生同化与顺应，把社会需要内化为自身的发展需要，这个过程本身就是文化的承继过程。由于这个过程中白族文化元素的减少，因此白族新一代对民族文化的传承缺乏内在的动力。

二　家庭伦理教育的位移

一个民族的存续和发展，家庭教育扮演着早期的启蒙角色，对个体的发展奠定了重要的文化认知和经验基础。家庭是儿童最早接触的社会环境，父母长辈的言传身教对孩子的习惯、兴趣、生活方式，甚至个性的培养潜移默化地发生着深远影响。家庭教育的特点是，孩子通过观察和模仿父母的日常言行，潜移默化地接受其基本生活常识和文化价值观。因此，不同的家庭教育造就孩子的不同性格、处事方式和生活态度等。

在白族传统社会中，家庭居所与自给自足的手工劳动场所基本处于一个地理空间，成人劳作与孩童成长的空间距离没有太多阻隔，孩子与父母朝夕相处，可以在接人待物、起居、餐饮等日常活动中，通过言传身教，将世代相传的风俗礼仪和伦理道德逐渐进行培养，通过孩子的反复实践得到认同和强化，传统文化的传承在家庭这个平台得到充分演绎。

新中国成立后，在白族乡村社会，虽然有集体生产的发展，但成人劳作依然主要在本土本乡，严格的户籍制度管理与单位制组织，使人们长期固定在相对有限的地域空间生活，因此传统的亲子关系及模式，总体没有太大变化。白族传统家庭教育对孩童的影响仍十分明显。

随着改革开放的深入，白族家庭亲子关系、教育模式都发生了变化，白族传统民间风俗礼仪、伦理道德文化的传承逐渐减弱。

第一，随着学校教育改变人的前途和命运的作用日渐显现，在强大的升学竞争压力下，白族家庭教育也日渐出现对学习成绩过度关注、对人格成长逐渐忽视的倾向。由于孩子课业负担较重，孩子帮助做家务的分量和频率在逐渐减少，家庭进行知识教育的辅助作用提升，而家庭生活中对孩子为人、处世、立命等基本道德品质的要求和培养弱化，家庭所承担的青少年伦理教育和民族文化传承的功能逐步淡化。

第二，随着计划生育政策的实施和家庭核心化趋势的增强，白族家庭规模出现缩小趋势。在"四二二"式家庭结构中，孩子自幼就受到来自祖辈和父辈的过多宠爱和过多的关注,而对老人的关爱和孝敬相比之下被削弱了。这种氛围中的孩子自我中心意识强,强调自我需要、我行我素,把父母的付出视为理所当然,对父母的感恩和责任意识不足,孝德情感相对淡薄。

第三,随着我国城市化进程的加快,越来越多的农村青年外出打工,造成前所未有的、较大数量的亲子关系疏离。父母挣钱多了,对孩子言传身教的机会却少了。隔代教育或留守妇女的家教,虽然教会了孩子讲最基本的白族话,但由于体力、精力不济等诸多原因,缺乏对民族起源、历史等各种传统文化内涵的教导,致使孩子知其然不知其所以然,久而久之孩子对这些民间传统文化也渐渐失去了兴趣。虽然白族村落依然年复一年组织村民进行各种传统活动,如本主节祭祀、火把节搭火把蒸彩色馒头、庆丰收跳霸王鞭等,一些村民尤其是一些青年人,连看热闹的兴趣都没有了。笔者在白族本主节来到下庄村,虽然传统的民俗活动、民间艺术引来不少人围观,但仍有不少年轻人留在家里。当笔者问及原因时,得到的回答是"年年都是那些东西"、"没意思"、"搞场(方言音译)没有"。

这些因素综合作用的结果,白族传统婚礼的仪式进行,年轻人对这些仪式的认知和认同度普遍下降,因此通过这些仪式对年轻人的教化功能也趋弱。

总之,学校教育固然是最主要的渠道,但教育的效果如何,需要家庭教育与社会教育配合,才能形成淳朴向善的民风,实现社会和谐。

三 文化多样与价值引领的差异

各民族特有的文化熏陶和民间风俗是民族成员成长的既定前提和条件。民族成员从小生活在本民族特有的文化背景和生存环境之中,不断接受民族风俗、民族文化的熏陶,从而形成本民族群体的认知模式、价值判断、道德准则等思维模式,从而实现对本民族文化的接受、认同。

(一)群众文化生活丰富

社会主义制度建立后,大理白族群众文化生活日渐丰富。主要表现在文化发展必需的各种基础建设不断增强。具体表现在:

一是各种文化表演团体的发展。大理白族自治州是文化艺术之乡,文化表演团体从国营到集体所有制，全州一直保持着14个专业艺术表演团体。几十年来，他们创作和表演了上千个民族文艺节目，每年上山下乡演出场次都在120场以上，既丰富了群众文化生活，又搜集了大量的民族民间文艺资料，还辅导和培养了一批业余文艺骨干。这些年来，为适应民众生活，将一些传统歌舞加以适当改编，成为广场、节日的群体性、全民性参与的表演节目，如龙舞、霸王鞭以及彝族、汉族的芦笙舞、旱船、蚌壳舞等，深受各族群众的欢迎。

二是文化场馆的建设。经过长期不懈努力，到1993年，大理州乡镇文化站增加到132个、172人，基本普及了全州乡镇级文化站。2004年基本形成了州、县、乡、村四级文化网。到2006年底，全州有文化馆14个、图书馆13个、文化站110个。全州有12个图书馆达到国家三级以上建设标准，图书馆达级率为92%，群艺馆达级率为100%，文化站达级率为56%。2004—2006年新建的150个村文化室投入使用。这些站、馆建设，使各族群众在劳作之余，可以尽情分享社会精神文化成果。

三是民族民间文化发展。大理白族自治州文化资源丰富，民间文艺人才济济，以白族口头文学为主的大理州民间文学源远流长。自治州成立以后经文艺工作者翻译、整理了一大批民间神话传说故事和民歌，出版后引起世人瞩目。在十大文艺集成志的普遍调查、翻译、编纂工作中，先后编印和出版了民间故事、歌谣、谚语等64本书，共有540万字，48800行，谚语70600条。同时，翻译连载了在国际上有影响的白族学专著《五华楼》《在祖先的庇荫下》等，发表了大量的白族学学者的文史研究，还开辟青少年创作园地《洱海新月》《校园踏青》，深受中小学生的欢迎。[①]将白族民间的历史传说、神话故事、风土人情、笑话、谚语、童谣等作为重要内容进行传播，陪伴一代又一代青少年在浓郁的家乡情结、民族情怀人文氛围中成长。

四是电影事业的发展。到2006年初，国家、省分配到大理州4批共67套电影放映设备、器材。大理州政府先后拨出25万元专项资金购买设备，分批分发到12个县市的60个文化站、电影公司、乡镇文化站。全州共有60个电影放映队，86名从业人员。2005年共放映电影850部、3568

---

① 《大理白族自治州概况》，民族出版社2007年版，第339—348页。

场（次），其中科教片126部、350场，观众52万人（次）。① 这些建设反映了白族人民所享有的文化基础设施增加，群众文化生活样式得到丰富，为白族的素质、现代化水平提升奠定了一定的基础。

（二）文化建设的短板明显

一是农村文化发展的不足。

随着白族人民生产生活水平的提高，休闲娱乐时间增多，仅靠传统民俗、民族运动所提供的娱乐休闲功能，已经无法满足人民日益增长的精神文化需要。自20世纪80年代许多有知识、有活动能力的白族农村青壮年进城打工，农村群众文艺失去了大批骨干，变得冷冷清清。② 虽然大理州文化馆、站有了长足的发展，但由于主要集中在城镇，广大农村所能分享的文化资源十分有限。加上农村文化投入不足，文化书籍更新不足，尤其是边远山区农民群众看书难、看戏难、看电影难的问题仍很突出，文化生产还不能满足群众的需求。农村文化、休闲、娱乐仍然十分单调，农民大部分休闲时间还是用来吃喝、打牌和看电视。在笔者走访调查的过程中，无论是在喜洲、周城、湾桥、凤羽，还是在大理、下庄，街头巷尾或文化站内，都能看到打麻将、玩扑克的人群。而娱乐休闲方式的城市化需求与白族群众认知水平之间的差距，造成城乡一体的"围城"（玩麻将）之风与赌博相连形成恶性循环，不断刺激人们加入"围城"的队伍。这种休闲方式弊大于利，一是会影响邻里和谐、家庭和睦；二是缺乏学习风气和积极向上的氛围。人的发展差别往往就在于休闲时间如何渡过。这种休闲方式虽可放松身心，但长期沉迷，会使人眼界狭小、缺少见识。笔者走访村妇女主任时，恰逢她在为操办妇女保健的体检生气。原因是大理州妇幼保健院为村民进行免费体检，有的妇女检查出病情后，医生劝说服药治疗，结果这些妇女就认为是村妇女主任与医生串通来骗钱。这件事在一定程度上反映了目前白族妇女缺乏基本的妇女保健常识和健康意识，往往把小病拖大、拖重，最后因病返贫，生活困难。这既是农村卫生保健教育空洞的表现，也是白族妇女缺乏接受科学知识的意识和能力的表现，暴露了从温饱向小康迈进的关

---

① 大理白族自治州地方志编纂委员会办公室：《大理州年鉴（2007）》，云南民族出版社2007年版，第269页。

② 张明曾：《当前城乡文化差异及其发展导向》，《白族学研究》1995年第5期，第141页。

键时期，白族文化生产和消费相对脱节的问题。

二是传统民族文化的落寞。

少数民族各具特色的民族民间文化得以延续数千年，主要是地域的相对封闭与隔离，使一个民族成员集体拥有共同传承的特定民间传承场、民俗主持者或表演者和民俗参与者相对固定而密切联系、相互依存。如果其中任何一方改变，都会引起某种民俗的扩大、消亡、软化或转移。

新中国成立后，受民族地区生产力发展水平的限制，白族经济社会发展受高山河流等地理条件限制的状况没有根本改观，民族成员集体拥有的民间传承场、民俗主持者、表演者和民俗参与者相对固定，民族民间文化得以延续的主要因素存在，因此，传统民俗的民间基础依然深厚。

改革开放后，尤其是20世纪90年代以来，随着民族地区经济发展速度加快，各种现代科技信息迅速、大规模地普及到广大农村，交通的便利使得以农业为主要生存模式的白族群众，其生活休闲方式也迅速转型。据笔者调查，在个人闲暇时间，白族在家或独处时看电视、听广播成为主要的生活方式，人们从中享受着生活乐趣的同时，电视也成为最主要的社会化的影响源。2000年后，手机成了除电视之外另一个白族群众获得信息、与外界接触的途径，成为生活中一项不可或缺的重要物品。另据学者调查，现代传媒对人们的日常生活的影响较大，白族民众已经越来越依赖通过电视来了解外界，满足需求。如剑川县石龙村2002年4月闭路电视开通，2009年政府实行"村村通"工程，共发放小型卫星信号接收器121台，能接收十几到五十多个频道，1/3的家庭因此受惠。此后石龙村村民开始广泛拥有电视机，其受众主要是青少年，在寒暑假除了做作业，几乎从早到晚看电视，"对热播的电视节目、明星等，如数家珍"。受娱乐形式多样化的影响，不少白族青少年沉浸于流行音乐等其他娱乐方式中，而在村寨文化活动中却都很难看到他们的身影，尤其是男青年。虽然石龙村的年轻人对于本民族的文化，基本持认同的态度，认为本民族的文化是民族的精华，是先辈们遗留下来的宝贵财富，是值得保留、传播和发扬光大下去的。但是都没有兴趣。2006年世界少数民族语文研究院在剑川县石龙村小学筹建了"白语文"项目，开始在课堂上教授孩子们学习说白语、写白族字。学校里的老师也配合村文艺队成立了幼儿队，带领孩子们跳霸王鞭。尽管增加了这些内容，但对学生的吸引力远远比不上传媒世界中的诱惑和轻松。[①]

在现代传媒穿越高山河流等任何空间阻拦的作用下，民俗赖以存在和生长的环境迅速地瓦解，民间传承场也迅速地趋于萎缩、消失。大本曲经历着观众群萎缩的失落和尴尬，民间传承者亦失去其传授或表演对象。同时，随着民间老艺人逐渐减少，传统婚俗仪式逐渐简化，民间传承场的作用在逐渐减弱。传统民族民间故事、民间戏曲慢节奏和程式化的表演，无法吸引喜欢新鲜、刺激的青少年。外来的社会文化在很大程度上诱发、促使个体内在需要动机的变化，引起人的审美情趣、审美价值观的变化，社会文化本身参与了个体内部动机的构建。地方化、个性化、基层化的东西越来越少，代之以城市化、国际化、西方化，这是当今民族地区发展中最基本的一个矛盾。

三是多样化选择中价值引导的不足。

随着白族人民生活水平的提高，电视对白族社会的影响已经到了"全方位"、"全天候"的程度，已经成为白族日常生活中不可或缺的一部分，电视的视觉化使白族青少年逐渐告别了口头文学所产生的想象力，回到感性并单纯追求视觉的冲击；古典的趣味、细腻而静穆的情感成为过去；音乐也远离了民族传统的韵味，对生活的感性享受超过了对生活的理性判断，在美的消费狂热中迷失了自己。现代传媒带有强迫性地引导着人们的价值判断，左右着审美文化的方向，引导着艺术的潮流，本身也造成了一种民俗。西方的新自由主义、个人主义，包括消费主义进来以后，对青年人的人生观、价值观影响非常大，它从根本上改变了人们的生活方式、思维方式、审美情趣，诱使个人主义、功利主义、享乐主义、拜金主义的风气蔓延。青少年成为现代媒体的主要受众，在此过程中逐渐了解到西方有关两性及婚俗方面的习俗，在追随现代化的潮流中逐步动摇着传统权威的地位，西方的婚恋观、审美观也逐渐向民间婚俗文化渗透，所以性不再神秘，无须再用民族语言的谐音来含蓄表达，与之相关的民族婚仪也就不再保留；能够体现时尚、身体自然美的白色婚纱也就可以进入白族婚俗。同时随着社会宽容度增大，西方文化的扩散，婚前性关系出现上升

[①] 孙信茹、薛园：《媒介化语境中的民族文化"断裂代"——剑川县石龙白族村的个案研究》，《红河学院学报》2012年第5期，第62页。

趋势。

现代传媒的渗透和信息流动的加剧，形成了人们多元化的观念和多样化的选择。媒介带给人们更多外部世界的信息，也在塑造着白族青年对外部世界的认识和价值选择。在不同民族共享同样文化的情况下，正确的舆论导向的引领作用十分重要。但问题在于一段时间以来我们在思想领域、精神领域、道德领域，尤其是价值观的领域，存在一手软的状况，没有紧紧跟上时代发展变化提出的要求。一些电视节目的制作存在一定庸俗化、低俗化、娱乐化、功利化倾向，普及科学知识的功能欠缺。一些媒体往往以财色论英雄——以经济领域的富豪、娱乐圈的美女、明星的私生活吸引眼球。不断变换各种物质享受品位的广告无孔不入，从衣食起居到人际交往，从生活方式到语言表达，从价值到审美，无时无刻不浸染着当下民族地区大众的身心。在此过程中，一方面是民族传统文化和村规民约对民族地区大众，尤其是年轻人的影响力开始减弱，民族传统婚俗对行为规范的影响力明显下降。另一方面是主流社会的价值观，在农村基层表现不充分。基层干部的选拔更看重经济发展能力、赚钱能手，党员干部在乡村文化建设中的能力和水平、党组织的影响力，与现实发展要求有一定差距。加上各种社会问题的存在，正面宣传对青年人的感召力不足。出现了一些人的理想信念弱化、道德滑坡、人情淡漠，包括诚信意识的降低，尤其是价值观的模糊、混乱，是非荣辱、伦理指向开始逐渐变得模糊不清。低俗闹婚是现实道德建设的缩影。如果任由这种错误思潮发展下去，人们的思想境界、价值观都会受到影响。在"尊重差异，包容多样"的前提下，如何真正实现社会主流意识形态的凝聚力，"最大限度地形成社会思想共识"，已经成为一个不能回避也不容忽视的社会现实问题。

（三）传统性别文化的延续

由于白族传统文化中法制意识不足，现实中法治建设相对滞后，法制宣传对基层民众的影响有限。受文化滞后观念和传统文化力量的牵制，传统性别文化依旧在延续，毕竟婚姻生活这一私人领域是传统文化积淀最深的领域。

中国是一个拥有两千年封建历史的国家，男主女从、男尊女卑、男优女劣的社会性别等级观念和"男主外、女主内"的传统性别分工模式根深蒂固。虽然社会主义制度从根本上铲除了妇女受压迫、受歧视的阶级根源，为男女平等的实现提供了充分的有利条件。但由于我们还处于社会主义初级阶段，经济、文化、社会发展水平还比较落后，在短时期内还不可能普遍实现生产过程的机械化、自动化和家务劳动社会化，还无法真正实现性别平等。

受历史发展的惯性影响，传统的婚姻家庭观念、风俗习惯在社会性别意识的塑造过程中具有重要作用：通过对两性及两性关系的期待、要求和评价，性别观念在不同社会制度中也能得到传递和巩固。白族女性在历史上由于文化素质偏低，造成依赖性强、缺乏自信等弱点，也影响了传统社会性别意识的改变。因此当社会或家庭需要女性牺牲自己的利益时，白族妇女大多数也总是习惯于去承担生活的重负。在择偶中有意无意地将自己放在弱者的地位，在置办嫁妆中也难以摆脱物化的倾向。

社会主流话语在倡导男女平等的过程中，对现实中的男女不平等的规制还有所不足，国民的社会性别意识还比较淡薄，对妇女权益的尊重和关注还有一定距离，等等，诸多因素导致社会性别歧视依然普遍存在于社会生活的诸多方面。正如《德意志意识形态》所指出的，性别关系也和人的其他关系一样，受制于客观历史，如果生产方式、生产力等物质条件还未改变，性别关系就不可能改变。"妇女受压迫并不是个人蓄意行动的结果，而是个人生活于其中的政治、社会和经济制度的产物。"[①] 要实现性别和谐、平等，不仅要铲除造成女性依附地位的经济根源、制度根源，还必须根除女性依赖心理的文化根源。这说明，植根于人们内心深处的社会风俗、传统文化，在一定阶段确实是难以更改的集体意向。

新中国成立以来，民族文化的繁荣发展有目共睹。随着改革开放的深入，白族人民享受到从所未有的丰富文化成果。同时白族传统文化的现代发展也面临三重困境：来自学校教育对民间民族信仰的解构，对乡土知识体系传播重视不够；大众文化的强劲冲击；家庭伦理道德教育的实用性原则，致使白族青年对白族传统婚俗文化的认同明显下降，其价值引导、道德教化的作用明显减弱。维护文化的多样性，在求同存异中实现共同发展，已成为社会各界的共识和努力方向。

---

① ［美］罗斯玛丽·帕特南·童：《女性主义思潮导论》，转引自王宏维《论西方马克思主义在社会性别视域中的演进与拓展》，《马克思主义研究》2006年第8期，第93页。

第四节　社会变迁是白族婚俗文化
变化的基础因素

民族的发展变化，取决于它的社会生产、分工及内部和外部的交往程度。改革开放以来，大理白族自治州社会结构发生历史性变迁，反映了民族发展变化的步伐。

一　社会结构的转变

社会结构是指民族地区社会构成的各种要素及其之间的稳固联系，表现为社会生产结构，以及由生产结构所决定的社会阶层结构和社会资源分布结构。社会生产结构、社会阶层结构、社会资源结构是社会结构的主要内容。社会生产结构是由生产活动中人与自然的关系和人与人的关系所结成的极其复杂的结构，是社会结构中具有决定意义的因素。社会生产结构决定了社会阶层结构，进而决定社会资源分布的结构。

（一）向现代社会的转变

马克思主义认为，经济基础决定上层建筑，生产方式必然会影响到作为生产者个人的观念。就生产方式而言，在大理白族农村地区，由于地理环境的制约，大部分农业主要沿用传统的手工劳动耕作方式。这种传统的生产方式没有改变，与之相适应的生活方式、文化观念和社会习俗也就得以保存。因此以家庭为根、以农业为本、以孝为立国之策的传统婚俗文化，其生存发展的社会生产结构仍然有较为稳固的生存土壤。直至 2000 年，白族从事农业的劳动力仍占总数的 79.3%，高于同期全国平均水平 64.4% 近 15 个百分点，仍然是一个以农业为主的欠发达民族。从附录表 4.4 对比 1982 年和 2000 年的产业人员比重，我们可以看到白族第二产业比例明显高于同期的彝族、傣族、哈尼族 4 个百分点以上，但低于全国平均水平 10 个百分点。第三产业的比例有明显增加，与彝族、傣族、哈尼族相比，高出 4 个百分点，但与汉族、全国平均水平相比，第三产业的发展也不容乐观。从白族的产业结构历史变化可以看出，社会生产结构的历史性变迁正在进行，因而在广大的白族乡村社会，家族结构开始逐渐丧失曾有过的文化含义（比如家规、祖训）和良性循环的特点，利益取向也开始日益货币化，家庭越来越小，家族之间的联系逐渐开始淡化。总而言之，大理白族传统婚俗文化赖以生存的基本社会生产结构开始变化，但目前传统文化的生长根基并未出现大的变化，大理白族仍然是一个以传统农业耕作为主的民族。

（二）阶级阶层结构分化

社会阶层结构反映的是由社会生产结构决定的社会阶级和阶层关系。是社会结构的核心内容，对社会要素的组合具有深刻影响。改革开放前，与全国一样，民族地区着重于从政治身份角度对阶级进行划分。改革开放后，在经济力量和政治力量的双重推动下，民族地区的社会进入了一个阶层分化期。在根本利益一致的前提下，逐步形成了具有不同经济地位、社会地位和不同利益要求的多层次社会群体，原来的农民阶级结构发生了重大变化。农民阶层内部已分化形成了种植业劳动者、林牧渔业劳动者、农业经理人员、乡镇企业工人、外出打工农民、农村知识分子、农村国家与社会管理者阶层。同时还出现了一些新兴阶层，如中介组织从业人员、自由职业人员阶层、个体工商户阶层、私营企业主阶层、城乡失业和半失业人员阶层等。

通过2000年中国各民族就业人口的职业结构表（附录表4.6），可以看出白族在国家机关、党群组织、企事业单位负责人的比重，高于同期彝族、傣族、哈尼族，在1%以上，接近全国平均水平。同时拥有的专业技术人员较多，因此就业人员中干部的比例也较高。普查中的"办事人员和有关人员"就是这些非"单位负责人"但属于"干部系列"的职工。这一职业人数所占的比例，白族高于同期彝族、傣族、哈尼族所占的比重，但低于全国平均水平近1个百分点，大致说明白族参与社会各项事业和管理工作的程度，与全国平均水平相比还有一定差距。可见白族在掌握社会资源方面仍低于全国平均值。

白族在从事商业和服务业活动方面，第三产业还是很不发达的，在2000年白族的这一职业比例低于全国近4个百分点。而农业劳动者比例高出全国同期平均水平近15个百分点，这进一步说明在白族农业行业中从事活动的绝大多数是普通农民，只有极少的技术人员或其他服务性人员。白族绝大多数地区的农业仍然采用传统的耕作方式，依靠人力畜力和少量机械，在经营规模上仍是各农户耕作自家小面积承包地，农业生产与现代化农业还有较大的距离。

2000年白族的生产工人、运输工人和有关人员，这一职业比例为6.85%，远远低于全国平均水平的15.8%。相反，白族农业职业劳动者比例较高，农业行业就业者的比例也很高。这一比例说明，目前白族基本上尚未进入工业化行列。从现代化的标准来看，大多数白族的社会经济发展大致还处于初级阶段。而在专业技术人员、干部、商业人员、服务业人员、工人这几个"非农业职业"的比例很低，农业与非农业职业之间存在某种正相关关系。行业结构和职业结构交叉起来分析，可以帮助我们理解白族的社会与经济结构。

社会阶级、阶层结构的分化与重组，直接打破了过去计划经济体制下形成的旧的利益格局，取而代之以一种利益群体多元化、利益需求多样化、利益关系复杂化、利益矛盾明显化的新的利益格局。这种多样化带来了农民群体内部的分化，从笔者所调查的结婚当事人的收入状况中也不难发现这种变化。2000年后结婚当事人的收入，在500—10000元区间，收入相差最大达10倍以上。收入水平、利益诉求的分化，表现在传统婚俗各个环节上的开销，差别也日益明显。因此在缔结婚姻的过程中，利益矛盾、冲突也随之增加。

（三）家庭结构功能转变

家庭是社会的细胞。改革开放以来，白族农村虽然有不少家庭仍具有生产功能，但大多数家庭生产已很难满足家庭的全部需要。随着外出打工人数的增加以及打工资金的累积，白族农民的收入也逐渐依赖于其他的行业，家庭生产功能逐渐减弱。家庭关系也随之发生变化，一是家庭代际关系简化。一般家庭结构是"4－2－2型"，主要是两代或三代共处，四代同堂逐渐减少。随着家庭规模的逐渐缩小，核心家庭越来越占主要地位，夫妻关系在家庭关系中的地位上升，女性在家庭婚姻中的地位和自主权明显提高。与之相联系，白族传统的生育愿望开始逐渐降低，家庭的生育职能也开始减弱。女性在婚姻中意识到自身的意义和价值，女性在越来越大的程度上根据自己的意愿选择配偶，逐步摆脱了父母之命的直接束缚，尽管判断的标准和评价的基础存在着种种问题。在生育、对子女的教育与抚养问题以及家政方面，夫妻双方享有平等的发言权，这是与她们在家庭和社会中实际地位的提高和得到尊重的自我发展分不开的。

二是代际平等日益明显。传统由父母承担的教育任务，现在主要由学校承担，年轻一代从小学、中学乃至大学等各级各类学校获得的科学文化和生活生产技能以及社会适应力和文化资源普遍超过父辈，改变了传统社会的前喻教育模式，来自于长辈的扶佑与资助逐渐减少，婚姻的自主性明显增强。总之，随着人的身份、生存方式的转变，传统婚姻习俗存在并发挥作用的环境改变，促使婚姻目的、婚姻期待等进一步提升。

传统的白族家庭以"联合大家庭"为主，具有亲缘关系的家族成员共同居住在一起。当父母将兄弟的婚事操办之后，就开始分家。分家主要是对房屋、田地这些不动产的使用权限进行规定，在生活上分居分炊。在分家的过程中，父母也将自己今后的归宿进行安排，要么是父跟兄、母随弟，或者跟小儿子一块生活，两位老人也将自己的那份财产带到负责赡养自己的儿子家里。在白族传统社会，家庭养老是主要的养老模式。随着家庭结构缩小，父母分居分炊，使成年子女开始感到来自赡养老人的压力。一部分尚未丧失劳动力的老人，不愿增加儿子的负担，通常居住在自己的老房子里，通过做力所能及的活计，如靠养殖业、手工制作竹器业、擀香、编麦秆等获得一定的经济收入，大部分仍然自食其力。在笔者走访调查过程中，老人大都是边擀香边聊天（见附录图1.1左图）。子女主要在精神慰藉和日常照料方面发挥作用。同时老人也能得到来自其他亲属、邻居及村社组织不同程度的关照。其间当子女遇到经济方面的困难时，老人也会给予子女一定的帮助与支持，如帮助照看孙儿、孙女，便于子女外出打工。在传统白族村落，养儿防老的婚姻家庭观依然存在，对年轻人赡养老人的群体监督、谴责作用也依然保留。因此，白族婚俗对子女敬老孝老的教育和制约仍很重要。

二 开放环境与民族文化的共生

现代白族社会交往的变迁是国家自上而下推行现代化改造的微观反映，其变迁的状况导致社会结构和社会文化的变迁。个体生存环境由封闭走向开放，职业和生存手段多样并且竞争性增强。这些都导致白族人与人之间的关系复杂性增强，信任的基础由伦理义务、情感逐渐开始重视制度契约，人际交往既有传统的继承，又有新因素的变迁，人们的社会行为也开始增添功利性的价值取向。

(一) 民族融合加快

开放是指一个地区、民族或国度与外地、异族、外邦发生文化互动、人员交往，在工具器物、生活方式、社会组织乃至价值层面的沟通与交流，呈现各种资源交换较为顺利、流畅的局面。[1]

随着对外开放从沿海向内地逐步推进，大理白族自治州成为对外交流的窗口之一。1984年7月，大理州发布《向国内开放公告》，欢迎国内企业和个人来投资开发或进行经济技术协作。同年2月，大理市被国务院批准为对外开放乙类城市，云南省人民政府批准在大理市首次设省级大理经济开放区、大理旅游度假区两区，对外开放。1988年10月，继大理市之后，又有洱源、宾川、剑川、巍山等4个县列为对外开放地区。在此期间，大理州同全国26个省市自治区和省内16个地方建立起协作关系。到2000年全州12个县市全部实现对外开放。"九五"计划期间，全州国内生产总值翻两番的任务提前完成，社会主义市场经济体制初步建立。2001—2005年的"十五"计划期间，改革开放取得了明显效果，累计完成进出口总额14581万美元，增长5.34倍。[2] 交流互动是民族发展的推动力，随着对外开放程度的提升，技术、人员、资本和经济的更广范围的流动，使大理州的经济文化社会加速发展。

在全方位的开放态势下，全国各地乃至全球范围的人到大理观光旅游、经贸交流，带来的外界信息，通过多种渠道打破往日的封闭向民间渗透，不断形成思想和观念的冲击波。随着大理白族与其他民族间交往的发展，促进了白族民众双语的学习和使用。这种变化直接反映在婚俗中采用民族语言的谐音，反映民族心理的婚俗随着时间推移逐渐弱化。在共同的经济生活中，各民族间接触日益频繁，对原来习以为常的生活习惯和风俗，也因彼此之间的交往而增进了对民族习惯的差异性了解，民族间的心理障碍逐渐消除，相互包容性和接纳程度日益增强，相互之间缔结婚姻的可能性也日趋增强，也促使民族婚俗的程序简约化。伴随着白族生产方式、就业方式、利益分配方式、生活方式的多样化，一方面个人在婚姻生活中的自由度和独立性不断增大，男女平等意识不断增

---

[1] 李永铭：《开放——民族发展的主题与文化历史的观照——〈中华开放史〉介评》，《中南财经大学学报》1996年第6期，第25页。

[2] 《大理白族自治州概况》，民族出版社2007年版，第126页。

强，法律逐渐成为人们心理上和观念上判断事物的最主要尺度；另一方面，随着物质利益主体的多元化，也带来价值观念的多样性变化。白族传统习俗对现实婚姻的影响逐渐减弱，其内在的伦理道德约束力也逐渐松弛，而一些陈规陋习开始死灰复燃。

（二）多元文化的融合

20世纪80年代大理州开始将旅游业作为第三产业进行重点开发，将旅游作为现代商品机制注入传统文化的机体，实现民族旅游文化的商品化。1982年2月，经国务院批准，大理市正式对外开放，大理市被国务院命名为全国首批历史文化名城，苍山洱海风景区被列为全国重点风景名胜区。1983年大理州列为旅游开放地区，到2005年12月底，全州已有旅游接待饭店119家，旅行社27家，文化旅游经营单位12家，星级饭店餐位已达2万个，形成"吃、住、行、游、购、娱"六大要素配套齐备的旅游格局，基本满足了到大理旅游的游客的需要。大理的旅游经济也随着国内外游客到大理观光旅游逐年增加而发展。到20世纪90年代，旅游经济已成为大理州国民经济新的增长点和第三产业的龙头产业，直接带动了农副产品的加工销售、餐饮和农业生产的发展，增加了地方财政收入和城乡居民的经济收入；[①] 盘活了当地的民族文化资源，带动了相关产业的发展，加速了民族地区的现代化进程。

来自世界各地的旅游者在购买、消费商品化的民族传统文化产品时，附着在民族文化旅游商品内的白族历史、审美观念也逐渐得到各民族的认知，使白族传统文化再度获得展示自身魅力、生存发展的舞台。旅游导致民族文化的商品化和民族旅游地商业化，给白族群众带来浓烈的现代商品经济意识，促进当地民族经济的商业化；同时增强了民族文化自信，也因此促使白族民众再度重新审视包括婚俗在内的民族文化的价值与内涵，为民族传统文化的传承与现代化提供了发展契机。

社会生活的开放性，生产方式的多样性，物质生活方式的多元化，都促使白族不断调整其生产经营模式，适应现代社会的需要。大理州的民族传统工业历史悠久，历代手工业者以他们的聪明才智和精湛的技艺，创造了一大批具有民族风格和地方特色的手工业品，大理石工艺品、木雕家具、扎染、民族首饰、大理草编、羽毛画、美术蜡烛等具有民间特色的传

[①] 《大理白族自治州概况》，民族出版社2007年版，第310页。

统工艺、美观实用的工艺品受到追捧。随着人民物质生活水平的提高以及旅游业的发展，旅游者收藏和购买民族手工艺品成为新的需求。为适应市场发展的需要，剑川县走"公司＋农户"的集约化经营的路子，全县木雕木器生产企业11家，个体经营户1500多户，2004年全县木器木雕产值达3000多万元。①大理市周城扎染厂、巍山县民族织染厂、大理市民间扎染厂等，从事扎花的妇女有数万人，为农村的富余人员提供了施展特长的舞台。鹤庆县新华村是国家文化部命名的"中国民间工艺之乡"和"中国民俗文化村"；该村加工金、银、铜民族手工艺品的历史有1200多年。改革开放后，鹤庆县以新华村为主，新华、秀邑、母屯、板桥、罗伟邑等村的民族手工艺品加工已形成一大产业。共有加工户1000多户，家庭从业人员2500多人，产品销售收入1亿元，加工户实现利润4000多万元。②在实践的磨砺和积累过程中，民族经济、文化、思维结构不断重建和发展。这些变化促使白族从心理结构到风俗习惯发生一系列改变，既带来了白族民居一度的盲目模仿和追随，也带来了民族文化资源保护的觉醒。

　　在旅游业的带动下，白族服饰以及传统民族工艺作为一种旅游资源和商业资源得到开发。大理扎染产业在商业上的成功，不能否认其影响力的扩大，但是并不意味着白族传统文化得以发扬光大，对白族文化的消费还停留在表面的形式，在繁荣的商业化背景下，白族传统文化逐渐游离于民族社会生活之外，带有与民族实际生活脱离的倾向，白族文化的传承变得更为复杂和艰难。

　　当白族社会经历前所未有的、从封闭走向全方位开放，不同类型文化在空间流动、传播的速度大大加快，文化之间的空间距离缩短，文化传播的影响明显增强。白族延续千百年的生产生活方式、思维行为习惯逐渐被多元异质文化打破，并产生叠加效应，为白族传统婚俗文化与商业化、多样个性的整合积蓄力量，这是当代白族对传统婚俗文化重新理解、选择、建构的过程，也是白族传统婚俗文化变迁的过程。

　　总之，大理白族传统婚姻习俗的嬗变，归根到底是因为婚姻当事人这一婚俗主体的时空变化：随着白族社会变革、进步和发展，随着婚姻当事

---

① 《大理白族自治州概况》，民族出版社2007年版，第223页。
② 同上书，第225页。

人生存空间、生活空间、发展空间的拓展和转换,视野和见识随着现代科技的力量不断延伸,白族婚俗随着婚姻当事人的认知水平的提升而更新。因为婚俗是一种对婚姻意义的表达,这种表达在不同的时空条件下人们会用不同的方式进行诠释。大理白族婚俗在传统中衍生、在继承中发展,变化是一种历史的趋势。

第五章

大理白族传统婚俗文化变迁的影响[①]

大理白族婚俗活动作为一种客观存在的文化生活，从经济、文化、社会、生态等方面影响着民族地区的现代化发展。白族婚俗的变迁是传统与现代不断冲突、融合和演进的过程。在此过程中，民族传统文化的一些基本价值可以作为民族地区社会整合、文化重建、文明养成和道德教化的重要资源；一些问题的存在，也会影响白族经济政治文化的生存发展空间、白族生活质量的提高，最终影响白族的科学发展、和谐发展。因此，既要充分认识大理白族婚俗变化的可能性和必要性，同时对白族婚俗变化的影响也不可忽视。

第一节 婚俗文化变迁对民族经济发展的影响

一 婚俗为民族旅游添彩

大理白族自治州由于经济文化发展相对滞后，劳动者受教育水平相对低于全国平均水平，从事现代工业强有力的人才支撑和大规模资金来源积累相对不足，发展现代工业的基础比较薄弱。而发展旅游业同其他生产性项目相比，具有辐射广、投资少、见效快、创汇高、收益多的特点。旅游产业关联性强，旅游业的发展会带动相关的产业或行业的发展，有利于民族地区产业结构的调整，增加地区财政收入，促进民族地区经济的全面发展。饮食、住宿、交通、游览、购物和娱乐是旅游业所依托的六大要素，因此，旅游业的发展可以带动民族地区基础设施建设，带动诸多行业和产

[①] 这部分内容在作者《大理坝区白族婚礼的当代变迁及影响》，发表于《云南民族大学学报》2010年第5期，本书有所增改。

业的发展。同时旅游业是劳动密集型产业，比较适合于现有的民族地区经济社会发展的实际情况，通过民俗旅游，有助于开放白族人民的观念，增强学习的意识，缩小欠发达地区人的现代化差距，为今后的发展积累人力资本。

随着旅游业的迅猛发展，旅游者已经不满足于单一的观光旅游，从单纯追求游山玩水或游览文物古迹，向追求较高层次的精神文化转变；旅游消费正向审美和文化方向过渡，人们对文化含量高的旅游产品的需求不断增加，文化活动与娱乐活动的结合会增加旅游的乐趣。白族特色的婚俗活动"掐新娘"、"绕三灵"、"三道茶"，容纳了游艺民俗的文化娱乐活动，包括了民间生活中的游戏、歌舞、竞技、口头文学等民俗事象，互动性较强。通过互动让游客亲身体验和触摸到历史上白族人民的生活事项，体会到白族的生活方式、思想意识和审美情趣，实现审美与自我完善的旅游目的，寓教于乐，契合了当下群众的精神文化追求。

大理旅游把白族现代生活中隐退的传统婚俗"掐新娘"、"绕三灵"、"三道茶"等仪式或行为，成功移入旅游项目中。这些民族婚俗以独特的民族文化内涵、浓烈的生活气息、厚重的历史氛围、显著的地域差距、欢愉的生活情调及丰富多彩的表现形式，对中外旅游者产生巨大的诱惑力和感召力。如喜洲严家大院每天接待游客数千人，接待人次从最初的每年几千人发展到现在的每年近百万人次；白族"三道茶"歌舞表演累计演出6万多场次，为大理旅游业的发展做出了积极的贡献。其成功就在于把富有历史文化积淀、经典静态的白族民居民俗与动态的民间歌舞、茶文化有机结合，形声情并茂，所以做得有声有色。目前白族民俗旅游已和自然风光、名胜古迹旅游一起构成了颇具特色的旅游三大系列产品。

二 婚俗刺激消费与生产

白族传统婚俗的消费习惯是白族先民在适应社会发展和特定的自然地理条件下形成和发展起来的。作为文化上层建筑，它会反作用于经济基础，推动或阻碍社会生产力的发展。

大理白族每逢操办婚事，父母都要提前为子女建房、装修，添置家电家具、衣被等。房屋的建造和装修带动了当地建材市场的发展，家具的城市化需求又使地方木艺不断适应这种变化而提高，嫁妆的种类增多、家电的需求也促进了纺织品、家电等各类物品供应的增加，婚纱摄影的流行使照相馆、婚纱制作生意火爆，也带动了化妆业、发廊等相关行业的发展。这种对美的追求使婚事的操办日益超越动物性的局限，成为婚庆及相关产业发展的驱动力和最终的价值指向。婚宴的规模扩大使生猪、禽蛋、鱼虾及蔬菜的需求和供应增加。婚礼在酒店举行，同样促进了当地餐饮业的发展。现代大理白族婚礼的超前消费习惯，使家庭耐用消费品大幅度增加、衣着消费档次提升、个人消费品增多、食品消费量和营养水平提高，从而拉动内需，刺激生产，扩大消费。大理州经济总量的增长，也有婚庆经济的功劳。随着白族群众物质生活条件的改善，现代大理白族婚礼消费追求时尚、紧跟新潮的风气不断扩散，客观上刺激和拉动了消费，必然会扩大内需，促进社会物质生产的发展，推动国民经济持续增长。①

大理白族婚姻关系的缔结这一整个过程花费的钱，往往是白族家庭的多年积蓄，如果不够，还需要借钱办宴席。每一次婚姻礼仪的举行，都要花费一笔不小的数目，无疑增加了婚姻当事人双方家庭的经济负担，特别是对家庭条件不好的家庭是一个很大的负担。如附录表3.18所示，在所调查的人群中，有近39%的人表示结婚开支对婚后生活有不同程度的影响。平时低消费、婚礼高消费的消费习俗，情愿把辛苦的积累以吃喝、请客、祭祀等方式消费掉的消费习惯，是小农经济自给自足、温饱即安、缺乏投资和扩大再生产意识的缩影。这种消费习惯导致简单再生产年复一年地重复进行，生产规模不能扩大。倘若遇到天灾人祸，社会经济将会遭到毁灭性的打击，人们的生活即会陷入困境中。这种不合理的消费和积累习惯，在一定程度上阻碍着白族生活水平的提高和扩大再生产的进行，其结果是陷入不良循环的怪圈：由于白族地区经济的欠发达，而使婚姻缔结需要家庭长期的资金积累。家庭长期的资金积累大量投入婚事消费，又压缩了民间的生产性投资，这样的消费决定了民间生产能力在低水平徘徊的局面。经济发展水平低又限制了人们对婚姻本质的认识，为了不使自己及子女在现有的人际交往圈内"没面子"，也就难免出现办婚事争摆排场、阔气而铺张浪费以至打肿脸充胖子、欠下一身债务的恶性发展局面。② 这既是对白族勤俭节约优良传统的背离，也不利于经济发展。

---

① 丁慰南：《民俗文化的社会功能与社会现代化新潮流》，《江西社会科学》2002年第1期，第187页。

② 曲金良：《论民俗改革》，《民俗研究》1995年第3期，第43—44页。

三 盲目"人情"开支的误区

白族历来有精打细算过日子的传统，但每逢办喜事，人情开销就比较大。这不仅给婚姻当事人及其父母带来了不小的经济压力和负担，而且给亲戚、朋友等也带来了一定的负担，增大了亲戚朋友间人情往来的开销，陷入"人情"经济，一定程度上消耗了原本可以投资发展生产、改善生活的有限社会财富，影响了民族经济发展。

白族社会不论是富是穷，不论身份贵贱，不论在城市在农村，都追求要脸面，将送礼、维系体面和关系等视为基本需要，将争脸、给面子和礼尚往来列入基本行为规范，从而形成白族社会中恒久而普遍的面子消费行为，造就出天然的大众消费市场。在这种文化的影响下，在终身大事的问题上，可以不惜任何物质代价，进行超前消费、攀比消费、炫耀消费。这势必会形成畸形消费心理，也会影响民族地区市场的正常有序发展。生活方式一方面由生产力、生产关系决定，另一方面又能改变生产力发展的导向和生产关系的改进，生活方式的落后又会使生产力的发展和生产关系的变更缺乏动力而"进化"缓慢[1]，影响民族发展进程。

不仅如此，面子、人情也会影响社会正常秩序。现代社会与传统社会的不同就在于主要依靠法律调整社会关系，在城市化过程中，重人情的传统也会影响民族地区的正常社会秩序。传统的人情礼尚往来随着市场化的到来，受到市场经济的功利性、自我利益最大化的熏染，借婚礼仪式也会衍生出拉关系、走后门的不正之风，败坏社会风气。在经济文化相对欠发达的白族地区，还会造成亲缘婚姻网系，容易滋长宗族势力，增加家庭矛盾，不利于推进白族地区政治经济文化的发展。同时在局部利益与社会利益发生矛盾时，重视"面子"和"人情"的传统也会因民族情感或社会关系的联盟而影响社会的和谐发展。如大理挖色村的一名大学生读书期间意外死亡，家属邀约同村亲戚数百人到学校进行要挟，这些人明知无理但碍于"面子"而一同前往，给校方施加压力，既对当地白族形象造成了不利影响，也一定程度上干扰了学校的正常活动。

---

[1] 马尚云：《民族发展的整体系统观》，《内蒙古社会科学》1990年第1期，第39页。

第二节　婚俗文化变迁对民族文化发展的制约

城市化进程在改变原有社会组织结构、社会关系的同时，也在逐渐改变民族原有的生活方式、审美偏好、行为规范。

一　婚俗现代生活的适应

纵观白族发展史，在民族文化交流中，白族文化植根于本土并不断吸收人类文明精华，弥补不足，丰富和发展自己的民族文化个性，这既是白族历经艰难、生生不息之本，也是实现民族快捷发展之路。白族婚俗作为民族传统文化中颇具典型性、代表性的部分，不断吸收社会主义社会主导价值观，去除一些不合时宜的婚仪，增加现代婚礼的仪式，从而不断更新婚姻价值观。社会主导的法律婚姻要求作为一项重要程序契入白族民间生活，婚姻登记成为新民俗；男女平等的要求由于有主流社会的舆论支撑，使白族女性及家庭受尊重的要求在婚俗中得到不断张扬；20世纪50年代以后白族旅游结婚、新事新办的现象屡见不鲜，虽然不同时期旅游结婚的旅程远近不同、新事新办的形式及自愿程度有所差异，但总体上晚婚优育成为新时尚，婚事去繁就简的观念对白族婚礼的变化产生了积极的影响。伴随现代商业社会的到来，中西交汇的时尚文化逐渐通过白族青年吸纳到白族传统婚礼中，出现了传统与现代的交融。虽然新人身着西式礼服、乘坐小轿车却依然遵循传统婚仪；虽然家居布置的流行元素不断增多，但传统的安床、压床仪式依旧进行；虽然白族建筑已吸收现代居室设计理念，但新房的位置依然延续"自己民族的伦理逻辑加以安排"[1]。正如美国社会学家威廉·奥格本指出的，文化变迁中各部分的变迁并非同速的。一般物质文化先于非物质文化发生变迁。非物质文化的变迁中，制度首先变迁，或变迁速度较快；其次是风俗、民德变迁；最后才是价值观念变迁。

当青年男女进入结婚年龄时，他们的择偶行为就要符合民族的婚俗习惯。如历史上白族就有"同姓不婚"或"同宗不婚"的禁忌。在婚

---

[1] 黄卓越主编：《文化的血脉——传统文化卷》，中国人民大学出版社2004年版，第186页。

姻缔结过程中，适龄青年通过对象的选择、确定，逐渐了解和认识本民族婚姻制度中的各种婚俗禁忌并择善避害地加以遵循，以保证婚姻行为符合本民族的传统礼俗，以免受惩罚。这就使民族的生存发展智慧得以薪火相传。

传统白族婚俗在现代的变迁中存在物质层面、经济层面的趋同，在一定时期、人生发展的一定阶段，会遮蔽民族文化的吸引力。它一方面表明，白族群众对包括新知识、新技能、新观念等新事物的渴望，也表明民族地区在迈向现代化过程中，共享着现代科技、丰富物质的文明成果，极大地开阔了民族群众的视野。这既是民族地区缩小与发达地区差距的表现，也为民族地区进一步追赶、跨越式发展提供了物质技术手段和条件。在这个过程中流行的时尚逐渐成为白族地区青年模仿和追求的模本，从新人的发式、服装到新居的陈设品逐渐改变，白族婚俗的一些形式和内容逐渐被视为"老土"、"落伍"。民族文化交往既促进了审美文化的发展和普及，同时也逐渐消解着民族性审美文化；本主崇拜的民族信仰对年轻人的行为和价值影响也在减弱，婚礼中传统的民族娱乐方式虽然仍在延续，但青年人更热衷于过悠闲中带有一定刺激的活动，逐渐疏远了优美的智趣活动。"损失的不仅是文化，更重要的是观念的损失。文化是靠积淀而厚重，历史是靠时间而悠远"[①]，这既可能促进民族文化的危机感从而加快民族文化的创新，也可能失掉民族文化自信、民族自豪感。因为独特的民俗文化是巩固民族共同的心理素质、民族认同的重要元素，只有通过有形的外在民俗文化的存续，才能强化民族认同感，树立民族自信心，增强民族凝聚力，促进民族全面发展。

在现代化、城市化的浪潮下，白族的青年人通过各种途径，不断融入社会学习现代科学技术，在现代产业中就业和发展，以分享现代文明成果，随着社会的进步得到同步的发展。这是时代的要求、民族发展的召唤。当现代技术手段吸引力加强时，附着在物质技术上的价值观念也会随之发生影响，使民族地区的青年更倾心于西方文化、西方文明。这种情况的出现不能因噎废食，民族文化需要不断吸收和引进其他文明来得到充实、提升，应以辩证和发展的眼光来看待。问题的关键在于，如何展现民族深厚的文化底蕴来有效影响青年一代。兴趣是影响人选择、接纳和融合

---

① 大理白族自治州白族文化研究所：《白族文化研究动态》2004汇编，第15、17页。

文化的主要因素之一。① 所以要根本改变的是我们的舆论媒体、教育者如何创新文化传承体系，如何在传统民族婚俗这个重要的文化传承场中充分展示民族传统文化的魅力。在社会转型和文化转型过程中，需要对世代传承的婚俗文化进行梳理和调适，进一步增强白族传统婚俗文化中的进取性和现代社会的适应性。

二　婚俗礼治的松弛

白族婚俗将社会规范和道德标准生活化、仪式化，通过对婚姻当事人的近乎刁难和戏弄，挑战和考验新人的忍耐极限，以培养个体解决家庭、社会各种复杂矛盾关系需要的和谐素质和人格，且内隐着家庭礼仪、社会礼仪文化的教育，使新人在即将开始的婚姻家庭生活中不断矫治、整理和打造人性，按照民族已延续千年的生活经验、准则和价值观，承接家庭内外应有的秩序，体现社会主导的人伦关系、伦理价值。因此，传统白族社会的治理方式主要是通过教化、礼治维持秩序，而婚礼又往往被看作礼治社会的缘起，草根社会就是通过一遍遍繁文缛节的礼仪对民间社会进行管理和控制，以低投入、低成本得到相对较高的制度收益。

婚礼礼仪本身某种程度的繁文缛节是难免的，必要的程序一旦简化，就不能产生理想的效果。而城市化进程中仪式的精简，使参与仪式的双方因缺少互动中必要的依托，而对仪式及其文化意义缺少愉悦接受的心境。这种变化使白族婚俗对民族成员进行文化整合时遇到一定的困难，加上缺乏对传统仪式的创造性转化，白族原有的伦理道德约束出现一定程度的松弛，一些不利于民族发展的情况就出现了：婚嫁中的相互攀比使消费的目的不再是传统意义上实际生存需要的满足，而是为了被现代文明刺激起来的欲望的满足。即使受经济条件的限制无法达到实际的高消费水平，也要极力追求或模仿高消费群体的生活方式；白族父母为子女倾其所有办婚事，父母节衣缩食、整日辛苦操劳，而有些子女孝心减退，成家后心安理得地坐享其成、游手好闲、不思进取；夫妻之间互敬互谅、互爱互助的和谐关系是家庭和谐的核心，一些夫妻之间由于沟通不足、宽容无度、摩擦不断。有的甚至情感轴心偏离，视婚姻如儿戏，动则离婚。

婚礼场地从民居院落转移到酒店，并非简单的场地位移，影响较大。

---

① 王军、董艳主编：《民族文化传承与教育》，中央民族大学出版社2007年版，第36页。

一是婚礼中，富有民族特色的白族民居文化的美育欣赏与熏陶影响力减弱，没有了家、院特有的"味道"。同时婚宴上客人感受不到主人"家"的气息与品位，体会不到白族家庭文化传递过程中的温馨，也失去了在村落中举行婚宴独有的情感联络载体。二是仪式的商业化运作，使民间自我组织的纽带加速松弛。如前所述，在生产力发展水平相对较低的情况下，团结互助使民族成员同舟共济、克服各种困难而生存繁衍。随着经济条件的宽裕，由酒店承办婚礼，在主办者轻松享受商业化带来的极大便利的同时，民族群众自我服务、自我教育、自我表现的机会和舞台受到挤压，乡村社会浓烈的人情关系逐渐冷淡，利益关联的纽带逐渐松弛。

对于在闹婚中出现的恶搞行为，如果通过婚礼这个平台得到默许，既使亲友尴尬，也破坏了和谐的人际关系，也会败坏社会风气，并在一定程度上埋下恶性事件发生的隐患。受一定的社会历史条件的制约，共同的物质旨趣，倾向于低级的、腐化堕落的事物，有碍于社会进步和个人身心健康。而对精神意识倾向指向于高级的、高尚的兴趣，有助于促进社会的发展。尽管当地已经采取劝说方式进行引导，使公共场所庸俗闹婚的现象得到有效遏制。但这个问题的出现，说明当白族人民开始步入小康、闹洞房已不再是性启蒙教育的唯一途径时，道德文化传承仍需下大力气常抓不懈。

今天，当传统伦理道德约束力松弛、法律意识尚未完全确立时，利益最大化的市场法则和不断扩展的大众传媒动摇了白族社会的乡土秩序，很容易出现信仰迷失、道德滑坡、社会风气下滑，最终导致社会关系发生紊乱。一个民族，如果不再尊重和践行诚实可信、正直公平的美德，穷奢极欲地将荣辱、秩序、美德和孝顺当成过时的东西加以摒弃的话，那么这个民族也就失去了挽救的价值。因此，当建立在传统农业文明时代的传统伦理遭遇现代文明的冲突时，需要对民族传统文化模式进行结构改造和功能更新，使之能够对民族行为规范进行有效整合，从而推动民族的新发展。

三　民族文化传承的断代

民族文化的传承是民族共同体形成和发展的重要条件。每个民族在与其他民族的交往中，以其文化的独特性而存在。56个民族56朵花，构成中华文化大花园争奇斗艳、相得益彰、满园春色的生命力和吸引力。独特、不可复制的多元民族文化，既有利于适应有限的资源环境可持续发展,也可塑造具有不同民族个性的青年品格和素养,也是民族文化产业发展的宝贵资源和深厚土壤,是民族文化产品具有独特魅力和市场竞争力、经济开发价值的原因之所在。然而今天青年一代对民族婚俗的认知和服从程度不尽相同,也没有太多的兴趣去了解其根由和含义,"传"与"承"之间缺少应有的对接、契合,出现了一定的断档。正是由于对生活中、身边的民族文化的传承漠然,不能使民族民间生活中的象征符号融入文化产品中。民族文化产业发展已缺少本民族原生态文化元素的支撑,缺乏独特的个性和创意,难以打动人心,缺乏感召力和影响力。

传统不是被动消极的存在,在历史的沧桑演变中,传统依然顽强地通过生活积淀发生影响。年轻人在被动地听从、服从传统白族婚俗的礼仪和安排过程中,一次次经历这种带有民族特点的人生仪式,本身就是一次次民俗的展演、学习、获得、延续的过程,这个过程本身就是白族婚俗的意义之所在。因为"仪式作为象征性的行为与活动,不仅是表达性的,而且是建构性的;它不仅可以展示观念的心智的内在逻辑,也可以是展现和建构权威的权力技术"。[1] 毕竟习俗往往是"相沿成习,相然成风"的。白族婚礼仪式的举行,通过被赋予稳定民俗含义、有特定象征性的行为和群体所认同的文化符号,不断地向人们传达民族的性格、情感、价值观、理想,达到心灵的沟通,既能让白族青年感受到本民族对未来生活期待的积极人生态度,又能唤起民族群体的历史记忆和情绪感受,从而鼓舞自身文化的生存,产生民族的凝聚力。[2]

在仍然被白族民众实践着的民间婚俗中,表达着白族作为一个群体的独特性。当笔者问及白族婚俗"与汉族有什么不一样的地方"时,当地的民族学者都会罗列种种,而白族群众回答大多都是"都一样呗,能有啥不同?"也有一些人回答"说不上什么"、"好像没有嘛"等等。这在一定程度上表明白族民众对本民族文化的一种近似熟视无睹的"集体无意识",或许这就是民族风俗"百姓日用而不知"的特性使然,也或许是城市化取向使历来善于吸收外来文化的白族民众忽略了自身一些传统民族文化的独特痕迹。

---

[1] 郭于华主编:《仪式与社会变迁》,社会科学文献出版社2000年版,导论第4页。
[2] 董晓萍:《说话的文化——民俗传统与现代生活》,中华书局2002年版,第1页。

第三节 婚俗文化变迁与社会和谐

现代社会在带给民族地区人们物质享受和便利、平等自由观念的同时，也打破了传统社会的简单性，个体分化、利益冲突日益明显，使乡村在传统的宁静、和谐中悄悄发生改变。

一 人口的和谐

国家法律渗透到婚姻生活，一是使婚姻双方的利益有了切实的法律保障，尤其是为妇女权益保护提供了安全阀；二是通过国家强制力使白族婚龄逐渐后移，对于反对早婚、提倡晚婚优育、有效控制人口有积极的作用。随着国家法定婚龄要求的提高，客观上延缓了大理白族结婚的年龄，大大推迟了人口出生时间，减少了人口增长的总量，如2008年末大理州户籍总人口为347.48万人，比上年末增加1.79万人；人口出生率为9.9‰，死亡率为5.71‰，自然增长率为4.19‰，[①] 从而实现人口与社会的和谐发展。

随着白族婚嫁成本上升，养儿子就意味着必须有房、有车，这种沉重的经济负担使一些白族家庭生了一个男孩就不敢再生二胎，愿意要女孩。传统的重男轻女观念由于实际利益的改变而发生前所未有的动摇，变成了"重男亲女"，有利于两性出生比例逐渐趋于协调。

通婚圈出现缩小的趋势，亲上加亲，不仅加重了人际关系中的矛盾，也会一定程度上影响妇女的生育观念和人口素质。

随着社会人口流动性的日益增强，交往范围不断扩大、交往频率逐渐攀升，性自由观念导致性安全问题的出现，传染性疾病从高危人群向普通人群蔓延，直接影响人口安全。然而，订婚作为一种建立身份关系的民间合约，不仅涉及当事人的财产利益，也涉及当事人的人身利益。订婚后的男女近似夫妻，但因没有法律支持，只能靠道德、感情维系，双方关系的支撑比较脆弱、风险较大。而恋爱关系一旦难以维系，发生婚前性关系因

[①] 大理白族自治州统计局：《大理州2008年国民经济和社会发展统计公报》，《大理日报》2009年2月15日第1版。

缺乏法律认可,难以追究双方的道德承诺与现实责任。性别上的生理差异往往使女性比较被动,需独自面对未来婚姻的道德谴责,难以要求未来对象的忠诚。不仅婚姻稳定的风险系数增大,而且使女性在婚姻中的地位降低,对男性的依从度增加(见附录三个案5)。在非婚同居的社会事实之中存在着关系的维护机制的脆弱性,在减少了相互责任和束缚的同时,关系的稳定性也随之降低,然而大多数人是渴望拥有稳定而有安全感的伴侣的。这在青少年群体中尤为危险,从健康的角度看,如艾滋病等疾病的蔓延,不能不说和性观念的解放及其实践有着莫大的关联。

二 婚姻家庭的稳定性

婚姻家庭关系是人际交往中最亲密、最直接的关系,其和谐程度直接影响人的身心健康、社会的和谐。

(一) 婚姻幸福指数上升

随着包办婚姻、买卖婚姻逐渐退出历史舞台,过去穷人家的女孩与从未谋面的人结婚,因无家人陪伴同行,导致抬错花轿嫁错郎的尴尬局面不再重现。随着自由恋爱成为选择对象的主流,越来越多的白族青年能够同意中人生活在一起,而不会像过去,圆房之前,"双方连培养感情增加吸引力的可能性都没有",致使"很多年轻男女对婚姻充满了恐惧,就像要掉进一个未知的深渊里",而婚后如果感情不和,要么男人远走他乡逃避,要么就双方痛苦忍受。[①] 总体而言,自由恋爱、自愿结婚、离婚自由的主体权利保障,使白族人真切地生活在幸福的婚姻、美满的家庭里。

(二) 价值冲突

价值趋向的多元,既能激发社会活力,同时也会带来矛盾。婚姻关系达成过程,并非统一、共识的仪式演示,在姻亲、本亲、新人之间往往存在一定的矛盾和冲突。白族婚俗中,礼物出现的频率很高,它既是婚礼中冲突的焦点,也是化解冲突的重要手段。在有史料记载以来,两个家庭(族)的矛盾,无论是由于地位、身份的差异,还是民族、区域的差别引起的矛盾,往往都会聚焦在礼品的数量和种类上(如附录个案14)。发生

---

① [澳] 费茨杰拉德:《五华楼:关于云南大理民家的研究》,刘晓峰、汪晖译,民族出版社2006年版,第138—141页。

争执既有因此不欢而散、婚事告吹的，也有一方作出让步或协调解决的。当婚礼举行时，也是两家亲戚短兵相接最集中的时候。从白族婚俗的多样性及隐含的矛盾冲突来看，婚姻仪式反映了社会成员对婚姻家庭更为多元化的价值理念和追求。婚姻的达成，没有牢固的感情基础而附加了交换，无论是金钱还是其他，都会使夫妻双方或两个家庭无法平等相待，产生隔阂，造成家庭难以和谐（如附录个案15）。

我国实行一夫一妻制，强调男女平等。在现实生活中，白族地区存在个别有钱人"家外有家"、第三者插足、婚外情等，夫妻貌合神离、徒有形式，是对社会主义制度倡导的一夫一妻制婚姻原则的极大挑战。需要通过加强婚姻法律宣传、道德舆论谴责、社会治理，净化社会风气。

从社会层面来考察，白族彩礼仍是加强人际关系的媒介。男方通过送彩礼，取得女方亲属和社区的认可，并在男方居住社区和女方居住社区之间建立起比较广泛的联系，使男女双方缔结的婚姻关系能够获得亲友和社会的普遍承认。彩礼在数量和种类上的差异往往是分辨贫富社会分层的显著标志。同时彩礼与一般的赠予不同，并非男方主观意愿、无条件的行为，而是以女性愿与其结婚为代价，人与物的这种交换关系在观念上始终没有改变。因此，彩礼本身对女性带来的性别歧视、地位贬值及人格损失问题并未从深层领域改变，只不过被自由恋爱等因素淡化了。

订婚习俗的保留，随着社会价值取向的多元趋势，人口流动性增加，订婚后不确定性也在攀升。而一旦发生悔婚，信守婚约一方不仅婚姻期待落空，受到的精神损害也得不到补偿，而且会影响后来的婚姻生活。违约一方不仅不会受到法律的制裁，且随着乡村社会的碎片化、阶层分化明显，所受到的道德谴责也日趋弱化，无过错方也无法请求财产和非财产上的赔偿。在此过程中，往往女方的利益会受到严重损害（如附录个案5）。在现实生活中，对于悔婚纠纷，由于缺少法律事前的指引和事后的调整，更易引发矛盾甚至产生恶性冲突。

白族传统的家产传男不传女的习俗依然保留，嫁妆就是娘家人一次性的财产给付。现代白族婚俗中，嫁妆的不断升级，是娘家人以自己的努力尽量缩小"子"与"女"的社会性别待遇差异，但传统的性别差别观念依然存在。民间习俗的期望增长却没有得到应有的法律确认。毕竟男性继承的不动产在婚后仍有增值的可能，而嫁妆几乎不可能增值、折旧却很快。因此，即使双方父母对新家庭的"投资"数（嫁妆与聘礼）相当，男女双方的婚前财产仍无法相提并论。如果离婚，女方的婚前个人财产已基本消耗完，而男方的婚前财产——住房则可能完好无损甚至升值，也就意味着离婚将使女性丧失其基本的安身之所。这种状况使今天的白族农村女性无法为了尊严而离婚，"婚姻的不可离异性，部分的是一夫一妻制所赖以产生的经济状况的结果"，只有当迫使妇女容忍男子"不忠实行为的经济考虑——例如对自己的生活，特别是对自己子女的未来的担心"消失，才能达到妇女的平等地位。[①] 同时女方通过嫁妆的物质性增长，以努力表达与男方的平等需求、摆脱对人的依赖关系时，又无形中增加了对物质评价的依赖。这种对物的依赖表明女性独立性意识还是相对的，是白族传统婚姻习俗一种变相的延续与流变。这也是由当下白族所处的社会经济文化发展状况决定的。

（三）性别差异隐性化

社会性别既是一种关系，也是一种制度文化。社会性别是指在历史发展过程中逐渐形成的，男女两性在社会地位、角色期望、精神追求、行为方式等方面的社会差异。它是社会对男女两性不同定位、期望和规范的综合体现。社会性别在建构的过程中，通过民间婚俗将社会性别意识根植于现实生活，通过乡规民约、社会和家庭教育对人的社会性别进行规范，为民族的共同目的和价值观念提供基础。白族婚俗随着白族社会的现代化发展，也在发生历史性的改变，在这种改变中，社会性别的关系也在不断地被建构和解构。

从择偶标准的女性示弱到婚姻生活的要求平等，不难看出白族女性自身的价值冲突。随着婚姻目的从生育逐渐向幸福追求的转化，女性自我价值实现与生儿育女的现实冲突也日益明显，这些价值冲突也会影响两性的和谐，使婚姻家庭的稳定性下降。平等、和谐发展成为新的婚姻稳定的目标追求，考量着双方的智慧与耐心。

随着城市化进程加快，从农村到城市的妇女群体显著扩大。城乡之间的流动经历，给农村妇女带来的不仅是生存地点和生存方式的变化、收入的增加，还使她们开阔眼界，受到城市文化的熏陶，获得了通过自身努力改变个人命运的机会和资源。城市文化也在不断冲击白族传统文

[①] ［德］恩格斯：《家庭、私有制和国家的起源》，《马克思恩格斯选集》第4卷，人民出版社1972年版，第78页。

化，同时家务劳动的社会性别分工界线，又制约着白族农村女性的发展。女性的生育使命，使女性需要享有特殊的权利和保护。社会承认妇女在生育养育等方面的特殊需求，就是对妇女权力、独特劳动（人的生产）、独特贡献与价值的承认。自强自立，不是妇女个人的主观意志可以达到的，如果社会不提供公平的条件和机会，自强自立只会使白族农村妇女承担更大的负载。需要主流社会的介入，提供更多的保护与制度支撑。

随着白族青年择偶标准的普遍扩展，从生存性需要的满足发展到对于情感、交往和发展性需求的满足，找对象难成为边远山区白族青年面临的共同问题。尤其是男青年，因为随着城市化进程的加快，农村的社会资源也不断进入城市，包括有一定条件的山区女性进城打工，就不愿再回到山区生活。据学者调查，从1991年到2001年期间，大理州剑川县老君山镇启文村的大龄未婚青年呈逐渐增加趋势，不仅带来性道德失范的问题，骗婚、买卖婚等社会犯罪现象增加，而且也带来了未来农村养老的更大挑战。[①]

第四节　婚俗文化变迁与生态文明建设

强调呵护自然的白族传统婚俗文化的不断传承，使大理魅力倍增，而对自然的不敬也会影响民族的生存发展和地方政府的形象。

一　人与自然和谐发展

世代居住在苍山脚下、洱海之畔的大理白族有爱护环境、清洁卫生的家教传统和习惯，这种注重环境的习惯教育在婚礼的仪式中也得到了体现。无论是新娘晨起的清扫院落，还是宴请打包的传统习俗，在点滴的行为习惯之中培养民众良好的环境意识。今天仍在延续的荤菜定量、打包的习俗，依然在传递合理膳食、肉食有节的理念。这既是人体健康的宝典，也是爱护自然、少屠宰牲畜，以减少碳排放的自觉行动。虽然人们物质生

---

① 董海珍：《性别平等视角下农村大龄青年婚姻失配现象探析》，"民族伦理与少数民族道德生活史学术研讨会"会议论文，2014年4月。

活水平提高，日常生活中享受肉食的数量已经增长，这种源于民族历史的积淀而作用于实际生活的传统文化现象，仍是民众建立在崇信基础之上的集体无意识，是自发自觉自愿的自我教化。正因为有这种生态文化积淀，大理是全省乃至全国发起拒绝"白色污染"、倡导民众杜绝使用塑料袋，并坚持较好的地区之一。

爱好文化娱乐是白族人热爱生活、精神生态良好的重要体现，对陶冶和谐性情、养心怡志有重要作用，显现了白族人对精神世界的和谐追求。每年的剑川石宝山歌会，都吸引着来自剑川、云龙、兰坪、鹤庆、丽江等县的白族青年数万人参加，歌者即兴而唱，听者如痴如醉，通宵达旦，歌舞不息。每年农历四月十五日的"蝴蝶会"也是物资交流、探亲访友、谈情说爱的民间盛会。白族村落古老的戏台仍是白族村民娱乐休闲的重要场所和象征。

二 生态与经济增长的张力

由于小城镇的迅速发展，白族农民的生产生活方式日趋城市化，资源消耗量的增加，环境的负荷不断加重，大理州以洱海为主的湖泊水质污染恶化趋势明显。洱海总氮、总磷（富营养化指标）从20世纪80年代初的0.10毫克/升（氮），0.011毫克/升（磷），2000年上升至0.32毫克/升（氮），0.027毫克/升（磷）。[①] 引起了各级政府和社会各界的重视和关注，政府采取了一系列治理措施，已使水质恶化的趋势得到遏制，但仍然面临根本改善水质的挑战。

随着白族情歌逐渐从青年人生活中淡出，白族情歌生态情感的激发功能、婚礼中民族生态文化熏陶形式的衰微，白族婚俗生态教育效果有所减弱。当白族古老习俗中保留的、对自然原始的敬畏被一些所谓的文明人抛弃，当人类借助科技力量改造自然的力量增强，出现了对自然、历史文化的野蛮开发，实质是无情践踏了当地白族人民的民生权益。在实际生活中，一些人为了一己私利，进行无节制、超容量的自然资源、旅游资源的过度开发，使人民生活的自然环境、人文环境遭遇前所未有的破坏。一是旅游的过度开发，外来游客的进入使当地商业氛围过重，对大理古城文化

---

① 大理白族自治州地方志编纂委员会办公室：《大理州年鉴（2007）》，云南民族出版社2007年版，第28页。

带来冲击；二是随着民族地区工业、旅游业、房地产业的兴起，出现了一些破坏性、掠夺性的开发、利用。"大跃进"时期的苍山林木砍伐成为历史，洱海公园情人湖变豪宅事件，让团山公园情人湖成为几代人破碎的回忆，就是这种破坏的例证。生态危机本质上反映了生态文化的缺失，是简单抛弃传统思想文化无知行径的恶果。人类与生态环境、历史文化遗产的关系，直接显现了人的文明程度和价值尺度，离开了维护人民权益和福祉的价值取向，就谈不上生态文明。维护生态安全是最基本的民生，考量着每一届政府的价值观和公信力。

第六章

大理白族婚俗文化的社会建构

在全球化、现代化的背景下，大理白族也和全国各族人民一道，加速发展，共享发展成果。当中国的经济总量跃居世界第二，中华民族伟大复兴的中国梦指日可待时，我们也意识到，与西方文化不同，中华民族独特、多元、和谐的文化是正在崛起的中国身份识别与民族认同的基础。习近平在2014年2月中共中央政治局第十三次集体学习时强调，国家的文化软实力，从根本上取决于其核心价值观的生命力、凝聚力、感召力。牢固的核心价值观，都有其固有的根本。博大精深的中华优秀传统文化是我们在世界文化激荡中站稳脚跟的根基。不忘传统才能开辟未来，善于继承才能更好创新。对历史文化特别是先人传承下来的价值理念和道德规范，要坚持古为今用、推陈出新，有鉴别地加以对待，有扬弃地予以继承，努力用中华民族创造的一切精神财富来以文化人、以文育人。这对思考白族传统婚俗文化的现代建构，进行创造性转化和创新性发展有重要指导作用。①

第一节 白族特色的婚俗经济建构

党的十八大报告明确提出，全面建设小康社会和全面深化改革开放的目标要求之一，就是要使文化产业建设成为国民经济的支柱产业，增强文化软实力。大理白族自治州作为全国唯一的白族聚居地，民族婚俗文化资源丰富，为发展民俗旅游文化产业提供了重要的基础性资源。民族婚俗文

---

① 《习近平在中共中央政治局第十三次集体学习时强调把培育和弘扬社会主义核心价值观作为凝魂聚气强基固本的基础工程》，《人民日报》2014年2月26日第1版。

化与旅游业的结合,是民族地区加快发展、创造舒适、文明社会环境的重要途径。如何既加快民俗文化产业的发展,又使民俗文化得到多元发展,处理好二者的关系,是当下民族文化产业发展必须面对的重大课题。

一 民族婚俗与生态旅游结合

近年来大理旅游确立了"生态为本、文化为魂"的旅游二次创业总体思路,以苍洱景区为中心,打造环洱海旅游圈。提出通过建设西洱河旅游文化生态长廊、"大湄公河次区域合作大理论坛"、整体开发喜洲古镇、改造提升大理古城等十大措施,把大理环洱海一线景区,建成集观光、休闲、度假、康体、民俗体验等为一体的精品旅游区。这一构想契合了生态旅游绿色消费的时尚潮流,大有文章可做。

生态旅游强调旅游者回归自然,在享受清新自然生态美景的过程中,轻松获得生态伦理精神体验。大理的动植物景观、气象景观和民族文化、民族风情融合,形成风格独特的生态旅游风景。白族传统婚俗文化中的生态观念,就是白族人民促进自然生态系统良性运转最好的教育素材,可以在旅游中以此加强对旅游者的环境伦理教育和感化。在婚俗生态旅游开发模式中,可以采用主题附会式、短期表现式,将白族传统婚俗文化旅游资源集中于一处、一时进行开发,使游客穿越时空,到古老的白族农家参加婚礼或婚宴,在先期介绍历史背景的基础上,体验白族婚俗文化的生态文明理念,加强审美建设与生态文明价值渗透,提升旅游者生态情感的体验品位和精神境界,展示大理白族婚俗生态旅游的魅力。

生态旅游作为一个新兴的领域,对旅游工作者提出了更高的要求。生态旅游的员工不但是环境保护工作的实践者,也是环保知识的宣传者与培训者、新旅游模式的创新者,同时还是民族文化的传播者。所以不仅需要具备旅游专业素质,也需要具有一些民俗、环保、动植物、生态等文化知识的修养。可以将引进外来人才与本土培养结合,加快大理生态旅游人力资源的储备。

生态旅游资源开发的价值,在于实现旅游地经济、文化、生态的良性利用和发展。因此旅游的经营管理者更应重视和保护民族文化的自然生态。比如,目前在大理古城,随着旅游团队的到来,最为扰民的不是观光者,而是导游的高音喇叭,其高分贝的噪音严重破坏了古城宁静、舒适的文化氛围。又如,团队所致的垃圾、花草受损等问题;无序经营、诱骗购物，凡此种种。建议相关部门站在保护文化生态环境、维护当地人民生活的高度，有意识地改进相关工作。只有对民族文化生态的尊重和保护，才是可持续发展的生态旅游。

在提升大理白族生态旅游品质的同时，应注意进一步加强乡村旅游的规范和管理，引导白族村民提高景区配套设施建设和服务，通过完善的旅游服务吸引游客，获取利润。而非竭泽而渔，用高门票将游客挡在门外导致客源萎缩，或导致游客逃票等行为发生，不利于经济可持续发展。

二　打造酒店婚庆民族特色

在当代借助民俗文化开发文化旅游，已经成为西部发展的普遍现象。民族性、差异性、特色性是文化旅游关注的焦点。在多姿多彩的民俗活动中，借助民族歌舞与民俗节日举行的文化旅游活动影响尤其深远。云南民族众多，特点迥异，但各自为政，难以形成组合优势。广西南宁国际民族艺术节是目前国内唯一以"民歌"为纽带的超大型现代节庆活动，活动既有广西本地民间歌手，也有来自其他省份及国家、地区的民间歌手。大理作为歌舞之乡，也可打造云南民歌国际大舞台，打破地域界限，搭建起白族婚俗歌舞与其他民族歌舞交流共建的平台，使民族婚俗歌舞从乡村走向城市。为此需要政府对民间的先导性投资进行综合性扶持与组织，普通百姓借助这个平台自由对歌，以歌会友，以吸纳民众自愿参加为主体，从传统的民间为主转向以政府或社团主导，才有可能使民间文化资源转化为民间文化资本，丰富人民的精神文化生活，打造大理乃至云南的歌舞之乡名片。

当越来越多的白族婚礼转向酒店，不同档次和不同风格的婚庆公司和酒店应运而生。婚庆公司可以全部代办，也可只代办婚宴布置等。目前婚庆公司在策划婚礼的温馨、浪漫场面方面，动足了脑筋。心形气球圈、鲜花拱门、粉色彩灯、缎带蝴蝶结等都可以自由选择，显得洋气十足，是年轻人的最爱。有的婚宴酒店的墙壁都用小气球和花瓣装饰，同时在花瓣中央挂上结婚新人的结婚照，供给新人和宾客们拍照留念。在时尚元素充分展现的同时，白族传统婚俗元素明显不足。在酒店提供场地、婚礼设计的过程中，是否可以添加白族传统的喜庆元素，如婚礼仪式中父母为新人准备喝"三道茶"的过程中，通过白族民歌伴唱道出其中意蕴，使白族传统人生哲理教育的场景得以再现、延续；也可通过白族民居家规家风的艺术展示、白族民间情歌对唱等增添白族特色、烘托传统喜庆气氛。同时酒店也可以将村民自助式服务与酒店特色服务相结合，使白族民间互助的习惯和人情味得到体现，让更多民族文化元素融进其中。

随着世界婚庆在户外举行成为一种时尚，可以在大理定期举办一场白族风俗的婚礼仪式，由各地新人自愿报名参加，在酒店空地上搭建彩棚，将传统的松枝与时尚的鲜花（百合、玫瑰）相结合布置舞台，将现代的新人照片环绕传统的喜匾作为舞台背景，将传统的白族歌舞与时尚音乐结合，在满载情愫的草坪上，让新人、来宾参与对歌、跳白族舞，体验一场传统白族风情与时尚结合的热闹非凡的白族婚礼，以此加强传统白族婚俗文化的传播，并使之成为大理白族婚庆旅游的特色之一。可以通过商业运作、商会共同努力，激发青年人举办有民族文化氛围婚礼的需求，也可以借助互联网平台推广，如大众点评网结婚业务合作商户已高达数千家，促使青年人以举办民族婚礼为荣、为时尚，引领民族文化传承与市场结合。

三　引导理性适度消费

消费习惯影响消费需求，消费需求是一切经济活动的出发点和归宿，消费是国民经济不断运转、不断循环的先导性因素。要促进生产发展，就需要观念转变和消费习惯改变。目前大理白族居民的消费水平总体上处于从温饱向小康过渡的阶段，生存需求基本得到满足，但物质性消费多，精神文化消费少，对精神文化消费的需求正逐渐强烈，处于向不断追求享受需求和发展需求满足转变的时期。大理白族婚俗中的仪式性消费和炫耀性消费习惯，影响着人们的消费偏好、消费行为。在这种情况下，引导大理白族转变传统婚礼的消费习惯已经有了现实基础。可以通过各种形式，宣传、引导白族树立婚事科学消费观，培养计划性消费习惯，正确认识婚礼各项仪式的文化内涵，自觉提高自我价值体现的层次，从追求物质享受逐渐向精神消费转变，从而减少一些不必要的开销，减轻父母及亲友的经济压力，科学合理办婚礼。如可适当控制请客规模，也可将白族传统精打细算、勤俭节约的习惯发扬到婚事的操办上，把有限的资金更多地投入生产，不仅可以发展农业生产，也可以发展农村二、三产业，实现更高层次发展需求的满足。

结婚请客送礼是一种习惯和民俗，其他的人情开支也很多，如生日宴请、升学宴请等五花八门，使各族人民都陷入人情往来的送礼怪圈中。这种情况在其他民族地方也屡见不鲜，一定程度上加大了人际交往的经济负担，使人际关系庸俗化。民风其实也是党风、政风的晴雨表，"党风决定民风，民风影响党风。党员干部身上的不正之风影响到民风，社会上讲排场比阔气、高档消费一掷千金、婚丧嫁娶大操大办的不良风气，也会对党风有副作用"。① 2012年12月14日《中共中央廉洁从政的"八条禁令"》发布，禁止各级党员干部公款吃喝、参加各种宴请，并且在第八条中明确规定，不准"大办婚丧喜庆事宜，造成不良影响，或者借机敛财"，在一定程度上遏制了吃喝风。以此为契机，通过现代媒体广泛宣传，党员干部带头改变这种不良社会风气，引导建立新的消费习惯和良好的消费方式，促进白族经济快速发展。

第二节　白族现代婚俗文化意蕴的建构

礼仪是宣示价值观、教化人们的有效方式。价值观要真正发挥作用，需要融入社会生活，与百姓生活紧密相连，在落细、落小、落实上下功夫，以增强认同感和归属感。

一　传统精髓与时代引领相结合

培育和弘扬社会主义核心价值观必须立足中华优秀传统文化。在白族传统民族婚仪的基础上，不断增添有内涵的礼仪制度和规范，以传统婚俗文化的独特创造，彰显新时代的价值理念，增强青年的文化自信和价值观自信。大力弘扬以爱国主义为核心的民族精神和以改革创新为核心的时代精神，使中华优秀传统文化成为涵养社会主义核心价值观的重要源泉。

（一）弘扬信仰文化的培养传统

民俗是民众建立在崇信基础之上的集体无意识，是自发自觉自愿的自我教化。在白族地区农村最基层、最普遍的村社文化中，白族本主崇拜凝聚着爱国、献身、宽容、进取等民族精神，体现了白族人民追求人间真善美的优秀品质，具有积极、健康、向上的文化品质。要利用本主崇拜的世俗性、村社性、民众性特点，发挥其保存和传播民族传统文化、强化民族

---

① 《全民共树新风气》，央视网（www.cctv.com），2013年9月17日。

意识、生态文明理念、文化娱乐等多方面的社会功效，彰显凝聚民众、大众娱乐、教化风尚的作用，持续促进民族的发展。

新中国成立以后出生的白族青年，成长于对崇拜"去魅"的环境中，对白族本主的敬畏感下降。这有利于引领青年通过自身艰苦奋斗来获得人生价值体现，激发创造力。近年来白族地区已开始重视将地方治理与民俗活动相结合，主要是体现在村落庙宇的修建、本主节传统活动的开展，已明显增加了社会主流价值元素，在继承祖先优秀文化精神的同时，宣扬时代主旋律，这种细雨润物的功效也突出了民俗文化活动的优势和特点。除此之外，可以将白族本主传说故事引入大众文化视域，通过动漫设计、网络游戏、影视创作，将传统文化与现代技术结合，吸引更多的青少年在愉悦的观赏、参与中，了解民族传统历史文化，感受本主文化的精神魅力。在玩中学，在乐中思，在笑中得，扩大民族世界观、价值观、审美观、善恶观对青年的影响；将白族对天地万物的敬仰与热爱习俗，在婚俗活动中发扬光大，让现代人不仅注意家居环境的现代享受和美化，也注重对资源的节约和合理开发使用；将白族婚俗尊崇知识、学问的价值追求转化为自身对知识、技能的渴望与行动，打造宁静致远的民族精神净土。总之，引导民众弘扬积极进取的人生价值观、追求道义的优秀品德，将民族精神和时代精神相结合、传统民间信仰与社会主义核心价值观有机统一，增强民族价值认同、凝聚力和归宿感，树立中国特色社会主义共同理想，为实现中华民族伟大复兴中国梦努力。

（二）道德教育资源的挖掘

白族历来遵循《南诏德化碑》"德，外可化敌为友，内可养育万民"的祖训，把德润天下的思想融入白族民风民俗中。改革开放后部分青年人敬亲孝老的思想有所淡化，对善恶的评价标准也出现了不确定性，传统的道德约束力松弛，所以需要在新的形势下进一步挖掘和弘扬白族婚俗的伦理道德教育功能，使其隐性功能显性化，同时衍生出新的文化意义。

随着白族社会城市化进程的加快，择业自由度的提高，生产生活空间的扩展，人员流动性的增强，乡村空巢化倾向也比较突出。由于集体经济发展不足，平时村庄里人们也是聚少离多，集体活动少。参加婚礼这种人生的重大仪式，白族仍然十分重视，外出的人也会想方设法回来参加，因此是白族村民难得的大聚会，值得深度挖掘白族传统婚俗的伦理教育资源，创新教育模式。需要将婚俗中体现白族优秀家庭伦理道德但形式明显过时的,如新郎挑水、新娘扫地的家庭分工进行一定的改造,根据现代文明社会的需要创造出新的形式,使新人能感受父母养儿育女的酸甜苦辣,树立自己对家庭的责任和义务感,在已改变了的生产方式中,认识自己在赡养老人、教育子女、经营婚姻方面需要更多的学习和担当,促进白族和谐家庭建设。同时可以在婚礼中创新引导科学性行为的形式,进行婚前性行为、婚外性行为危害的教育,巩固白族群众的婚姻道德理念,提高健康风险的防范意识和能力,在娱乐中受教育,既使社会倡导的主流价值观、民族认同感在无形中培养,也化解人口安全的潜在危机。

白族有通过婚俗巩固原有血缘、地缘关系,在婚事过程中通过认亲方式灌输新人注重建构良性邻里关系、社区人际关系的文化传统。这一传统有助于形成乡村友好和谐的氛围,增强亲族内部的凝聚力。同时需要挖掘白族"重面子"、"重人情"的文化习惯,向白族宣传乡村环境改变对自己日益扩大社会交往形象的影响,介绍和鼓励村民积极的休闲方式,投资乡村或旅游度假以改变村民休闲方式,在加快农村发展生产的同时建构良好的社会风气。解决如何在生活宽裕的情况下,促进乡风文明,改善农村公共卫生,改善农村公共设施建设,改变单一的休闲方式,以推进农村面貌的改变和农民精神面貌的改善。

在我们大力倡导民众自觉践行社会主义核心价值观的今天,需要将了解民俗、移风易俗作为其重要内容。通过对传统婚俗文化进行合理分析和整理,挖掘其积极健康的内涵并加以弘扬,推动白族婚俗在为新人祝福、为婚庆添喜气的过程中,形成有利于培育和弘扬社会主义核心价值观的婚庆场景和吉祥氛围,使传统婚俗文化成为提高白族精神境界、培育文明风尚的坚实抓手。

(三) 白族素质教育传统的发扬

白族传统婚礼是家庭教育和社会教育结合的重要场所,通过看似烦琐的程序对新人及在场的人进行德行、礼仪、智慧的培养和教育,实际就是在进行一场又一场别开生面的国民素质教育。它运用乐教方式,通过民间歌谣、谚语等多种民间艺术形式,持续不断地将社会规范、村规民约和伦理道德,穿插在各种仪式中,借助参与者不同角度的吟诵,进行全方位、多角度的道德训导、价值引领。将白族传统婚俗中恋爱亲热有度且注意场合、就餐礼节的长幼有序、宴请打包的饮食有节、接人待物的礼尚往来、礼品的民族吉祥象征、驱邪仪式的幸福祈盼、乐善好施的互助团结、跪拜礼节的孝亲敬老、烦琐礼仪的意志锤炼、民族歌舞谚语的美育熏陶、人际身心环境的和谐指向、民族语言表达的生动情趣等进行梳理与宣传，使白族青年对传统婚俗的文化韵味有更深层次的理解和体会，在实践中更加自觉、理性地践行，从而使白族传统婚俗文化的道德教化主张取得实际效果，成为社会主义核心价值观融入普通家庭生活的重要平台。

新农村建设是政治、经济、文化、社会、生态全方位的建设，新农村建设的关键在育新人、树新风，而"成本最低、收效最高的办法"就是通过农村文化建设，提高主体素质。① 随着白族人民生产生活水平的提高，休闲娱乐时间增多，需要创新传统民俗活动、娱乐休闲方式，提高民众精神文化素养。将时尚元素与传统习俗混搭，以群众喜闻乐见的民间娱乐方式引导群众，注意父母的言传身教、家风、家规对下一代成长的影响，传承白族注重家庭教育的人文环境培养、锻造。注重孩提时期的家庭教育，引导白族群众在家庭生活和对子女教育中，传承和创新家教方式，将热爱劳动、传统孝道、生态环境保护、节约能源等思想意识，以童谣、谚语的方式加以提炼和宣传，渗透于日常的家庭生活和家庭教育之中，对子女进行潜移默化的影响和熏陶。使家庭教育成为对少年儿童进行民族文化传承、思想教育的主阵地之一，这将是社会主义核心价值观大众化的有效途径。

二 尊重和引导相结合

在社会转型时期，传统民俗与现代文明的交融是民族发展的要求和愿望。融合、变革是延续传统的最佳手段，但民俗作为一种集体性的习惯，不是一人一时形成的，也不是一人一时所能改变的，因此必须尊重民族的风俗习惯。

首先，必须对民族传统文化有礼敬，重视民族心理需要，并根据民众的心理承受能力，采取民众乐于接受的方法进行思想教育，做好民俗改革的心理准备。这需要一个较长时间耐心细致的宣传教育、舆论引导过程。古人云："观风俗以施教化"②，就是强调要根据不同民俗对人们进行教化，才能有事半功倍的成效。白族宴请打包的传统习俗，虽体现的是人地

---

① 温铁军主编：《新农村建设理论探索》，文津出版社2006年版，第20页。
② 转引自金聪《从白族民俗文化看民族凝聚力》，《今日民族》1995年第10期，第46页。

亲和的农业文明理念，但它符合当今社会绿色环保理念。注重新人的卫生习惯、家庭责任培养和民众的节约环保行为传承，为农村建设新的村容村貌、维护生态系统平衡提供了可资利用的民俗资源。但现在白族农村打包普遍使用塑料袋是生态环境保护的大敌（见附录图 5.1），政府明令禁止，所以要根据具体情况引导群众对风俗进行鉴别，分清良俗和陋俗，然后逐步推广群众欢迎又有时代特色的新风俗。充分体现因势利导、循序渐进的原则，才能取得明显的效果。

其次，支持群众喜事新办，除了继承发扬传统良俗以外，对某些利弊兼有的风俗也要加以改造发展和利用。这样既能充分利用民俗资源，又能减少民俗改革的阻力，有利于社会稳定。可以充分利用大众媒体，用典型示范的方法，倡导节俭办婚事，要以理服人、以善感人、以美动人，久久为功，才能移风易俗。用说服教育引导的方法，动员群众逐渐改革民俗。

最后，在白族婚姻习俗变迁的过程中，婚姻陋习也不断地翻新。"习俗和风气，就像'隐形的翅膀'，可以如春风化雨，潜移默化地浸润人的情操，悄无声息地规范人的行为，也可以如水银泻地，无孔不入地侵蚀公序良俗。"[1] 如目前婚礼闹婚中出现的恶搞行为，习俗虽小，其低俗化、庸俗化倾向却不可小视。通过揭示隐藏在陋俗中的有害成分，提高群众尤其是青年人的认识水平。繁荣发展健康文明的民族文化，就是需要从改变这些细小的陋俗做起。只有坚持"不因善小而不为，不因恶小而为之"的理念来努力，民风民俗才能积极健康发展，社会主义核心价值观才能真正确立。

在实际工作中强调移风易俗必须自觉自愿的同时，也存在对落后习俗不敢主动引导的倾向，致使一些落后习俗放任自流，长此以往势必影响少数民族发展。出现这种倾向的主要原因是出于对民俗敏感性的担心。因为风俗习惯，无论是良俗还是陋俗都具有相对的稳定性。良俗以其合理性促进社会的稳定和发展，而有些陋俗尽管是不合理的，但由于多数人一时乐于遵从，对社会稳定仍然有很大影响，如果急于变革，往往会引起社会动荡。所以问题的关键是执行好这一政策需要注意尊重和引导相结合，应根据民族群众的认识水平分阶段、有步骤地进行移风易俗。[2]

---

[1] 辛士红：《别让"斗富心态"消解了幸福》，2014 年 4 月 23 日，人民网。
[2] 曲金良：《论民俗改革》，《民俗研究》1995 年第 3 期，第 44 页。

移风易俗是一项十分复杂而艰巨的任务，它涉及民族政治、经济、思想意识诸多方面，需要采取综合治理措施，因俗施教，持之以恒，经过长期的多方面的艰苦努力，才能见效。

第三节 白族文明健康婚俗文化环境的建构

建设文明、健康的社会文化大环境，须加强教育引导、舆论宣传，使社会主义核心价值观的影响像空气一样无处不在、无时不有，实现文化孕育人文、传统民族婚俗文化气象更新。

一 以传播促传承

要利用各种时机和场合，运用各类文化形式，以高质量高水平的活动或作品，形象、生动、具体地表现社会主义核心价值观，润物细无声地使百姓自觉提升精神追求，传承传统优秀文化。[1]

（一）增强主阵地传承作用

重视学校德育灌输的作用。坚持育人为本、德育为先，围绕立德树人的根本任务，把德育落实到教育教学和管理服务各环节，覆盖到所有学校和受教育者，形成课堂教学、社会实践、校园文化多位一体的育人平台，在遵循学生的身心发展规律基础上，不断完善中华传统优秀文化教育，将环境保护知识纳入学校教育，培养学生的环境保护意识。构筑和谐、合理的道德原则、规范，经常组织青少年参加力所能及的生产劳动和爱心公益活动、形式多样的志愿服务和勤工俭学活动。"通过正规活动与非正规活动相结合，小组活动与集体活动相结合，校内活动与社区活动相结合，隐性教育与显性教育相结合的方式充分利用各种文化资源"，对青少年"进行品德和知识文化教育"。[2] 形成爱学习、爱劳动、爱祖国活动的有效形式和长效机制，努力培养德智体美全面发展的社会主义建设者和接班人。

学校作为传统文化传承的主阵地，引导青少年对民族文化的了解和探

---

[1]《习近平在中共中央政治局第十三次集体学习时强调 把培育和弘扬社会主义核心价值观作为凝魂聚气强基固本的基础工程》，《人民日报》2014年2月26日第1版。

[2] 何志魁、戴大明：《乡土知识与农村中小学校本课程的精神成长》，《西华师范大学学报》2011年第1期，第112页。

索，本身是一个培养兴趣的过程。兴趣是文化熏陶的结果，也是各种文化的外在表现形式。加强学校教育的乡土文化建设，加强民族文化内在价值的发掘和宣传创新，有助于培养民族青少年对民族文化的认知兴趣。大理州在传承民族文化方面进行了有益的尝试，如弥渡县中小学从2010年秋季学期开始使用花灯民歌音乐乡土教材上课，使学生从小接受花灯民歌音乐舞蹈的熏陶；[①] 大理市组织编写的《大理乡土文化与国学教育》于2012年9月首次发行3万册，为乡土文化教育提供了基础读本，并要求保证每周2学时的学习。这些尝试，采用多样化的教育形式，借鉴乡土知识的育人价值，引导学生立足于乡土知识体系和生活方式，确立对民族文化的认同与精神归属感，不断增强民族青少年的自信心、自豪感；引导学生个性和能力的多样化发展，增强学生多元文化的共生能力，以适应城乡社会发展的需求。还应广泛强调民族文化课的重要性，加强对各类教师进行白族传统文化的培训，使教师在教学过程中自觉融入白族传统文化的内容。应改革社会对人才选拔、评价标准和机制，改善学生的考核机制，增加对乡土教育的关注，采取适当的优惠和鼓励措施，促进青少年对乡土文化的了解和自豪感。在中考科目中增加民族文化的内容，可以通过加试、作为加分项对学生进行引导和激励；或者降低主干课程在中考中的比例，将民族文化知识作为正式的考试科目，使学校教育在白族文化传承中扮演重要角色。

（二）以婚俗旅游促文化传承

白族婚俗旅游为弘扬民族文化提供了良好的契机。婚俗旅游把具有鲜明民族特色的婚姻形态、民居建筑、饮食、服饰、娱乐、民间工艺等融为一体，展现在旅游者面前。通过这个窗口，白族传统婚俗文化在更宽领域得到传承、传播、弘扬。从文化生产方面看，婚俗的生产主体是当地白族民众。婚俗旅游进行婚俗文化事项的介绍，把富有历史文化积淀的传统习俗展示给各类游客看，在反复展示展演、身体力行的过程中得到传承。展示与观赏的过程就是婚俗文化传递、传播的过程，需要践行者在此过程中不断学习、体悟而逐渐认同。白族婚俗的传统传承主要是以血缘为纽带的家庭传承和以村落为支撑的社会传承相结合。在白族婚俗旅游中，通过企

---

① 《弥渡县花灯民歌音乐乡土教材走进校园》，2010年6月30日，云南网（www.yn.yunnan.cn）。

业化运作、商业化招聘，改变传统的传承机制，使民族文化的传承可以依靠各种现代化平台，通过增设相关的知识和内容来巩固传统的价值观，引导年轻人在了解中传承传统文化。

在现代生活方式的冲击下，白族婚俗文化表现出明显的易失性和变迁性。民俗旅游开发的最大特点就是所开发的旅游资源力求体现原汁原味，不破坏原有的民俗文化环境。当大量游客纷至沓来，其目的就是要了解白族传统文化。这无形之中会使白族民众重新审视、了解本民族文化的价值，通过游客的眼光意识到本民族文化的独特价值，产生一种民族自豪感。并竭力通过民族传统婚俗文化的丰富符号，诗意般展示、生产和制作，以充分表现自己、展示民族传统文化，激发白族民众学习、传承民族文化的热情与愿望，并在为外来者创作艺术品的过程中，逐渐提高自我认同感和自尊自豪感，进而提高民族内部的凝聚能力和传承能力。同时可以借助婚俗旅游，因势利导，移风易俗，发挥新风美俗，优化环境。

在发展民俗旅游的过程中，要避免"啃传统文化"，而要像钱穆先生所说，对本民族历史要有"一种温情与敬意"，民族发展才有希望。如果不尊重不善待，就会逐渐丧失文化自觉与文化自信，也就谈不上文化发展与文化强国。[①]

二 主渠道与多样式相结合

面对各民族群众日益增长的精神文化需求，借助现代科技手段发挥主流媒体对大众的舆论引导，在提升民众文化素养上下功夫。在青年文化认同上，实现时尚文化与传统文化的无缝对接，增强文艺作品的针对性和感召力。在基层文化建设上，充分发挥民间组织的传统社会力量，丰富群众文化生活。

（一）现代传媒与传统民族文化的融合

电影《五朵金花》及插曲"大理三月好风光"，使大理名闻天下，让中国乃至世界人民都认识了白族，对大理十分神往。对大理白族婚俗文化进行合理的开发和利用，使文化产业转变为经济产业，最关键的一点是使文化产品获得更大范围的传播，可以利用广播、电视、网络等手段，制作

[①] 《以文化为名的喧嚣中，被绑架的是什么（深聚焦·致敬传统文化（三））》，《人民日报》2014年2月27日17版。

录音、录像等产品投放市场，把白族传统文化推向市场。大理电视台邀请民间民歌明星弹唱白族大本曲，三腔九板十八调，每周定期播放；大理州各级政府通过多年的努力，在文化产业方面，如大理白族文化广场、白族饮食一条街、天龙八部影视城、五星级"风花雪月"大酒店的建设，大型梦幻风情歌舞《蝴蝶之梦》的创作等，都是成功的尝试。在此基础上，还可以从以下方面进行挖掘。

一是新闻媒体、互联网要在公益性宣传上下功夫。当今白族群众的娱乐方式已发生了显著变化，交织互渗的广播、电视、宽带网络等大众传媒成为普通百姓日常娱乐生活的重要载体。为此，需要办好地方广播电视台，借助现代传媒，将社会主义核心价值观融入文学、艺术、公益广告之中，提升文化产品的思想品格和艺术品位，用思想性、艺术性、观赏性相统一的优秀作品，弘扬真善美，贬斥假恶丑。特别是要发挥民间艺术巨大的传播作用，通过各种文艺形式贴近白族群众的文化生活，传递积极人生追求、高尚思想境界和健康生活情趣，让白族群众在日常生活和休闲娱乐中，潜移默化地受到主流思想的感染和熏陶。以白族人民喜闻乐见的文娱形式，有现实针对性地持续制作主题鲜明的公益广告作品，突出思想内涵、丰富表现形式，增强传播力和感染力；运用现代技术手段，在"微"字上下功夫。现在，网络发达，信息传播进入了一个"微时代"，对青少年的影响日渐深远。可充分运用微博、微信、微视、微电影等方式，增强针对性和互动性，扩大社会主义核心价值观和传统民族文化网上宣传的覆盖面和影响力，使白族群众在不知不觉中接受主流思想。

二是运用年轻人喜爱的文艺表现形式，在以文化人上下功夫。民族文化的传承，难点在青少年的文化认同。要使青少年成为民族文化的生力军，需要针对其兴趣、心理特点，通过现代传媒增添时尚元素加以引导，激发青少年将现代传媒手段与民族价值观有机结合的兴趣和热情，参与到创作民族文化作品的行列中来。

动漫产业"作为国际社会公认的'21世纪最具潜力的朝阳产业'和'无烟环保产业'"，[①] 也是贴近时代、贴近青少年的新兴产业，动漫已经

---

① 师会敏：《浅谈动漫产业与中国传统文化的结合》，《文学教育》2012年第1期，第100页。

成为年轻人的童话世界。近年来，云南以民族化推动原创化，以文化多样性力促创意多维性，借内容创意联结文化产业与旅游产业，走出了一条区别于其他各类动漫作品的"差异化"、"特色化"创新之路。以大型3D动画片《彩云南》为代表，云南动漫尝试把少数民族风情元素、实景旅游元素与国际一流动漫制作技术相结合，讲述独特传统民族价值观的云南故事，体现民族个性风格和时代品味。但与旺盛的社会需求相比，本土动漫发展滞后，本土原创的优秀剧本仍然十分匮乏。根本原因在于缺乏对传统民族文化内涵的理解和现代价值的挖掘，缺乏民族文化底蕴。而民俗传统故事恰恰是动漫产业发展的重要源泉。白族民间神话传说，如本主亦人亦神、既有生活气息和浓郁的人情味，又蕴含积极向善、乐观进取的民族精神，其英雄气概、正义道德的形象，生动而深刻地展示了白族历史、社会民俗生活；通过《望夫云》等婚恋故事的现代演绎，讴歌白族青年追求勤劳、忠诚、正直、善良等人的本真道德，这些深层的价值取向能穿越时空，沟通古今，是动漫产业发展最好的素材。随着白族群众欣赏水平和需求层次的提高，需要以现代的眼光审视古老的传统民间故事，挖掘故事所隐含的、现代受众所需要和认可的主题思想，找到能打动人心的思想道德精髓。并改变传统民间文学单线叙事习惯，用多种讲述方式，紧扣人心，让民族民间经典文学传递新的时代精神，使现代青年从作品中得到人生的启迪，心灵得到陶冶，赢得青年对民族文化的认同，才能赢得民族发展的未来。

目前大理动漫产业的发展比较滞后，除了简单的公益广告制作外，其他像少儿节目或其他文艺方面的制作很少，这主要是基于这方面的人才比较缺乏，动漫产业是以创意为龙头的智慧密集型产业，对高科技与高智商人才的要求较高。大理的动漫产业要想得到长足发展，必须在人才引进和经费投入上加大力度。如何将大理发展动漫的潜在优势转化为民族文化资源的发展优势。加大民族动漫的研发，需要深度挖掘民族民俗文化，将民族历史传说、神话故事、风土人情、民间习俗与时尚元素结合，内容上与青年人的兴趣、情感、利益同频共振，融入现代时尚的因素，表现手法上可以多样化，使传统文化焕发生机与活力，增强对青年人的吸引力和感召力。

（二）村落文化发展

基层社区是民族民间文化传承传播的土壤。在广大的白族乡村，留守老人、妇女、未成年人的文化生活需求是新农村文化建设的内在动力。大理白族对礼乐文化生活的爱好已经成为一种传统习惯，过一种有幸福感的生活，这种强烈愿望与传统礼乐风化的积淀，促使大理白族民间群众文艺组织不断丰富发展。在基层文化建设上，充分发挥各种民间组织的传统功能，丰富群众文化生活和提升精神追求，是新农村建设的现实任务。

民族民间传统信仰承载的道德功能，对淳化民风、凝聚民心、和睦人际仍然有持续的能量。大理是洞经古乐之乡，洞经音乐早在南诏时就已产生，是佛、道、儒、民间音乐与诗词文学的有机融合体。作为一种历史文化的产物，今天已衍化发展成了一种民间音乐社团。洞经文化在民间以男性中老年人为主体，参加者自娱自乐，以音乐净化心灵和教化大众，成员多是知书识礼、德高望重的人。经常在白族婚礼、丧葬、节庆等仪式中，进行一些带有宗教色彩且实用性强的庆贺活动。在处理乡村的民间事务、和谐人际关系方面有一定的凝聚力，对塑造白族乡村公民的道德、陶冶人们的高尚情操有重要作用。迄今在大理仍有200多支古乐队、近万人的群众基础，在团结广大会众、开展对外艺术文化交流、三月街的全州洞经古乐比赛等方面都发挥着积极作用。[①]

大理白族村落文化的另一个特点，是普遍存在着一种农村老年妇女自发的宗教信仰组织——莲池会。莲池会在白族村社文化活动中有一定影响力，是白族民间宗教文化活动的组织者和传承者，经常参与村社的祭祖、婚丧习俗、接本主、生儿祭祀、驱邪除疾等祭拜活动。莲池会常年进行的这些祭祀和诵经活动，使村落里的老年妇女有了精神寄托。老年妇女通过参加莲池会的一些仪式活动，既丰富了精神文化生活，又得到一定的酬金，补贴日常生活的开支，并因此经常与村民进行交流，感受到自己的地位和价值。这一宗教组织一定程度上实现了老有所依、老有所乐，满足了居家养老的部分经济来源和精神慰藉的需求。

白族村落近年来一些年轻人（以妇女为主）自发组成演出队，既有义务演出，也搞商业演出。一年四季，除了农忙的那几天，天天都可以演。对外演出都是电话联系，"只要给一个场合，他们就能演"。打个电话，就坐车从村里出发了。"民间的这些音乐活动，近一百年来没有这样

[①] 杨政业：《大理文化管锥》，云南民族出版社2004年版，第52—59页。

繁荣过。"[1]

在新农村建设过程中,可以有效动员这些传统民俗资源,发扬传统民俗教育的主体性、过程性、生活性优势,激发民族地区群众的文化创造力,在吸收现代精神价值的同时,张扬民族的文化个性,提升和丰富民俗生活;可以利用白族农村社区传统民俗文化资源,定期开展形式多样的文艺体育活动,如白族民间工艺品展示、白族民间歌舞比赛、白族民间体育比赛等各种技能竞赛,以及优秀家长、文明家庭和庭院经济评比等,营造尚德、进取的社会氛围,最大限度地调动和吸引广大的白族群众参与,在娱乐中受益,在活动中锻炼,在竞赛中提高,创造白族新风俗;推动民众创新生活方式和习惯,坚持建设、服务和管理并重,通过开展丰富多彩、人民群众喜闻乐见的文化实践活动,打造白族群众的共同精神家园。

富含白族文化特色的传统风俗,使乡村成为最具文化魅力的地方。白族地区的城市,在以往的城市化过程中,由于受居住条件的限制,白族婚礼的举办移到了酒店;城市社区没有了本主庙、莲池会、洞经会等传统白族信仰文化的栖身地,传统民间习俗的展演缺少相应的物境、语境及人才支持,白族婚俗中的民族特色迅速消失。今天,生活在城市的白族中老年人,拥有了丰富的物质享受,但却缺少民族文化的依托。他们在闲暇之余都愿意回到乡村,在本主庙、老戏台前留连、回忆,是漂泊的心灵在寻找精神家园和民族记忆。当下民族地区的美丽乡村建设,需要注意留住现存的民族文化之根。尽管民间有自发力量的传承和保护,但更需要地方领导的关注与支持。现代的建设者有责任有意识地引导、建设民族文化。毕竟在现阶段,虽然民族地区少数民族婚俗从物质层面考量,与汉族没有太多的区别,表层的民族特征已经不明显,但民族传统文化依然维系着民族深层结构,构成民族稳定的核心要素。社会主义初级阶段有一定程度和范围的民族融合,但还不是民族消亡时期,需要不断丰富和发展乡坊民族民俗文化,满足白族人民的精神文化需求。

---

[1] 焦一梅(记录整理):《张锡禄谈白族传统音乐文化》,《中国音乐》(季刊)2010年第1期,第214—215页。

第四节 白族婚俗文化和谐成长机制的建构

弘扬中华优秀传统文化和传统美德,加强道德教育实践,需要党员干部带头,在融入上下功夫。民族道德文化传承不是单靠个人的努力可以实现的,需要基层组织、政治制度作支撑。推动社会主义核心价值观融入白族民众日常生活,融入政策制度、法律法规的制定实施,[①] 以优良党风促政风带民风,实现党风民风风清气正,为民族发展提供良好的成长条件。

一 基层组织践行新风尚

要使具有白族特色的婚俗文化日益融合在全球化和现代化的生存方式中,并能够健康有序发展、世代延续和传承下去,就要从根本上解决民俗文化保护和传承的目的和价值问题,就必须以培养新的文化主体为价值取向。社会主义公民道德的价值标准和要求,在白族传统婚俗中有不同程度的体现和表达,只是在社会变迁中有所松弛,需要加以强化和更新。要做到这点,首先需要解决民族地区各级干部的"文化自觉",身教示范、以身作则是我国传统道德教育中非常重要的方法。榜样的力量是无穷的,广大党员、干部必须带头学习和弘扬社会主义核心价值观,始终保持高洁生活情趣,坚守共产党人的精神追求,用自己的模范行为和高尚人格感召群众、带动群众。同时要做传统文化的传播者、传承者,其先进性的表现就在于将传统文化的价值理念与现代社会的价值要求有机整合,在民风民俗活动中成为文明移风易俗的践行者、倡导者,成为思想政治教育的典范,立足于道德感化,使民众自觉接受和服从社会核心价值观的外在规范,体恤世俗的人文情怀,使核心价值观更加符合民众的心理需求,才能使自身及百姓的思想、言行符合社会道德规范,切实推进白族地区的社会文明进程。

在民间仪式上彰显基层党团组织及党团员的先进性,使群众工作与民族文化建设有机衔接,引导婚仪健康发展,实现国家之"礼"与民族之"俗"的对接。需要党员干部寻找正确表达社会价值理念的话语形式,找

[①] 刘奇葆:《推动社会主义核心价值观内化于心外化于行》,2014年3月3日,人民网。

到最佳的沟通语言，即找到在特定情景下表达特定看法的最佳说法。与农民谈话，就要以贴近农民关心的话题使谈话得以进行；与青年人沟通，就要以青年人能够接受的方式说话；学会叙事或学会讲故事，①借鉴传统文化回归生活世界的普及经验和传播方式，结合广大人民群众的生活实际和时代发展要求进行现代转换，使道德认同进入民众个体日常心理和精神世界，并转化为民众的自觉价值取向，才能使之真正植根于现实生活世界，并成为普通百姓的常识和整个社会的共识。只有贴近生活，贴近广大人民群众并反映时代的要求，社会主义核心价值观才能真正确立。为此，需要加大各级民族干部的培训力度，加强党员民俗文化功能及现代价值的宣传教育，使其不断适应民族地区社会发展的需要。

二　政府主导各方力量参与

要使社会主义核心价值观深入民俗民心，需要政府、媒体、社会的相互协作，进一步营造白族先进民俗文化发展的社会氛围。地方政府应引导各种社会资源优势整合，以青年人喜闻乐见的方式，实现民族优秀文化传统与时代价值对青年一代的有效影响；注重在日常管理中体现社会价值导向，使符合社会主义核心价值观的行为得到鼓励、违背核心价值观的行为受到制约；开展道德领域突出问题专项教育和治理，完善企业和个人信用记录，健全覆盖全社会的征信系统，加大对失信行为的约束和惩戒力度，在全社会广泛形成守信光荣、失信可耻的氛围和良好社会风尚。

民众的文化品位、认识水平和对时尚潮流的选择，往往需要长期的文化熏陶，才能对民族文化遗产的价值有一定的识别能力。②所以对白族婚俗的保护和传承，首先需要完善保护政策法规，保护与鼓励民族传统文化传承人，提供资金扶持，注意培养年青一代民族文化的传承者；其次是建设多类型的民俗村，鼓励和支持私立博物馆的开设，在资金补贴、场地提供、税收减免方面鼎力支持。除了理论研究、文字记录整理和影像资料保存等抢救性工作外，更为主要的是对当下白族群众的婚俗活动的引导。这种引导可以通过大力开展各种白族群众喜闻乐见的民俗文化活动，鼓励白

---

① 韩震：《面向人类社会的理想规范——论培育和践行社会主义核心价值观》，《中国特色社会主义研究》2013年第5期，第77—80页。

② 杨福泉：《少数民族文化保护与传承新论》，《云南社会科学》2007年第6期，第28页。

族自我创造、自我服务、自我发展，并及时总结推广，以推动全民族开展民俗文化活动的积极性、创造性，依靠群众智慧和力量推动白族民俗深入人心。还可运用互联网等互动手段，发起民俗问题探讨，组织民俗活动，唤起全社会对民俗传承与保护问题的重视，让更多的人了解民俗、热爱民俗、投入到民俗传承与发展的事业中来。另外，可以通过举办"白族婚礼物品设计暨展演大赛"，进行白族婚俗文化的传播和鉴赏。比赛内容包括白族婚礼中从头饰、礼服到礼物等各种用品的设计，要求既体现白族婚俗文化特色又符合现代流行趋势，鼓励国内外有志于白族文化研究和设计者，积极投身于大赛中。比赛可采取网络投票和专家评选相结合的办法，最大限度地调动人们尤其是青年人参与弘扬白族婚俗文化活动的积极性。并将获奖作品投放市场，从婚纱摄影到精品摆设等多方面激活白族婚俗文化，通过媒体全程参与宣传，不断扩大白族民间民俗文化的影响力和感染力。要达到这种效果，需要共青团、妇联、工会、商会等的积极组织，专家学者的引导，舆论媒体的广泛关注，青年人的积极响应。当白族青年以举办具有白族特色的婚礼而自豪、以使用有白族婚俗文化内涵的物品为时尚时，就能形成"人美其美，物美其美，各美其美"的多元民族婚俗文化格局，使白族婚俗发展更加绚丽多彩。

三 法规制度政策保障

要真正把社会主义核心价值观培育起来，让它变成全体人民的一种自觉行动，最关键的就是要把它变成一种制度，建立长效机制。

要形成科学有效的诉求表达机制、利益协调机制、矛盾调处机制、权益保障机制，最大限度增进社会和谐。为此应尽快建立全国范围的婚姻状况互联系统，为民众婚姻缔结提供全方位的调查了解平台，以消除婚姻安全隐患。这既有利于打击婚姻领域的违法犯罪，也有利于民族之间、地区之间更大范围的通婚，促进民族婚姻稳定与和谐；同时应在婚姻家庭立法领域，更多注意隐性的性别和谐问题，注意将乡村习惯与平等理念结合，关注女性权益的保护，维护社会公平正义。民族地区可通过完善自治条例、政策，针对社会上一些人的过度纵欲对现实婚姻的破坏，加大对婚姻违法行为的惩戒力度，维护民族地区社会基本的婚姻道德。

推进治理能力现代化，创新社会治理，完善激励机制，褒奖善行义举，实现治理效能与道德提升相互促进，形成好人好报、恩将德报的正向效应。建立健全志愿服务制度,完善激励机制和政策法规保障机制。以城乡社区为重点,以相互关爱、服务社会为主题,围绕大型活动、环境保护等方面,围绕空巢老人、留守妇女儿童等群体,组织开展各类形式的志愿服务活动,形成我为人人、人人为我的社会风气。

激活乡规民约的教化功能。乡规民约旨在推崇传统的伦理道德,劝诱人心向善,广教化而厚风俗。在社会主义新农村建设的过程中,应不断完善文明公约,对闹婚的低俗化倾向予以制止,并以地方政府的名义对积极履行文明公约、保护和改善环境有显著成绩的单位或个人进行适当的奖励和宣传。通过行政制度褒善惩恶、树立道德示范,淳化民风,形成一整套从社会价值观向个体价值观的运行和保障机制。

大理白族传统婚俗文化的现代建构是一项复杂的系统工程,需要全社会的共同关注。以此为基点,全面提高白族道德素质,增强全社会的价值观自信,为实现中华民族伟大复兴的中国梦提供坚强的思想道德支撑。[1]

---

[1] 刘奇葆:《在全社会大力培育和践行社会主义核心价值观》,2014年3月5日,人民网(www.people.com.cn)。

结　语

一　本书的基本结论

考察大理白族传统婚俗文化的发展变化，可以看出大理白族婚俗文化的变迁是历史发展的必然，是现代化进程中大理白族经济、政治、文化、社会多方面变化综合作用的结果。同时传统婚俗作为一种民俗也有相对独立性，对白族经济、文化、社会、生态和谐发展既有积极进步的意义，也有消极的现实影响，需要科学分析和耐心指导。所以对包括婚俗在内的民族传统文化，不能简单地作出好与不好的判断，轻易否定。需要对其文化内涵进行深入探析，不断发掘民族文化资源宝藏，为民族发展提供不竭的动力。本书认为民族理论和政策的制定、贯彻应有一定的政策空间，以便各地结合本民族实际，采取更加灵活的办法推进政策的落实，同时也能使民族特色得到更多的保留。只有这样，才能使国家意志与民俗结合契合民族地区发展实际，加速民族地区科学、和谐发展。

本书突出民族理论和政策的学科特色，突破传统理论多从宏观、从传统习俗的思考角度，结合新中国成立以来大理白族经济、政治、文化、社会方面的发展变化，对一个民族的一个民俗事项进行具体研究。既借鉴了以往民族理论的研究成果，又丰富了民族理论的相关内容。同时结合社会主义核心价值观、新农村建设，探讨如何充分发掘大理白族传统婚俗文化资源，引导白族传统婚俗文化文明、健康、和谐发展，为进一步促进大理白族社会和谐提供借鉴和参考。

二　本书的不足

第一，因时间和经费关系，调查面有待扩展。访谈主要是在大理市经济开发区满江办事处下庄村进行，而未能多点深入访谈。而大理白族传统婚俗的多样性、复杂性也是本书写作面临的难点和不足，要将丰富多彩的白族婚俗文化尽括于书中，非笔者能力所及。或许这也是至今没有一部专著进行论述的原因，本书旨在抛砖引玉，为后来者提供进一步深入研究的线索。

第二，在运用多学科理论对大理白族婚俗文化变迁的研究中，侧重对民族政治、经济、文化、社会、生态的把握，目前没有成熟的理论框架可以借鉴或公认度较高的理论来指导，所以本书在理论的广度和深度方面还需有所提高。研究中虽然作了多方努力，但理论性和深刻性还不足。

第三，在调查材料和文献材料的取舍上，可能会有一些经典的材料未加应用，有些非经典的材料却引用了，还需今后进一步提炼。

三 未来研究的预期

笔者在调查中发现，大理白族传统婚俗文化的实际情况比预计的要复杂得多。以前关于白族婚俗的研究大部分是总体上的介绍和概括，对某地某村的婚姻习俗的研究缺乏持续和长久的研究，今后这种对一个地区一个村庄的婚俗做长期的跟踪调查和研究将增多，势必能对大理白族婚姻习俗的变迁有一个具体的、清晰的认识，而且还能够为后续的大理白族婚姻习俗的研究提供更新的思路和内容。

随着白族社会的进一步发展，法律对社会生活作用日益增强，白族法治观念逐步深入，白族婚姻习俗将更加理性化。未来白族婚俗的研究势必思考白族婚俗如何与法治结合。

随着大理州白族社会城市化、工业化、现代化、信息化的发展趋势，将日益加快白族婚俗文化的变化趋势。对传统婚俗的回应随着婚姻主体的差异性日益明显，婚俗的表现也将日趋多样化。但有一点是可以肯定的，那就是：随着白族主体意识增强，对本民族传统文化的珍视和发掘就会成为白族人民的自觉行动，而目前总体尚处于认知上的"否定之否定"的初始阶段，即尚未达到民族的自觉。因此这一阶段尤其需要政府和学者做大量的保护、调研和宣传工作，使其得以保存。

总的来说，大理白族传统婚俗文化的意义、功能都将逐渐变化，转向真正意义上的人生庆典兼社交活动，所保留下来的富有传统色彩的仪式、内容，主要在于体现民族传统和习俗情调的娱乐活动。在社会不断的发展进步中，现代白族婚俗必然受到外来文化的影响。提倡并实行富有传统文化风格而又兼具现代文明特征的新婚俗，是社会进步的要求，历史发展的必然。科学地探讨、设计和推广现代文明婚典，是社会各界都应积极关注并参与的移风易俗之举。在当今世界文化的大背景下，在我国政治、经济、文化、社会转轨的特殊历史时期，民族婚俗研究也应该以满足民众生活的需要为前提，扎扎实实、坚持不懈地开展工作，才能赋予古老习俗以符合时代特征的新功能，使之不断发展、不断完善，焕发出强大的生命力。

附　录

一　大理白族婚俗问卷调查

注：请在您认为合适的选项上直接打钩，问题后面没有特别说明的，一般仅能选一项。如果选项中没有合适的，请在"其他"选项后填写。

1. 你是白族吗？　A. 是　B. 不是
2. 你出生于（　）年，性别（　）。A. 男　B. 女
3. 你现有的文化程度是（　）。

   A. 小学　B. 初中　C. 高中　D. 中专　E. 大专　F. 本科
4. 你的收入主要靠（　）。

   A. 外出打工　B. 小买卖　C. 种庄稼　D. 承包经营　E. 其他（　）
5. 你登记结婚的时间是（　）年（　）月，你举行婚礼的时间是（　）年（　）月。
6. 你结婚时的年收入是（　）

   A. 100 元以下　B. 100—300 元　C. 400—500 元　D. 600—1000 元

   E. 1100—2000 元　F. 2100—3000 元　G. 3100—5000 元

   H. 5100—10000 元　I. 10000 元以上
7. 你的对象是白族吗？A. 是　B. 不是（　）
8. 你的对象是（　）。

   A. 本村人　B. 邻村人　C. 本乡人　D. 本县人　E. 外县人　F. 外省人
9. 你们是怎样认识的？

   别人介绍——是（　）介绍：a. 亲戚　b. 邻居　c. 朋友　d. 同事　e. 同学

   自己认识——是（　）：a. 亲戚　b. 邻居　c. 朋友　d. 同事　e. 同

学　d. 偶然认识

10. 你找对象请人看过八字吗？

　　A. 看过　B. 没有

11. 如果八字不合，对你最终选择对象会有影响吗？

　　A. 影响大，会重新选择　B. 影响不大，但会考虑　C. 没有影响

12. 在选择对象时，主要是（　）做决定。

　　A. 父母包办　B. 父母与子女协商　C. 自己做主

13. 你找对象的标准——请按你认为重要的条件顺序填写（　）。（此项可多选）

　　A. 家庭背景　B. 父母人品　C. 身高　D. 年龄　E. 相貌　F. 学历
　　G. 人品　H. 经济条件　I. 性格　J. 其他（　）

14. 你当时选择对象最希望找到什么样的人？

　　A. 党团员　B. 劳动模范　C. 军人英雄　D. 干部　E. 家庭出生好
　　F. 生产能手　G. 贤妻良母　H. 其他（　）

15. 你结婚选日子主要是由（　）决定。

　　A. 父母　B. 子女自己决定　C. 父母与子女协商　D. 算命先生
　　E. 其他人（　）

16. 你结婚选日子主要是看（　）。（此项可选1—2个选项）

　　A. 有空闲、方便　B. 双月双日　C. 男女双方的属相忌讳
　　D. 八字　E. 节庆　F. 其他（　）

17. 你定亲的小礼是（　）。（此项可多选）

　　A. 现金（　）元　B. 红糖（　）对　C. 粉丝　D. 竹笋　E. 茶叶
　　F. 肉（　）市斤　G. 大公鸡　H. 其他（　）

18. 大礼是（　）。（此项可多选）

　　A. 现金（　）元　B. 衣服（　）套　C. 其他（　）

19. 为结婚两家共花费（　）元。男方花费（　）元，女方花费（　）元。

20. 结婚办喜事的开支对你们的婚后生活有影响吗？

　　A. 没有　B. 有，主要是（　）

21. 你的嫁妆有（　）。（此项可多选）

　　A. 被子　B. 衣服　C. 首饰　D. 家电　E. 现金　F. 自行车
　　G. 大米　H. 其他（　）

22. 你认为嫁妆是（　　）。

　A. 娘家财富和地位的象征

　B. 娘家长辈对女儿的重视

　C. 表达娘家对婚事的看法和对婆家的态度

　D. 表达为女儿建立良好婚姻关系的意图

　E. 暗含家庭内部的互惠与责任

　F. 让女儿在婚姻关系中处于有利地位

23. 你结婚时还有在新房放火盆、撒辣椒面的习俗吗？

　A. 有　B. 没有

24. 你结婚时有"掐新娘"的习俗吗？

　A. 有　B. 没有

25. 你的新婚服装是哪种类型的（　　）（正喜日的）。

　A. 白族服装　B. 婚纱　C. 日常生活类（如西装、中山装、时装等）
D. 姊妹装（对襟衣）　　E. 旗袍　F. 其他（　　）

26. 你的新婚服装颜色是（　　）。

　A. 红色　B. 白色　C. 黄色　D. 黑色　E. 藏青色　F. 其他（　　）

27. 你对白族婚俗总的看法是（　　）。

　A. 烦琐　B. 应该　C. 习惯　D. 不习惯　E. 难以忍受　F. 其他（　　）

28. 你认为哪种形式算是结婚？

　A. 领取结婚证书　B. 举办婚宴　C. 两性结合

29. 你认为结婚前有必要做婚检吗？

　A. 完全有必要　B. 有必要　C. 没必要　D. 无所谓　E. 根本没必要

二　表格

以下表格未注出处的，都是笔者问卷调查的数据统计。

表 3-1　　　　　　　　调查对象结婚时间　　　　　　　单位：人,%

调查对象结婚时间	数量	比重
20 世纪 50 年代	75	13.11
20 世纪 60 年代	74	12.94
20 世纪 70 年代	78	13.64

续表

调查对象结婚时间	数量	比重
20 世纪 80 年代	88	15.39
20 世纪 90 年代	128	22.38
2000 年以来	129	22.55
总数	572	100

表 3-2　　　　　　　　调查对象文化程度情况　　　　　　单位：人,%

调查对象文化程度	数量	比重
文盲	34	5.94
小学	98	17.13
初中	174	30.42
高中	205	35.84
大专	51	8.92
本科	10	1.70
总数	572	100.00

表 3-3　　　　　　　　　　择偶标准　　　　　　　　　　单位：人

时间	标准	门当户对	家庭背景	父母人品	个人条件	年龄	健康	相貌	学历	人品	经济条件	性格
改革开放前	50 年代	30	32	23	0	6	48	1	11	38	0	21
	60 年代	0	21	26	0	10	46	22	10	34	0	25
	70 年代	0	33	21	33	0	50	21	21	36	0	22
改革开放后	80 年代	13	13	12	55	10	69	28	30	48	11	31
	90 年代	16	12	10	14	14	70	14	26	51	12	41
	2000 年后	22	17	14	94	45	85	62	46	80	62	82

说明：此项为多选。

表 3-4　　　　　　　　对白族传统婚俗的看法　　　　　　单位：人

结婚时间	对白族传统婚俗的看法 指标	烦琐	应该	习惯	不习惯	难以忍受	其他
20 世纪 50 年代	count	8	7	60	0	0	0
	%	10.67	9.33	80	0	0	0

续表

结婚时间 \ 对白族传统婚俗的看法	指标	烦琐	应该	习惯	不习惯	难以忍受	其他
20世纪60年代	count	0	0	59	0	0	15
	%	0	0	79.73	0	0	20.27
20世纪70年代	count	9	14	46	0	0	9
	%	12.82	17.95	58.97	0	0	11.54
20世纪80年代	count	8	9	55	4	2	10
	%	9.09	10.23	62.5	4.55	2.27	11.36
20世纪90年代	count	14	26	76	5	1	6
	%	10.94	20.31	59.38	3.91	1.47	4.49
2000年以来	count	19	25	67	6	5	7
	%	14.73	19.38	51.94	4.65	3.88	5.43

表 3-5　　　　　选择对象的决定权　　　　　单位：人

时间	选对象决定权	指标	父母包办	父母与子女协商	自己做主
改革开放前	20世纪50年代	count	20	31	24
		%	26.67	41.33	32
	20世纪60年代	count	13	6	55
		%	18.18	8.1	74.32
	20世纪70年代	count	13	18	47
		%	16.67	23.08	60.26
改革开放后	20世纪80年代	count	17	29	42
		%	19.32	32.96	47.72
	20世纪90年代	count	6	25	97
		%	4.69	19.53	78
	2000年以来	count	2	44	83
		%	1.47	34.11	64.34

表 3-6　　　　　　　　找对象请人看过八字吗?　　　　　　　　单位：人

时间\合八字与否		指标	看过	没看过
改革开放前	20 世纪 50 年代	count	59	16
		%	79	21
	20 世纪 60 年代	count	40	34
		%	54.05	45.95
	20 世纪 70 年代	count	49	29
		%	62.82	37.18
改革开放后	20 世纪 80 年代	count	32	56
		%	36.36	63.64
	20 世纪 90 年代	count	61	67
		%	47.66	52.34
	2000 年后	count	53	76
		%	41.09	58.92

表 3-7　　　　如果八字不合，对你最终选择对象会有影响吗?　　　　单位：人

时间\影响度		指标	影响大，会重新选择	影响不大，但会考虑	没有影响	未考虑过
改革开放前	20 世纪 50 年代	count	30	30	15	0
		%	40	40	20	0
	20 世纪 60 年代	count	15	26	33	0
		%	20.27	35.14	44.6	0
	20 世纪 70 年代	count	20	40	18	0
		%	25.64	51.28	23.07	0
改革开放后	20 世纪 80 年代	count	13	20	26	29
		%	14.77	22.73	29.55	32.96
	20 世纪 90 年代	count	9	38	35	46
		%	7.03	29.69	27.34	35.94
	2000 年以来	count	6	51	13	59
		%	4.65	39.54	10.08	45.74

表 3-8　　　　　　　　结婚选日子的主要依据情况　　　　　　　单位：人

结婚时间 \ 选择喜日的主要依据	指标	有空方便	双月双日	八字	节庆	其他
20 世纪 50 年代	count	12	10	47	0	6
	%	16	21.38	62.67	0	8
20 世纪 60 年代	count	0	32	36	6	0
	%	0	43.24	48.65	8.11	0
20 世纪 70 年代	count	0	34	31	6	7
	%	0	43.59	39.74	7.7	50.58
20 世纪 80 年代	count	32	45	40	11	0
	%	25	35.16	31.25	8.59	0
20 世纪 90 年代	count	15	26	70	10	7
	%	11.72	20.31	54.69	7.81	5.47
2000 年以来	count	15	36	60	15	3
	%	11.63	27.91	46.51	11.63	2.33

表 3-9　　　　　　　　结婚选日子的主要决定权归属情况　　　　　　单位：人

结婚时间 \ 决定权	指标	父母	自己	父母与子女协商	父母请算命先生
20 世纪 50 年代	count	15	0	21	39
	%	20	0	28	52
20 世纪 60 年代	count	0	26	27	21
	%	0	35.14	36.49	28.38
20 世纪 70 年代	count	24	23	14	17
	%	30.77	29.49	17.95	21.8
20 世纪 80 年代	count	35	8	33	12
	%	39.77	9.09	37.5	13.64
20 世纪 90 年代	count	38	22	58	10
	%	29.69	17.19	45.31	7.81
2000 年以来	count	51	13	58	7
	%	39.54	10.08	44.96	5.43

表 3-10　　　　　　　　白族结婚现金开支情况　　　　　　　单位：元

结婚时间＼开支	办婚事的开支
20 世纪 50 年代	200—2000
20 世纪 60 年代	100—3000
20 世纪 70 年代	1600—5000
20 世纪 80 年代	1000—10000
20 世纪 90 年代	1500—20000
2000 年以来	7200—85860

说明：表中数字是根据问卷调查取出每一时期所用现金的大致区间，而未取平均值。

表 3-11　　　　　　　　你认为哪种形式算结婚　　　　　　　单位：人

结婚时间＼你认可的结婚形式	指标	领取结婚证书	举办婚宴	两性结合
20 世纪 50 年代	count	55	20	0
	%	73.33	2.67	0
20 世纪 60 年代	count	54	20	0
	%	72.97	27.03	0
20 世纪 70 年代	count	48	30	0
	%	61.54	38.46	0
20 世纪 80 年代	count	59	26	3
	%	67.05	29.55	3.4
20 世纪 90 年代	count	85	37	6
	%	66.41	28.91	4.69
2000 年以来	count	95	19	19
	%	73.64	11.63	11.63

表 3-12　　　　　　　　对婚前婚检的必要性认识态度　　　　　　　单位：人

结婚时间＼婚检是否必要	指标	完全有必要	有必要	没必要	无所谓	根本没必要
20 世纪 50 年代	count	11	33	21	7	3
	%	14.67	44	28	9.33	0.04
20 世纪 60 年代	count	6	51	0	14	3
	%	8.1	68.92	0	18.92	4.06

附　录

续表

结婚时间 \ 婚检是否必要 指标	完全有必要	有必要	没必要	无所谓	根本没必要
20世纪70年代 count	31	27	9	11	0
%	39.74	34.62	11.54	14.1	0
20世纪80年代 count	35	32	13	8	0
%	39.77	36.36	14.77	9.1	0
20世纪90年代 count	52	61	4	7	4
%	40.63	47.66	3.13	5.47	3.13
2000年以来 count	42	65	9	8	5
%	32.56	50.39	6.98	6.20	3.88

表 3-13　　　　　当事人结婚时的收入情况　　　　单位：元

现金年收入	改革开放前			改革开放后		
	20世纪50年代	20世纪60年代	20世纪70年代	20世纪80年代	20世纪90年代	2000年以来
100以下	★	★				
100—299	★	★	★			
300—499		★	★	★		
500—999			★	★		★
1000—1999			★	★	★	
2000—2999				★	★	★
3000—5000					★	★
5100—9000						★
10000以上						★

表 3-14　　　　　白族结婚嫁妆的变化　　　　单位：套（或件）

结婚时间 \ 嫁妆	被子	衣服	首饰	家电	现金	箱柜	自行车	大米	其他
1950年以前	9	6	3	0	6	5	0	9	9
20世纪50年代	20	20	16	0	5	13	0	18	5
20世纪60年代	31	31	27	2	28	30	0	30	3
20世纪70年代	78	75	35	22	70	75	27	60	6
20世纪80年代	88	88	60	65	80	85	76	73	8
20世纪90年代	128	128	95	81	120	108	50	66	12
2000年以来	129	129	113	115	104	96	42	98	9

说明：此表数据为多项选择。

表 3-15　　　　　　　　　　　嫁妆的象征　　　　　　　　　单位：人

嫁妆的象征	娘家财富和地位的象征	娘家长辈对女儿的重视	表达娘家对婚事的看法和对婆家的态度	表达为女儿建立良好婚姻关系的意图	暗含家庭内部的互惠与责任	让女儿在婚姻关系中处于有利地位
20世纪50年代	10 13.33	32 42.67	10 13.33	36 48	16 21.33	11 14.67
20世纪60年代	20 27.03	2 2.7	0 0	40 63.64	2 2.7	20 27.03
20世纪70年代	10 12.82	31 39.74	4 5.13	23 29.49	0 0	10 12.82
20世纪80年代	16 18.18	30 34.09	4 4.55	18 20.45	10 11.36	10 11.36
20世纪90年代	8 16.25	57 44.53	15 11.72	25 19.71	15 11.72	8 6.25
2000年以来	11 8.53	51 39.54	13 10.08	25 19.53	20 15.5	9 6.98

表 3-16　　　　　　　　　　　通婚圈　　　　　　　　　　　单位：人

时间	指标	本村	邻村	本乡	本县	外县	外省
20世纪50年代	count	23	22	30	0	0	0
	%	30.67	29.33	40	0	0	0
20世纪60年代	count	7	40	7	14	6	0
	%	9.09	54.55	9.09	18.18	9.09	0
20世纪70年代	count	2	2	32	6	4	12
	%	15.39	15.39	41.03	7.69	5.13	15.39
20世纪80年代	count	31	9	11	29	2	6
	%	35.23	10.23	12.5	32.96	2.7	6.8
20世纪90年代	count	25	25	19	33	21	5
	%	19.53	19.53	14.78	25.78	16.41	3.9
2000年以来	count	18	11	19	44	26	10
	%	13.95	8.53	114.73	34.88	20.16	7.75

表 3-17　　　　　　　　　调查对象婚龄情况　　　　　　　单位：人

婚龄	结婚时间	指标	16—18 岁	19—20 岁	21—22 岁	23 岁	24—25 岁	26—27 岁	28—30 岁
男	20 世纪 50 年代	count	10	25	3	8	0	0	0
		%	20	63	9	8	0	0	0
	20 世纪 60 年代	count	0	16	15	3	6	0	0
		%	0	45.95	40.54	5.4	8.11	0	0
	20 世纪 70 年代	count	0	9	17	10	5	3	0
		%	0	26.92	41.03	15.39	8.97	6.82	0
	20 世纪 80 年代	count	0	8	13	12	11	3	1
		%	0	10.71	28.57	21.42	25.00	7.14	3.57
	20 世纪 90 年代	count	0	4	25	10	28	15	4
		%	0	10.00	30.00	12.50	22.50	15.00	10.00
	2000 年以来	count	1	3	14	6	16	18	8
		%	1.67	5	20	3.33	26.67	30	13.33
女	20 世纪 50 年代	count	14	21	0	0	0	0	0
		%	40	60	0	0	0	0	0
	20 世纪 60 年代	count	8	19	7	0	0	0	0
		%	23.53	55.88	20.59	0	0	0	0
	20 世纪 70 年代	count	2	22	10	0	0	0	0
		%	5.9	64.71	29.41	0	0	0	0
	20 世纪 80 年代	count	4	12	11	3	5	5	0
		%	10	30	27.5	7.5	12.50	12.50	0
	20 世纪 90 年代	count	4	5	22	5	9	5	0
		%	8	10	44	10	18	10	0
	2000 年以来	count	0	11	27	12	13	6	2
		%	0	15.94	39.13	17.39	18.84	8.70	2.90

表 3-18　　　　　　　结婚开支对婚后生活是否有影响　　　　　　单位：人

结婚时间 \ 结婚开支对婚后生活影响与否	没有	有
20 世纪 50 年代	35	40
20 世纪 60 年代	50	24
20 世纪 70 年代	52	26

续表

结婚时间 \ 结婚开支对婚后生活影响与否	没有	有
20 世纪 80 年代	62	26
20 世纪 90 年代	78	50
2000 年以来	98	31

表 3-19　　　　结婚服装类型情况　　　　单位：人

结婚时间 \ 新婚服装	指标	民族类	婚纱类	日常生活类	其他	总数
20 世纪 50 年代	count	49	0	11	15	75
	%	65.33	0	14.67	20	100
20 世纪 60 年代	count	30	0	37	7	74
	%	40.54	0	50	9.59	100
20 世纪 70 年代	count	47	0	31	0	78
	%	60.26	0	39.74	0	100
20 世纪 80 年代	count	20	2	66	0	88
	%	22.73	2.27	75	0	100
20 世纪 90 年代	count	9	6	52	1	128
	%	13.24	8.82	76.47	1.47	100
2000 年以来	count	19	44	63	3	129
	%	14.73	34.11	48.84	2.33	100

表 3-20　　　　结婚服装颜色情况　　　　单位：人

新婚服装颜色	红色	白色	黄色	黑色	藏青色	其他
20 世纪 50 年代	19	0	1	33	21	1
20 世纪 60 年代	31	0	0	25	18	1
20 世纪 70 年代	30	0	0	18	28	2
20 世纪 80 年代	42	0	0	1	41	4
20 世纪 90 年代	42	11	2	32	31	10
2000 年以来	65	37	1	13	13	2

表 4-1　　　　　　　　大理州经济发展状况比较　　　　　单位：亿元

时间	国内生产总值	工农业总产值	工业总产值	农业总产值	财政收入	财政支出
1952	—	1.15	0.23	0.92	0.006	0.03
1978	4.43	4.99	1.7	3.29	0.46	0.75
1989	23.57	15.4	7.30	8.18	3.61	4.79
1994	53.4	48.3	2.50	23.29	8.55	—
2006	275.17	—	212.22	—	39.36	—

资料来源：大理白族自治州地方志编纂委员会办公室：《大理州年鉴》1990、1995、2007，云南民族出版社出版。

表 4-2　　　　　　　　大理州城乡人民收入简况　　　　　单位：元

时间	农民人均纯收入	城乡居民人均储蓄存款余额
1952	—	7.75
1978	53	8.46
1989	269	176.86
1994	500	663
2004	2091	3683.22

资料来源：大理白族自治州地方志编纂委员会办公室：《大理州年鉴》（1990），云南民族出版社1990年版；中国少数民族自治地方概况丛书国家民委《民族问题五种丛书》之三：《大理白族自治州概况》（修订本），民族出版社2007年版。

表 4-3　　　　　　　　调查对象文化程度比较　　　　　单位：人

结婚时间	指标	文盲	小学	初中	高中	大专
20世纪50年代	count	13	46	10	6	0
	%	17.33	61.33	13.33	8	0
20世纪60年代	count	10	42	15	67	0
	%	13.51	56.76	20.27	9.46	0
20世纪70年代	count	2	33	39	4	0
	%	2.6	42.30	50	5.1	0
20世纪80年代	count	0	9	49	27	3
	%	0	10.23	55.68	30.68	3.41
20世纪90年代	count	0	14	70	35	9
	%	0	10.94	54.69	27.34	7.03
2000年以来	count	0	3	57	54	15
	%	0	2.33	44.19	41.86	11.62

表4-4　　　　　　　　　　中国部分民族文盲率　　　　　　　　　　单位:%

时间	1982	1990	2000	1982—2000
全国	31.88	22.21	9.5	29.8
汉族	31.03	21.53	9.0	29.0
白族	41.62	30.15	12.3	29.6
彝族	63.19	49.71	26.0	41.1
傣族	57.60	42.21	19.2	33.3
哈尼族	71.29	60.45	33.0	46.3

资料来源：人口普查办公室：《中国1982年人口普查资料》（电子计算机汇总），中国统计出版社1985年版，第244—245页；人口普查办公室：《中国1990年人口普查资料》第1卷，中国统计出版社1993年版，第380—459页；人口普查办公室：《中国2000年人口普查资料》上卷，中国统计出版社2002年版，第563—564页。

表4-5　　　　　　　　　中国部分民族行业结构变迁　　　　　　　　单位:%

年份	第一产业 1982	第一产业 1990	第一产业 2000	第二产业 1982	第二产业 1990	第二产业 2000	第三产业 1982	第三产业 1990	第三产业 2000	一产变化 1982—2000
全国	73.7	72.2	64.4	17.1	17.1	19.5	8.6	10.7	15.9	97.4
汉族	72.9	71.3	63.0	18.4	17.8	20.5	8.7	10.7	16.3	86.4
白族	85.9	88.5	79.3	7.8	9.1	8.8	6.3	7.9	11.7	92.3
彝族	94.6	93.7	90.6	1.5	2.5	3.6	3.9	3.8	5.7	95.8
傣族	95.2	93.5	89.1	1.6	2.6	3.2	3.2	4.3	7.6	93.6
哈尼族	95.7	94.4	90.6	1.6	3.6	3.8	2.7	3.4	5.5	94.7

资料来源：人口普查办公室：《中国1982年人口普查资料》（电子计算机汇总），中国统计出版社1985年版，第248—255页；人口普查办公室：《中国1990年人口普查资料》第一卷，中国统计出版社1993年版，第752—763页；人口普查办公室：《中国2000年人口普查资料》中卷，中国统计出版社2002年版，第815—820页。

表4-6　　　　　中国部分民族就业人口的职业结构（2000年）　　　　　单位:%

	负责人	专业人员	办事人员	商业服务	农业人员	生产运输	其他	总计
全国	1.67	5.7	3.1	9.18	64.46	15.83	0.07	100
汉族	1.72	5.8	3.19	9.52	63.09	16.61	0.07	100
白族	1.07	5.18	2.18	5.44	79.25	6.85	0.03	100
彝族	0.58	2.52	1.09	2.23	90.54	3.02	0.01	100
傣族	0.63	2.94	1.14	3.75	88.96	2.56	0.02	100
哈尼族	0.5	2.3	0.9	2.6	90.51	3.18	0.01	100

资料来源：人口普查办公室：《中国2000年人口普查资料》中卷，中国统计出版社2002年版，第815—820页。

三 案例

（说明：1. 因涉及个人隐私，为避免过多透露个人信息，个案隐去受访者姓名。2. 未作标注即为大理州经济开发区满江村委会下庄村）

个案1 当时结婚基本都是媒人介绍，结婚当天新人才见面。记得当时是把下庄村的新媳妇接到地石曲（村名）的一个小学礼堂举行集体婚礼。这种婚礼往往会出现新娘走错门的情况。因为举行婚礼时，每对新人依次由媒婆引导到一长桌前，隔着桌子相对而立，但相互之间都不好意思看对方，之前也没见过面。而集体婚礼结束，新郎新娘又要争相抢先进夫家大门（按白族婚俗，谁先进大门谁就在家中做主），新郎自然要抢着先回家，而新娘在拥挤的人流中跟随媒婆，稍不留神就会跟错而走错门，然后又会被别人家送回。

个案2 口述者1936年出生，属鼠，8岁时父亲过世。回忆其姐20世纪40年代出嫁的情景：

我大姐属龙，1928年生，现年80岁。十五六岁时嫁到地石曲（满江村的一个自然村名），当时结婚基本都是媒人介绍，结婚当天新人才见面。夫家过小礼数量很少，主要是红糖、茶叶、粉丝、团盐（约有十多斤重）、酒等。过大礼也就几十块钱，用于新娘出嫁打扮。而男方家则要备一张新床、草帘子、席子、红毡子、被子两套（新郎新娘各一套）、烧水用的水壶、火盆、墙上围上一米左右的红棉纸。

迎亲时一路上放鞭炮、吹唢呐，新人都是坐滑竿（两人抬）。新娘的嫁妆也简单，娘家备两套衣服。新娘服装是红色的大对襟衣，头上插上用红绸做的缎子花，头发上抹点猪油，有钱人家则抹鸡油当头油，脚穿红色绣花鞋，新娘装没有围裙。新娘要用红线勒掉细眉毛，意思是去掉以前的歪门邪道，结婚就一心一意过日子了。

个案3 女，纳西族，1993年结婚嫁到下庄村

我最不习惯的是两样。一个就是新婚第二天早上，大清早起床，就要我去打扫院子，他（指新郎）挑水，家里已经有自来水管，他就象征性地挑一下。而我得楼上楼下、屋内院内打扫，心里怪日气的（生气）；另

外就是做客带饭也不习惯。做客吃饭已经习惯吃饱了就走，而来这儿，还没吃多少，就开始分菜、打包，吃着也不安逸。

个案 4　男，白族，1952 年出生，1972 年结婚，现有一儿一女

我们是父母包办，媒人介绍的，算命先生合八字，没问题就可以结婚。当时还不好意思说话，是先结婚后恋爱。

个案 5　女，白族，1966 年生，现有二子

父母给我定了娃娃亲，是本村人，两家关系也很好。我们从小就经常在一起，也有了实际夫妻关系。后来他考上大学，我们的关系也还维持着。毕业前他有可能留在省城，放假回来的时间也少了。后来在省城有了相好，就提出退婚。我不肯但也没办法，他已经不在本地，两家关系也因此闹崩了。我订婚全村人都知道，退婚后感觉很没面子，再找婆家就很难挑，只能看条件差不多、人家不嫌弃就结了。

个案 6　男，白族，1973 年生，1998 年结婚，现育一子

我们俩是在大理古城认识的，当时她在帮亲戚卖东西，我经常过去，时间长了，觉得双方相处比较愉快。渐渐喜欢上她，就把这个想法跟父母说了。父母商量后，觉得找媒人都要付费，与其付给外人不如让家人来做，就让我家奶奶做媒。后来我和奶奶就带了些礼物到她家提亲。他们老人商量时我们俩就自己出去玩，提亲也就是挑明恋爱关系。我们两家所在地方的白族婚俗不完全相同，奶奶在中间协商、沟通的结果就是，订婚按女方家当地习俗（大理市凤仪县）办，结婚按照男方习俗（大理市经济开发区满江村）来办。结果奶奶传话过程中有疏漏，订婚时我家只备了红糖，没买衣服，她家人很生气，让人传话过来，说为何没买衣服，原先就说好按女方习俗，是不是不诚心办。我当时就觉得既委屈又着急，我家人赶忙把买衣服的钱带过去才避免了一场误会。

个案 7　女，白族，1978 年出生，2000 年招姑爷，现有二女

他是四川人，他家兄弟二人都到云南打工，我们是打工认识的。我们商量好双方的聘礼（大小礼）都不送了，就是领结婚证那天，我们互送礼物，我花了一千多块给他买了一个金戒指，他也送我一枚。成亲那天，

我和伙伴到大关邑他的朋友家去接他，带了5—6桌菜饭过去，去的人多都不够吃。

个案8 喜洲人，1970年夏天结婚，对象是同村的农村姑娘，现有一儿一女

那时候的工资低，每月只有36.3元，自由恋爱，没去合八字。我结婚穿的是部队转业的军装，涤卡、腈纶面料，解放鞋。新娘穿的是白底蓝花衬衣，梳两个小辫子，扎着红头绳。新娘的衣服主要是自己买来布料，请裁缝做，当时的花布也便宜，0.3—0.4角1尺。

当时我的单位（剑川县林业局）腾出1间12—13平方米的平房，新房就摆一些水果糖（计划供应1元1斤，批了11—12斤)，买了点瓜子自己炒炒，同事朋友来贺喜，就送毛主席语录、毛主席像章。那时候是越穷越光荣，所以才有"赵光腚"的电影形象。

儿子是1997年结婚的，当时为办客腌酸菜腌了四五坛，杀猪两头，还买了些肉，差不多还不够吃。请客120多桌，花了近2万元。

个案9 男，白族，1973年生，1998年结婚，现有二子

迎亲时我和朋友浩浩荡荡地开了十多辆车，以小轿车为主，相当气派。第一辆黑色轿车上用红玫瑰围成心形图案，前面摆放着一对身穿洋装（西装婚纱）的新人作装饰，其他车用彩带缠绕。

个案10 女，白族，1978年生，大理市凤仪人，1998年结婚

我们俩是在大理古城认识的，结婚时我还差三个月才到结婚年龄，所以都没登记，是过后才去领的。

彩礼有16000元，我全都用来买嫁妆，主要有：被子10套（含床单、枕头等床上用品）、冰箱、彩电、摩托车、洗衣机、沙发、茶几和新式的衣柜，买首饰花了6000多元，已经超出彩礼的金额，我自己拿出几千元。结果老公公嫌少，意思是那么多钱怎么才买了那么点东西，好像我家吃了一样。因为买的大件都是名牌所以花的钱也多。所以我又买了一对暖水壶、一对脸盘等日常用品。

在结婚那天我专门到发廊梳妆、头发也定型，所以第二天保持得比较好，不用梳。第二天早上，他家的大妈拿着梳子，在我的头上从上往下

梳，一边梳一下，一共梳了两下，一边梳，一边说："有头有尾。"

个案 11　男，白族，1936 年出生，1953 年结婚，现有二子

1949 年新中国成立，白族婚俗没有太大变化。我是 1953 年 17 岁时结婚，新娘与我同岁，是满江村人，我们结婚是骑马，马头上戴朵大红花。认亲时就要给邻居、客人说好话，不然就会有人在马鞍下悄悄放进石头，新人一上马鞍，马被石头咯疼就乱跳，会惊吓新人。其他的同以前结婚时差不多。

个案 12　男，白族，1938 年出生，1958 年结婚

我们结婚时正是讲高举"大跃进""三面红旗"，要求党团员带头不请客，不准搞迷信，一切从简。结婚时我就穿着部队复员发的军装，新娘穿了件花衣裳。因为有行政命令，当时风声很紧，还安排人监视。但来的人还是悄悄相互塞东西（送礼）。这种情况持续了一年左右，后来逐渐恢复。

个案 13　男，白族，1954 年出生，1973 年结婚

当时"革委会"不准跨火塘、不准到本主庙磕头、不准办客，否则全部端走，还会被批斗。结婚时新娘穿的就是红灯草绒衣服，嫁妆就是一个皮箱，一个老式衣柜，全部加起来也不足 100 块钱。当时靠队里分红，干活一天挣一元，交回生产队，记工分也只有几分。饭也吃不饱，家里常常是超支。如果私自外出干活，马上就被抓回来，苦一年不够吃半年。

个案 14　1983 年结婚，男方家在大理古城，女方家在凤仪县城。两人是新郎母亲撮合的。新娘是婆婆的徒弟，婆婆看中她工作踏实，人来自农村比较本分。而新郎中专毕业后分配到了外地，很希望他能回到自己身边，但调动十分困难。于是就想到把徒弟介绍给儿子，两人见面后也感觉合适，于是就开始谈婚论嫁。在此过程中，男方家感觉女方家要的彩礼太多，但出于儿子调动工作需要以结婚为据，才能提出照顾夫妻分居的申请。虽然婆婆十分不乐意，也只好答应。婚后不久，新郎调回了大理，生了一个儿子，与公婆同住。新郎跑运输虽说每天都回家，但工作很累，加之性格内向，话很少，家庭关系较为冷淡。90 年代媳妇单位亏损下岗，有空就打麻将、上网，很少照顾孩子，更多的是老人在照顾。婆婆感觉儿

媳妇既没有尽到相夫教子的责任，也很少顾及公婆的情况，做饭不会为老人考虑，饭硬菜辣，难以下咽，后悔自己看错了人。儿媳妇则认为丈夫调回大理、帮婆婆一家团圆，是自己的功劳。加之婚前婚后夫妻之间接触、沟通较少，丈夫关心不够，有不如意的事只能自己独自面对，因此经常拿孩子撒气，婆婆心痛孙子，常常独自落泪，人比实际年龄老，身体也不太好。老两口靠省吃俭用、辛苦经营了一家旅店，家里虽说不缺钱，但老人却并不感觉幸福。

个案15 1998年结婚，男方家是下关下庄村，女方家是凤仪县城。两人在打工时认识并产生感情。在婚礼举行的前一天，男方家送到女方家的礼物，没有完全按照事前约定的送齐，差了几样。女方娘家人很不高兴，要求对方立即补齐，否则不准迎亲。女方打电话给男方家，男方家解释是媒婆没有说清楚，不是有意不送。新郎听说女方家可能会因此悔婚，非常着急，急忙问是哪些东西没有凑齐，并表示马上取钱去买。新娘在电话这边，听见新郎的声音已经带哭音，十分不忍，原来的怨气也消了一些，觉得没必要让他那么着急，也不是什么大不了的东西，就不再要求立即补送，只是要求来迎亲时补齐礼品了。

新郎家的彩礼是16000元，新娘用新郎家送的聘礼钱买了嫁妆——主要是大件。新娘觉得暖水壶、脸盆等这些东西已经有就不用买新的，就没有按照过去的习惯买，结果公公以为她用礼钱贴补娘家，产生怨意。新娘在娘家是最小的孩子，从来受不得一点委屈。如果是以前遇到类似的情况，自己是不愿意忍受的。但不愿让新郎为难，也就忍了。新娘讲，娘家人都说她结婚后像变了一个人。

从这个案例可以看出，男女双方都十分在意对方的感情，没有因为礼品上的误会相互埋怨、产生隔膜，而是积极解决，使冲突得以化解。从新娘与公公的矛盾，可以看出对置办嫁妆的观念差异，公公看重的是老规矩，儿媳妇看重的是实用性，于是产生了矛盾。碍于公公家的雄厚财力，儿媳妇作出了让步。婚后儿媳妇成了全职太太，不缺钱花，也不能再出去工作，只能在家做家务，但与公婆、小姑共同生活，难免不如意。后来以儿子上学不便接送为由，小两口用自己的积蓄在下关城里买了一套房子，跟家里人则说是租房。一家三口搬出来住，周末才回公婆家。这样她有了女主人的感觉，舒心、随意得多。有高中学历的她现在开始在家跟着丈夫学习记账，以便今后能在丈夫的建筑事业发展中助一臂之力。有空时就同朋友聊天、绣十字绣，一家三口其乐融融。

个案 16　女，白族，1984 年出生，2002 年结婚，洱源县凤羽镇人

我们是在云南民族村打工认识的，他跳舞我唱歌，我喜欢他是因为他虽然性格内向，话不多，但比较稳重。我结婚时，年龄还小，所以先办了婚事后一年多才补办了结婚证。

个案 17　女，白族，1958 年出生，1980 年结婚，大理周城人

改革开放后我们一起做生意，他主要是在外面跑营销、拉订单，我带孩子并守家、做扎染。经过十多年的打拼，我们的民族服装、扎染店铺也生意红火。孩子大了，可以独立生活，他也在外边有了女人走了。

附　录

四　图片

图 1.1　笔者在大理市经济开发区满江村委会下庄村入户调查（2008 年 2 月、8 月）

图 1.2　满江村民委员会下庄村外景、进村公路（2007 年 8 月）

图 1.3　下庄村本主庙（2008 年 2 月）

图 2.1　白族民居喜联
（摄于洱源县凤羽古镇，
2009 年 8 月）

图 2.2　白族中老年妇女服饰（摄于洱源县凤羽古镇，2009 年 8 月）

图 2.3　白族民居大门香位（摄于洱源县凤羽古镇，2009 年 8 月）

图 3.1　白族新人（2008 年 2 月）

附　录

图 3.2　奥运开幕日大理白族领取结婚证　大理市民政局（2008 年 8 月 8 日）

图 3.3　一对白族新人正在做婚检　大理市民政局婚检处（2008 年 8 月）

图 3.4　改革开放后的大理白族民居（2008 年 2 月）

图3.5　白族民居（摄于大理州洱源县凤羽村，2009年2月）

图3.6　白族民居（摄于大理州洱源县凤羽村，2009年2月）

图5.1　大理白族宴席（2008年2月）

左图：照片左上角饮料瓶旁放置的白色和蓝色塑料袋就是为客人打包准备的。右图：照片上方的妇女左手拿着一个蓝色塑料袋，右手正用筷子往里夹菜，右边的妇女也伸出手取塑料袋。

参 考 文 献

一　著作类

[1] 恩格斯:《家庭、私有制和国家的起源》,《马克思恩格斯选集》第4卷,人民出版社1972年版。

[2] [澳] 费茨杰拉德:《五华楼:关于云南大理民家的研究》,刘晓峰、汪晖译,民族出版社2006年版。

[3] 金炳镐:《民族理论通论》,中央民族大学出版社2007年版。

[4] 《白族简史》编写组:《白族简史》,云南人民出版社1988年版。

[5] 云南省编辑组《中国少数民族社会历史调查资料丛刊》修订编辑委员会:《白族社会历史调查》(一),云南民族出版社1985年版。

[6] 云南省编辑组《中国少数民族社会历史调查资料丛刊》修订编辑委员会:《白族社会历史调查》(二),云南人民出版社1987年版。

[7] 云南省编辑组《中国少数民族社会历史调查资料丛刊》修订编辑委员会:《白族社会历史调查》(三),云南民族出版社2009年版。

[8] 詹承绪、张旭:《白族》,民族出版社1990年版。

[9] 杨镇圭:《白族文化史》,云南民族出版社2002年版。

[10] 赵寅松:《白族的文化》,民族出版社2006年版。

[11] 郝翔、朱炳祥主编:《周城文化——中国白族名村的田野调查》,中央民族大学出版社2001年版。

[12] 大理市民族事务委员会编:《大理市民族志》,云南民族出版社1997年版。

[13] 李维斗、杜德威、董永存主编:《大理风俗》,云南美术出版社1994年版。

[14] 杨国才:《白族传统道德与现代文明》,当代中国出版社1999年版。

[15] 中国少数民族自治地方概况丛书国家民委《民族问题五种丛书》之

三（修订本）《大理白族自治州概况》编写组编：《大理白族自治州概况》，民族出版社2007年版。

[16] 尹旦萍：《当代土家族女性婚姻变迁——以埃山村为例》，社会科学文献出版社2009年版。

[17] 吉国秀：《婚姻仪礼变迁与社会网络重建》，中国社会科学出版社2005年版。

[18] 吴存浩编：《中国民俗通志——婚嫁志》，山东教育出版社2005年版。

[19] 《云南民族工作四十年》编写组编：《云南民族工作四十年》（上下卷），云南民族出版社1994年版。

[20] 严汝娴、刘宇：《中国少数民族婚丧风俗》，商务印书馆1996年版。

[21] 郭于华主编：《仪式与社会变迁》，社会科学文献出版社2000年版。

[22] 鲍宗豪：《婚俗与中国传统文化》，广西师范大学出版社2006年版。

[23] 严汝娴主编：《中国少数民族婚姻家庭》，中国妇女出版社1986年版。

[24] 张忠家主编：《多学科视角下的和谐社会及其构建》，武汉理工大学出版社2007年版。

[25] 萨日娜：《家庭美德》，四川人民出版社2002年版。

[26] 潘贵玉主编：《婚育观念通论》，中国人口出版社2003年版。

[27] 苑利主编：《二十世纪中国民俗学经典——民俗理论卷》，社会科学文献出版社2002年版。

[28] 尹文主编：《礼仪文化概说》，云南大学出版社2004年版。

[29] 康云海、张体伟、李学林主编：《云南建设社会主义新农村的理论与实践》，中国书籍出版社2008年版。

[30] 温铁军主编：《新农村建设理论探索》，文津出版社2006年版。

[31] 王跃生：《社会变革与婚姻家庭变动——20世纪30—90年代的冀南农村》，生活·读书·新知三联书店2006年版。

[32] 孟昭华、王明寰、吴建英编著：《中国婚姻与婚姻管理史》，中国社会出版社1992年版。

[33] 陈延斌：《大理白族喜洲商帮研究》，中央民族大学出版社2009年版。

[34] 张李玺：《角色期望的错位：婚姻冲突与两性关系》，中国社会科学

出版社 2006 年版。

[35] 王军、董艳主编：《民族文化传承与教育》，中央民族大学出版社 2007 年版。

[36] 赵婧昶、易耶编：《民俗礼仪》，中国世界语出版社 1999 年版。

[37] 杨凤：《当代中国女性发展研究》，人民出版社 2007 年版。

二 期刊类

[1] 陈宇红：《婚礼丧葬与白族传统体育》，《体育文化导刊》2002 年第 4 期。

[2] 李灿南：《西山白族歌声中的婚礼亲历记》，《中国民族博览》1999 年第 3 期。

[3] 杨玉藩：《三营婚嫁仪式拾趣》，《大理》2004 年第 4 期。

[4] 牧人：《大理风光美，婚嫁仪式趣韵浓》，《现代交际》1996 年第 2 期。

[5] 张启发：《云龙大达的婚嫁仪式》，《大理文化》2003 年第 6 期。

[6] 徐良梅：《周城婚礼的田野调查》，《湖北民族学院学报》2001 年第 1 期。

[7] 张奋兴：《海东白族婚嫁仪式谈》，《白族学研究》2004 年第 14 期。

[8] 张松祥、王泽龙：《交接新娘》，《大理文化》2004 年第 2 期。

[9] 谷俊德：《白族婚礼中的"告祖"仪式》，《民族论坛》2002 年第 9 期。

[10] 成均、石绍河、谷厉生：《桑植白族婚嫁仪式探秘》，《民族论坛》2002 年第 9 期。

[11] 金聪：《白族的民俗文化》，《民族团结》1995 年第 9 期。

[12] 杨宴君：《从大理白族"绕三灵"看少数民族地区文化多样性与非物质文化遗产的保护和发展》，《大理文化》2005 年第 3 期。

[13] 牛耕耘：《从白族情歌看白族的家庭婚姻观》，《大理文化》2002 年第 3 期。

[14] [英] 艾磊（Bryan Allen）：《白族文化正面临危机》，《大理师专学报》2000 年第 3 期。

[15] 郑友消：《白族婚礼掐新娘》，《中国民族博览》2001 年第 1 期。

[16] 成均、石绍河、谷厉生：《桑植白族婚礼探秘》，《民族论坛》2002

年第9期。
- [17] 金炳镐：《论民族发展的诸条件、环境》，《民族丛刊》1989年第4期。
- [18] 杨云飞：《从"掐新娘"看白族先民的生殖崇拜》，《白族文化研究》，2002年。
- [19] 翁晓华、肖军：《云南农村民间民俗的传承与发展》，《云南民族大学学报》2009年第5期。
- [20] 杨福泉：《少数民族文化保护与传承新论》，《云南社会科学》2007年第6期。
- [21] 马翀炜：《民族发展的文化基础》，《广西民族研究》2001年第2期。
- [22] 王跃生：《社会变革与当代农村婚姻家庭变动研究的回顾和思考》，《当代中国史研究》2002年第5期。
- [23] 黄龙光：《论民俗文化与民族凝聚力》，《玉溪师范学院学报》2007年第4期。
- [24] 王珏：《风俗习惯与民族发展繁荣》，《民族论坛》1999年第2期。
- [25] 李长春：《深入学习实践科学发展观，推动社会主义文化大发展大繁荣》，《新华文摘》2009年第2期。
- [26] 谭华：《现代传媒与村落中的消费主义——以鄂西南的一个民族村落为参照》，《湖北民族学院学报》（哲学社会科学版）2005年第3期。
- [27] 赵晓峰：《农民主位的新农村建设——从"乡村不动"说开去》，《调研世界》2008年第2期。
- [28] 丁慰南：《民俗文化的社会功能与社会现代化新潮流》，《江西社会科学》2002年第1期。
- [29] 窦存芳：《论审美在发展民俗旅游中的调协》，《重庆科技学院学报》（社会科学版）2008年第2期。

三 重要文献

- [1]《习近平在中共中央政治局第十三次集体学习时强调 把培育和弘扬社会主义核心价值观作为凝魂聚气强基固本的基础工程》，《人民日报》2014年2月26日第1版。

［2］中共中央办公厅印发《关于培育和践行社会主义核心价值观的意见》，2013年12月23日，新华网（www.xinhua-net.com）。

［3］刘奇葆：《在全社会大力培育和践行社会主义核心价值观》，2014年3月5日，人民网（www.people.com.cn）。

后　记

本书是在笔者硕士论文的基础上，经过几年的学习、丰富完善而成。其间，经历了女儿高考、装修乔迁，使写作几次搁笔。写作画上句号，首先要感谢尊敬的导师杨仕，从选题、论证、实地调查到毕业论文定稿，再到书稿的修改过程，都得到导师毫无保留、认真细致的指导。杨老师严谨治学的作风、踏实认真的态度和一丝不苟的敬业精神值得我一生尊敬和学习。书稿写作中多次得到了杨国才老师对提纲、题目的亲自提炼修改和直接帮助，李若青老师的指点和支持，王文光老师、赵学先老师的点拨，得到马列部领导苏丽杰、张建国的鼓励和支持，得到同事郭慧中、汤建荣老师和同学张德元的帮助，感谢所有帮助我成长的老师们，是你们的教导和支持，使我这个初学者得以坚持完成了学习和写作。

我要衷心感谢我的家人，为了让我顺利完成调查，可以说是"全家总动员"：父母、表姊帮我联系熟人查找资料，姐姐更是充当我的联络员、调查员并全程陪同，妹妹帮我复印部分问卷、弟弟帮我邮递。爱人在我后期写作中承担了主要家务和校对工作。没有家人的支持和帮助，我无法在教学空隙顺利完成这项艰巨的写作任务。

衷心感谢大理州文化局局长杨政业、大理州白族文化研究所所长赵寅松、大理学院研究员张锡禄、大理州民族宗教局副局长吴文光、大理市教育局副局长邵世伟、大理市经济开发区管委会副主任李贵根，对我这个无名小辈的拜访、求教，在百忙中抽出时间促膝恳谈、不吝赐教；感谢同事李新武和同学杨文生、王世美、钏国强、赵洪、段鹏程、彭孝鹃、赵丽红、刘毅文、艾泽丽、刘秀琴、段晓榆以及学生赵善庆等帮我进行问卷调查、找资料；感谢大理州图书馆、大理州白族文化研究所、大理市民政局、云南民族大学图书馆的陈燕及其他工作人员给予我的热情帮助。感谢大理市经济开发区满江村公所的文书和妇女主任、下庄村原支书、村长以及各位村民，是他们的帮助和配合使我的调查得以顺利进行。在我回到家乡调查的整个过程中，时时处处感受到家乡的温暖，家乡人民为我的调查和查找资料顺利进行提供了诸多的方便和大力支持，使我这个游子得以为家乡的发展做一点事情。

所有的帮助，我将铭记于心，用我的努力工作、辛勤劳动来回报社会！

杨庆毓

2014 年 5 月 12 日于雨花毓秀